本书受到国家自然科学基金地区项目"人口老龄化对制造业高质量发展的影响及对策研究"(72063009)的资助

|光明学术文库｜经济与管理书系｜

人口老龄化对产业结构升级的影响研究

刘成坤 ┃ 著

光明日报出版社

图书在版编目（CIP）数据

人口老龄化对产业结构升级的影响研究／刘成坤著.--北京：光明日报出版社，2021.12
ISBN 978-7-5194-6416-5

Ⅰ.①人… Ⅱ.①刘… Ⅲ.①人口老龄化—影响—产业结构升级—研究—中国 Ⅳ.①F269.24

中国版本图书馆 CIP 数据核字（2021）第 276907 号

人口老龄化对产业结构升级的影响研究
RENKOU LAOLINGHUA DUI CHANYE JIEGOU SHENGJI DE YINGXIANG YANJIU

著　　者：刘成坤	
责任编辑：杨　茹	责任校对：郭嘉欣
封面设计：中联华文	责任印制：曹　诤

出版发行：光明日报出版社
地　　址：北京市西城区永安路106号，100050
电　　话：010-63169890（咨询），010-63131930（邮购）
传　　真：010-63131930
网　　址：http://book.gmw.cn
E - mail：gmrbcbs@gmw.cn
法律顾问：北京市兰台律师事务所龚柳方律师
印　　刷：三河市华东印刷有限公司
装　　订：三河市华东印刷有限公司
本书如有破损、缺页、装订错误，请与本社联系调换，电话：010-63131930

开　　本：170mm×240mm	
字　　数：214千字	印　　张：15.5
版　　次：2022年5月第1版	印　　次：2022年5月第1次印刷
书　　号：ISBN 978-7-5194-6416-5	
定　　价：95.00元	

版权所有　　翻印必究

前　言

改革开放以来，中国经济在过去的近四十年里取得了举世瞩目的成就，创造了世界经济增长史上的奇迹，中国对世界经济增长的贡献正与日俱增。然而，随着中国在21世纪初进入人口老龄化社会，人口老龄化对经济增长产生的负面影响已逐渐凸显。党的十九大报告指出，中国经济已由高速度增长阶段转向高质量发展阶段，正处在转变发展方式、优化经济结构、转换增长动力的攻关期，建设现代化经济体系是跨越关口的迫切要求和中国发展的战略目标。在人口老龄化日益加剧以及中国经济由高速度增长向高质量发展转型的双重背景下，深入研究人口老龄化对产业结构升级的影响不仅有助于我们更好地了解人口老龄化与产业结构升级之间的关系，还可以为政府有关部门制定经济发展规划和产业发展政策提供决策依据，具有重要的理论意义和实践意义。

人口老龄化对产业结构升级的影响是错综复杂的，人口老龄化不仅会通过供给影响产业结构升级，而且还会通过需求影响产业结构升级。然而，关于人口老龄化对产业结构升级影响的系统研究在国内还较为罕见。本书基于人口学理论和经济学理论，首先从理论上对人口老龄化与产业结构升级之间的关系进行了分析，然后选用宏观层面的省际面板数据实证研究了人口老龄化对中国产业结构升级的影响。在进行实证分析时，本书不仅构造了产业结构高级化系数和产业结构合理化系数用于衡量三次产业结构的整体升级，还基于第二产业和第三产业的细分行业数据构造了制造业结构升级系数和服务业结构升级系数用于衡量产业结构的内部升级。本书从多个角度研究了人口老龄化对产业结构升级的影响，主要研究结论如下：

（1）从中介效应的研究结果来看，人口老龄化会显著推动产业结构高级化、产业结构合理化以及制造业结构升级，但会对服务业结构升级产生显著的阻碍作用。具体来看，人口老龄化会通过劳动生产率效应和技术创新效应对产业结构高级化产生积极影响，通过劳动生产率效应推动产业结构合理化，通过人力资本积累效应推动制造业结构升级，通过消费支出效应对服务业结构升级产生消极影响。

（2）从门槛效应的研究结果来看，人口老龄化对产业结构高级化的影响存在两个门槛值，当人均GDP低于第一个门槛值时，人口老龄化对产业结构高级化的正向影响最大；随着人均GDP的提高，人口老龄化对产业结构高级化的积极影响逐渐减小。人口老龄化对服务业结构升级的影响存在一个门槛值，当人均GDP处于较低水平时，人口老龄化对服务业结构升级的负面影响较大；随着人均GDP的提高，人口老龄化对服务业结构升级的负面影响逐渐减小。但人口老龄化对产业结构合理化和制造业结构升级的门槛效应并不显著。

（3）从空间溢出效应的研究结果来看，人口老龄化不仅会对当地的产业结构升级产生影响，还会对邻近区域的产业结构升级产生显著的空间溢出效应。具体来看，人口老龄化对产业结构高级化的空间溢出效应不显著，人口老龄化对产业结构升级合理化和制造业结构升级的空间溢出效应均显著为正，人口老龄化对服务业结构升级的空间溢出效应显著为负。

（4）人口老龄化对产业结构升级的影响存在显著的区域异质性。无论是中介效应、门槛效应还是空间溢出效应的研究结果均表明，人口老龄化对中国东部地区、中部地区和西部地区产业结构升级产生的影响存在较大差异。总体来看，人口老龄化对中部地区和西部地区产业结构升级影响的显著性强于东部地区，人口老龄化对中部地区和西部地区的门槛效应也显著强于东部地区，但东部地区和中部地区的空间溢出效应显著强于西部地区。

　　本书的主要创新点在于：第一，同时构建了三次产业结构间的升级系数和产业结构内的升级系数，对该领域的研究进行了深入拓展；第二，充分考虑了中国各地区人口老龄化程度和产业结构升级程度存在的差异，研究了人口老龄化对产业结构升级影响的区域异质性；第三，分别从中介效应、门槛效应和空间溢出效应等多个角度研究了人口老龄化对产业结构升级的影响，对该问题进行了系统研究。但本书仍存在一定的不足之处有待完善，如未能找到地级市层面的连续面板数据进行更深入的分析，仅构造了制造业结构升级系数和服务业结构升级系数而未构造农业结构升级系数，对产业结构内部升级问题的研究还不全面。

目 录
CONTENTS

第一章　绪论 ··· 1
 第一节　研究背景与选题意义 ··· 1
 第二节　研究框架 ·· 6
 第三节　创新之处 ·· 11

第二章　理论回顾与文献综述 ·· 12
 第一节　产业结构升级的相关理论回顾 ····································· 12
 第二节　研究现状与文献综述 ··· 23
 第三节　本章小结 ·· 40

第三章　现状分析与理论基础 ·· 41
 第一节　相关概念界定 ·· 41
 第二节　现状分析 ·· 52
 第三节　人口老龄化影响产业结构升级的理论机制 ················· 72
 第四节　本章小结 ·· 86

第四章　人口老龄化对产业结构升级的中介效应 ···························· 87
 第一节　机制分析与模型构建 ··· 87

第二节　数据来源与变量检验 ············· 101
　　第三节　实证结果及分析 ················ 110
　　第四节　本章小结 ·················· 146

第五章　人口老龄化对产业结构升级的门槛效应 ········ **147**
　　第一节　理论分析 ·················· 147
　　第二节　模型构建与数据说明 ············· 151
　　第三节　实证结果及分析 ··············· 154
　　第四节　本章小结 ·················· 173

第六章　人口老龄化对产业结构升级的空间溢出效应 ······ **174**
　　第一节　理论分析 ·················· 174
　　第二节　模型构建与数据说明 ············· 178
　　第三节　实证结果及分析 ··············· 181
　　第四节　本章小结 ·················· 210

第七章　研究结论、政策建议和研究展望 ·········· **211**
　　第一节　研究结论 ·················· 211
　　第二节　政策建议 ·················· 213
　　第三节　研究展望 ·················· 220

附　录 ························ **222**

参考文献 ······················· **226**

后　记 ························ **237**

第一章 绪论

本章首先对本书的研究背景及选题意义进行了介绍,然后分别从研究思路、研究内容、研究目的和研究方法等四个方面阐述了本书的研究框架。最后,指出了创新之处。

第一节 研究背景与选题意义

一、研究背景

(一)中国的人口老龄化程度日益加剧

在国际社会上,当一个国家或地区60岁及以上的老年人口比重达到10%或65岁及以上的老年人口比重达到7%时,即称这个国家或地区进入了人口老龄化社会。按照该标准,欧美发达国家已基本进入人口老龄化社会,中国在2000年65岁及以上的老年人口比重首次超过7%,正式迈入人口老龄化社会。欧美等发达国家进入人口老龄化社会时,多数均已达到富裕水平。然而,与这些国家不同的是,中国是在达到富裕水平之前进入人口老龄化社会,属于典型的未富先老的国家。自2000年进入人口老龄化社会以来，中国的人口老龄化程度日益加剧，截至2018年底，65岁及以上的老年人口总数为1.67亿人，占总人口的比重达到11.94%，中国的老年人口规模已超过世界上任何一个国家。从国际社会的发展历程来看，一个国家的人口老龄化程度往往与其经济发展水平密切相关，当一个国家的经济发展水平较低时，其人口结构也较为年轻；而当一个国家的经济发展水平较高时，其人口老龄化程度也相对较高。中国正处于从发展中国家向发达国家迈进的关键阶段，随着经济发展水平的提高，人口老龄化程度将进一步加剧，人口老龄化程度的日益加剧将对社会经济发展的方方面面产生巨大影响。

（二）中国的总和生育率长期低于更替水平

由于计划生育政策的实施，中国的总和生育率从20世纪70年代的6.0左右奇迹般地降到更替水平（总和生育率为2.1）以下，一举进入低生育水平的国家行列。虽然计划生育政策的实施有效地控制了中国过快增长的人口总量，但由此导致的总和生育率急剧下降的问题也不容忽视。与2000年第五次人口普查的结果相比，2010年第六次人口普查的结果显示，中国的总和生育率水平在过去十年间不仅没有提高，反而出现了进一步下降的趋势。从1990年至2017年，中国的人口出生率从21.06‰下降到12.43‰，0—14岁的少儿人口比重则从27.69%下降到16.79%，人口出生率的大幅下降导致了少儿人口比重的急剧萎缩。由于人口老龄化的日益加剧，中国的适龄劳动人口总数在2012年首次出现下降。在总和生育率长期低于更替水平的情况下，中国于2016年开始实施"全面二孩"政策，实行了三十多年的计划生育政策终于有所松动。然而，"全面二孩"政策的实施效果却远远低于预期。2016年全年出生人口为1786万，与2015年相比，新增出生人口仅127万。2017年，全年出生人口则仅有1723万，甚至比2016年还少63万。其中，2017年的出生人口中二孩数量出现了较大幅度的增长，比重首次超过了一半，达51.20%，这也就意味着一孩的数量出现了较大幅度的下降，年轻一代的生育意愿正在显著下降。而到了2018年，全年出生人口仅有1523万，比2017年下降了200万，且二孩生育率出现了明显下降，说明"全面二孩"的政策效应已逐渐减弱并将趋于平稳。此外，随着中国平均初婚年龄的不断上升，中国的育龄高峰期女性数量也在逐渐下降。在育龄女性数量下降和年轻一代生育意愿下降的双重影响下，中国的人口老龄化程度无疑将进一步加剧。

（三）中国经济正处于高速度增长向高质量发展的过渡时期

改革开放至今，中国经济在过去四十年来取得了举世瞩目的成就，创造了世界经济增长史上的奇迹。2010年中国的GDP总量（按照美元现值计算）超过日本，正式成为世界第二大经济体。2015年中国的人均GDP超过8000美元，意味着中国进入了中上等国家行列。国民经济和社会发展统计公报显示，2018年中国的GDP为900310亿元，其中第一产业增加值为64734亿元，占GDP的7.19%；第二产业增加值为366001亿元，占GDP的40.65%；第三产业增加值为469575亿元，占GDP的52.16%。自从2013年第三产业增加值占比首次超过第二产业增加值占比以来，产业结构的重心就从第二产业转移到了第三产业，第三产业增加值比重一直呈增长趋势。随着中国人口老龄化程度的逐年上升，人口红利消失、劳动力成本上升和创新能力不足等经济增长过程中的一系列结构性问题也随之出现。自2013年十八届三中全会报告提出产业转型升级的概念以来，从中央到地方均出台了一系列促进产业结构转型升级的政策和措施。十九大报告指出，中国经济已由高速度增长转向高质量发展阶段，正处在转变发展方式、优化经济结构、转换增长动力的攻关期，建设现代化经济体系是跨越关口的迫切要求和中国发展的战略目标。在一个国家从发展中国家向发达国家迈进的过程中，其三次产业的投入要素一般都会经历从第一产业和第二产业向第三产业转移的过程。学术界普遍认为，当一个国家的经济发展到一定程度之后，人口老龄化会对经济增长产生不利影响。然而，由于中国经济在过去的三十多年来一直处于高速增长的阶段，人口老龄化对中国产业结构转型升级的影响尚未得到学者们的足够重视。经济增长的速度固然重要，但经济增长的质量同样不容忽视。在当前中国经济增长进入新常态以及人口老龄化日益严峻的背景下，对人口老龄化如何影响产业结构转型升级这一问题进行深入研究具有重要的理论意义和实践意义。

从以上的研究背景来看，中国的人口老龄化程度虽然还不太严重，但人口老龄化速度较快，到21世纪中期之前，中国的人口老龄化程度将一直呈上升趋势。随着人口年龄结构的日益老化，其对劳动力供给结构以及消费需求结构等方面的影响最终将波及产业结构。基于以上的研究背景，本书首先从理论层面分析了人口老龄化对产业结构升级的影响。然后基于中国省级层面的面板数据，分别从中介效应、门槛效应和空间溢出效应等多个角度实证研究了人口老龄化对产业结构升级的影响。最后，根据实证研究的结果，分别从国家层面、地区层面和产业层面提出了应对中国人口老龄化的政策建议。

二、选题意义

（一）理论意义

第一，系统梳理了人口老龄化对产业结构升级影响的相关文献。本书分别从理论和实证两个方面对现有的国内外文献进行了系统整理，掌握了国内外对该问题研究的最新进展，并找出现有文献中存在的缺陷和不足，最终形成本书的研究视角和研究思路，这将为以后类似问题的研究提供借鉴和启发，具有重要的理论意义。

第二，有助于深入了解人口老龄化与产业结构升级之间的内在关系，明确人口老龄化对产业结构升级产生影响的作用机制。本书首先从理论层面分析了人口老龄化对产业结构升级的影响，然后采用省际层面的面板数据对此进行了验证。在实证分析部分，本书分别从劳动力供给、劳动生产率、人力资本积累、消费支出和技术创新等几个方面研究了人口老龄化对产业结构升级的中介效应,有助于我们深入了解人口老龄化影响产业结构升级的作用机制。

第三,为地方政府制定相关的产业政策提供理论支撑。中国地域辽阔,经济发展极不平衡,不仅各地区的人口老龄化程度各不相同,经济发展程度也存在较大差异。从总体上看,人口老龄化和经济发展程度呈东、中、西依次递减的趋势,这也就意味着人口老龄化对各地区产业结构升级的影响可能并不一致。本书不仅研究了人口老龄化对产业结构升级的整体和内部差异,还将全国样本按东、中、西三大区域进行了划分,研究了人口老龄化对产业结构升级的区域异质性,这将为地方政府制定相关的产业发展政策、推动当地产业结构转型升级提供理论支撑。

(二)实践意义

第一,将人口老龄化对经济社会发展带来的挑战变为促进产业结构转型升级的机遇,为中国老龄产业的发展提供决策依据。人口老龄化的日益加剧必然会使得一大批老年人从生产者转变为消费者,中国的老年人口规模已位居世界之首,老年消费市场蕴藏的潜力远大于世界上任何一个国家,而老龄产业多以第三产业为主,老龄产业的发展有利于推动第三产业产值的增加,促进第一产业和第二产业的生产要素向第三产业转移,进而推动产业结构转型升级。因此,在人口老龄化程度日益严峻的背景下,从不同角度深入研究人口老龄化对产业结构升级的影响,对于中央政府从宏观层面制定关于应对人口老龄化和促进产业结构转型升级的长期发展规划具有重要的启发意义。

第二,该问题的研究对于中国的经济发展和资源利用等各个方面均具有重要的实践意义。人口老龄化是一个极其复杂的社会问题,其对经济社会的发展带来的影响是方方面面的,任何一方面的问题解决不好都将对国家经济的健康持续发展带来极大的不利影响。本书不仅从理论上分析了人口老龄化如何通过劳动力供给、劳动生产率、人力资本积累、技术创新和消费支出等几条途径影响产业结构升级,还采用省级层面的面板数据对此进行了实证分析,明确人口老龄化如何通过这些中介变量对产业结构升级产生影响将对国家及各级地方政府制定社会养老保障制度、经济发展规划、人才培养方案以及区域发展战略等各个方面均具有重要的指导意义。

第三,为中国的产业区际转移提供思路,推动产业区际转移一体化的进程。与东部地区相比,中西部地区的人口结构较为年轻,从事农业生产的人口比重还较高,劳动力成本相对较低。发达国家的经济发展历程表明,其由发展中国家向发达国家过渡的过程中一般都会将劳动密集型和低端制造业转移到成本较低的发展中国家。中国地域辽阔,各地区的劳动力成本差距较大,为了从总体上推动中国的产业结构升级,区域之间的产业转移已势在必行。本书的研究结论可以为中国的产业区际转移提供借鉴和启发,进而推动产业区际转移一体化的进程。

第二节 研究框架

一、研究思路

首先,本书对研究背景和研究意义、相关概念和理论及国内外相关研究进行了系统梳理,并从理论上分析了人口老龄化对产业结构升级影响的作用机制。然后,本书基于省级面板数据分别研究了人口老龄化对产业结构升级的中介效应、门槛效应和空间溢出效应,这些内容虽相互独立,但均包含于一个统一的框架之内,是对该问题所进行的较为全面和系统的研究。最后,根据本书的实证研究结果得出了相关的政策建议,并指出了研究的不足之处。本书具体可分为七个章节,图1.1为本书的技术路线图。

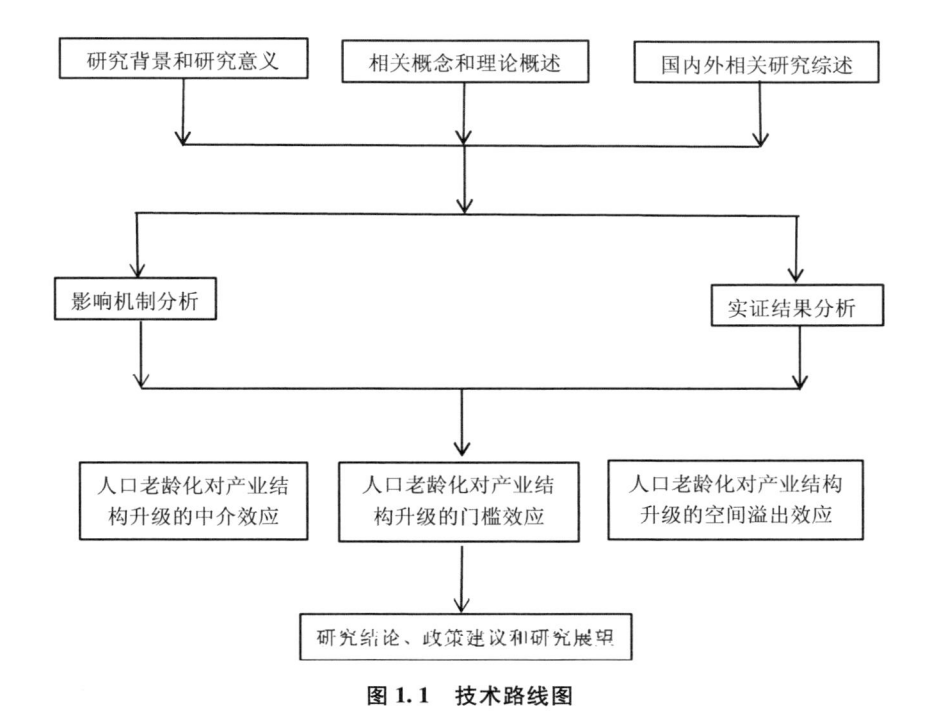

```
┌─────────────────┐  ┌─────────────────┐  ┌─────────────────┐
│ 研究背景和研究意义 │  │ 相关概念和理论概述 │  │ 国内外相关研究综述 │
└────────┬────────┘  └────────┬────────┘  └────────┬────────┘
         │                    │                    │
         └────────────────────┼────────────────────┘
                              ▼
┌──────────────┐                              ┌──────────────┐
│ 影响机制分析  │                              │ 实证结果分析  │
└──────┬───────┘                              └──────┬───────┘
       │                                             │
       ▼                    ▼                        ▼
┌────────────┐       ┌────────────┐         ┌────────────┐
│人口老龄化对 │       │人口老龄化对 │         │人口老龄化对 │
│产业结构升级 │       │产业结构升级 │         │产业结构升级 │
│的中介效应   │       │的门槛效应   │         │的空间溢出效应│
└────────────┘       └──────┬─────┘         └────────────┘
                            ▼
                  ┌──────────────────────┐
                  │研究结论、政策建议和研究展望│
                  └──────────────────────┘
```

图 1.1　技术路线图

二、研究内容

本书首先对人口老龄化和产业结构升级的相关概念进行了系统梳理，并对现有的关于人口老龄化对产业结构升级影响的国内外相关文献进行了评述。在此基础上，确定了本书的研究视角和研究思路。然后，从宏观层面分别研究了人口老龄化对产业结构升级的中介效应、门槛效应和空间溢出效应，试图从多个不同的视角全面揭示人口老龄化对产业结构升级的影响。最后，根据本书的实证研究结果，针对中国的人口老龄化和产业结构现状提出关于应对人口老龄化和推动产业结构升级的对策建议。本书共包含七章，各章节的主要内容如下所示：

第一章，绪论。首先，对本书的研究背景进行了简单介绍，并阐述了该研究的理论意义和实践意义。然后，分别从研究思路、研究内容、研究目的和研究方法等四个方面对本书的研究框架进行了梳理。最后，指出本书的创新之处。

第二章，理论回顾与文献综述。本章首先回顾了相关的产业结构升级理论，包括配第—克拉克定理、刘易斯二元经济模型、库兹涅茨法则、钱纳里工业化阶段理论及产业结构升级的演进规律。然后分别对国外和国内的研究现状进行了梳理，并对现有的相关文献进行了评述。

第三章，现状分析与理论基础。基于现有的相关研究，本章首先对人口老龄化和产业结构升级的相关概念进行了定义，然后对中国人口老龄化和产业结构的现状进行了分析，最后分别从理论分析和数理推导两个方面阐述了人口老龄化影响产业结构升级的理论机制。

第四章，人口老龄化对产业结构升级的中介效应。经济系统是一个极为复杂的社会系统，自变量对因变量产生影响往往需要经过某些中介变量的作用，人口老龄化对产业结构升级产生的影响也不例外。从现有的文献来看，人口老龄化主要通过劳动力供给、劳动生产率、人力资本积累、消费支出和技术创新等中介变量对产业结构升级产生影响。本章主要是检验这些变量在人口老龄化影响产业结构升级的过程中是否起到了中介作用。

第五章，人口老龄化对产业结构升级的门槛效应。从世界各国的发展历程来看，人口老龄化对产业结构升级的影响与该国所处的经济发展水平密切相关。目前中国还是一个发展中国家，正处于向发达国家迈进的过渡时期，随着中国经济发展水平的不断提高，人口老龄化对产业结构升级的影响可能也会不断变化。因此，本章主要是研究人口老龄化对产业结构升级的门槛效应。

第六章，人口老龄化对产业结构升级的空间溢出效应。中国地域辽阔，经济发展极不均衡，东、中、西三大区域存在明显差距。随着交通状况的改善，劳动力流动日益频繁，中国的城乡二元结构制度使得大量劳动力从农村流入城市，从内陆省份流向沿海省份，这就使得各省的人口老龄化和产业发展均呈现明显的空间集聚现象。人口老龄化除了会对本省的产业结构升级产生影响,是否还会影响邻近区域的产业结构升级?本章主要是研究人口老龄化是否会对产业结构升级产生空间溢出效应。

第七章,研究结论、政策建议和研究展望。该部分内容首先对前文的实证研究结果进行了总结,据此得出本书的研究结论。然后,分别从国家层面、地区层面和企业层面提出应对中国人口老龄化、推动产业结构顺利转型升级的政策建议。最后,指出本书在研究中存在的不足之处。

三、研究目的

为了全面而深刻地揭示人口老龄化对产业结构升级的影响,本书同时采用了多种实证研究方法,分别从宏观层面和微观层面对该问题进行分析,本书拟解决的关键问题主要包含以下三个方面。

(1) 人口老龄化对产业结构升级影响的作用机制问题。人口老龄化固然是影响产业结构升级的重要因素,但除了人口老龄化之外,产业结构升级还受到诸多其他因素的影响,如劳动力供给、劳动生产率、人力资本积累、消费支出和技术创新等变量,而人口老龄化也可能会对这些变量产生影响,即人口老龄化会通过这些中介变量影响产业结构升级。因此,本书将从这五个方面检验人口老龄化对产业结构升级影响的作用机制。

(2) 人口老龄化对产业结构升级影响的区域异质性问题。改革开放以来,中国经济经历了三十多年的高速增长。然而,由于中国区域辽阔,不仅不同区域的人口老龄化程度存在较大差异,经济发展程度和产业结构现状也各不相同。从总体来看,东部地区的经济发展程度最高,第三产业所占比重最大,但与此同时,其人口老龄化程度也最为严重。人口老龄化对经济增长的影响并非一成不变,其对产业结构升级的影响可能也存在类似的规律,对于处于不同经济发展阶段的地区,人口老龄化对其产业结构升级的影响可能并不一致。因此,有必要对人口老龄化影响产业结构升级的区域异质性问题进行深入研究。

(3) 人口老龄化对产业结构整体升级和产业结构内部升级影响的差异

问题。从现有的研究来看,多数学者仅对第一产业、第二产业和第三产业的整体结构升级问题进行研究,但鲜有学者对产业结构的内部升级问题进行研究。人口老龄化对产业结构整体升级和产业结构内部升级的影响是否存在差异?本书不仅构建了用于衡量产业结构整体升级的产业结构高级化系数和产业结构合理化系数,还构建了用于衡量产业结构内部升级的制造业结构升级系数和服务业结构升级系数,以全面而系统地研究人口老龄化对产业结构升级的影响。

四、研究方法

本书以经济学相关理论为基础,以计量经济分析方法为工具。首先对中国的人口老龄化和产业结构升级现状进行了梳理,然后分别从中介效应、门槛效应和空间溢出效应等多个不同的角度深入研究了人口老龄化对产业结构升级的影响。本书用到的主要研究方法如下。

(1) 比较研究法。根据国民经济行业分类标准,国民经济不仅可以分为第一产业、第二产业和第三产业,还可以在这三大产业中进行细分。本书既研究了人口老龄化对产业结构高级化和产业结构合理化的影响,又研究了人口老龄化对制造业和服务业结构升级的影响,对比分析了人口老龄化对产业结构整体升级和产业结构内部升级影响的差异。此外,本书还研究了人口老龄化对产业结构升级影响的区域异质性。

(2) 线性与非线性相结合的方法。从现有的文献来看,关于人口老龄化对产业结构升级的影响,多数学者仅考虑其线性影响。然而,在不同的经济发展阶段,由于人们的消费需求存在较大差异,人口老龄化对产业结构升级也可能存在非线性影响,对于这个问题非常有必要做进一步的检验。因此,基于省级层面的面板数据,本书不仅选用了线性的面板模型对其进行分析,还采用非线性的面板门槛模型对其进行研究。

(3) 理论与实证相结合的方法。对于人口老龄化如何影响产业结构升级的问题,本书首先从理论上对其作用机制进行分析,并采用数理模型对此进行了推导。由于理论模型高度抽象，需要基于相关的数据做进一步的实证检验。因此，在理论分析的基础上，本书还通过中介效应模型、面板门槛模型和空间动态模型等多种计量分析方法从各个不同的角度实证研究了人口老龄化对产业结构升级的影响。

第三节 创新之处

本书可能的创新之处有如下三点。

第一，充分考虑了人口老龄化对产业结构升级影响的整体和内部差异问题。现有研究主要考虑的是人口老龄化对产业结构整体升级的影响，本书不仅构建了用于衡量产业结构整体升级的产业结构高级化和产业结构合理化系数，而且还基于第二产业和第三产业的细分行业数据构建了用于衡量产业结构内部升级的制造业结构升级和服务业结构升级系数。

第二，深入研究了人口老龄化对产业结构升级影响的区域异质性。鉴于中国地域辽阔，区域之间的经济发展极不均衡，研究人口老龄化对产业结构升级影响的区域异质性是极为必要的。虽然也有少数相关研究会将区域异质性问题考虑在内，但往往不够系统和深入，本书弥补了这一不足之处。

第三，全面而系统地研究了人口老龄化对产业结构升级的中介效应、门槛效应和空间溢出效应。人口老龄化对产业结构升级的影响是一个极为复杂的问题，从现有研究来看，多数学者在研究该问题时普遍存在视角单一的问题，本书综合运用了结构方程模型、面板门槛模型和空间面板模型等多种计量经济学分析方法，全面而系统地研究了人口老龄化对产业结构升级的影响。

第二章　理论回顾与文献综述

第一节　产业结构升级的相关理论回顾

一、配第—克拉克定理

早在300多年前，英国经济学家威廉·配第（1676）通过对不同产业的供求关系及各产业就业者收入的比较曾得出结论：农业部门的劳动生产率递减，但工业部门和服务业部门的劳动生产率递增，服务业、工业和农业三个部门的收入依次递减，劳动力会由农业向工业再向服务业转移[①]。随后，科林·克拉克（1940）得出了一个普遍的规律：随着时间的推移，从事农业的人数相对于从事制造业的人数趋于下降，进而从事制造业的人数相对于从事服务业的人数趋于下降。配第和克拉克的研究先后表明，随着经济社会的发展，劳动力首先从第一产业向第二产业转移，然后向第三产业转移[②]。配第和克拉克关于就业与产业关系的这一学说也因此被后人

---

① 威廉·配第. 政治算术 [M]. 陈冬野, 译. 北京: 商务印书馆, 1978: 5.
② CLARK C. The Conditions of Economic Progress [M]. Lodon: Macmillan, 1940: 351-352.

称为配第—克拉克定理，这也是最早对人口的就业结构与经济的产业结构之间的相互关系进行的较为系统的研究。这一规律既可以从一个国家的经济发展过程中得到证明，还可以从不同经济发展水平的国家同一时点上的横截面的比较中得以体现。李兰冰（2015）指出，配第—克拉克定理有三个重要前提条件：第一，以若干国家的时间序列数据为依据，是揭示经济发展过程中产业结构变化的经验性学说；第二，以劳动力作为主要指标，考察了经济发展过程中劳动力在各产业中分布状况的变化过程；第三，以三次产业分类法为基础，将全部经济活动划分为第一产业、第二产业和第三产业，并以此作为基本的研究框架[1]。此后，美国经济学家西蒙·库兹涅茨（1957）和霍利斯·钱纳里等人（1975）在继承克拉克研究成果的基础上，仔细地发掘了更多国家的历史经济统计资料，对产业结构变动的一般趋势进行了更加深入的研究[2][3]。他们的统计分析更多的是集中在产值构成的变动方面，从而进一步揭示了产值结构变动与劳动力结构变动相一致的规律。

二、刘易斯二元经济模型

英国经济学家刘易斯（1954）提出了著名的"二元经济结构理论"，其在论文《劳动力无限供给条件下的经济发展》中提出"两个部门结构发展模型"，两个部门是指自给自足的农业部门和现代化制造业部门[4]。刘易斯的"二元经济结构理论"指出农业产业发展是资本积累部门的基础，因为劳动力是在三大产业部门之间流动的。首先，劳动力从劳动生产率较低

---

[1] 李兰冰.区域产业结构优化升级研究［M］.北京：经济科学出版社，2015：7.

[2] KUZNETS S. Quantitative Aspects of the Economic Growth of Nations: II. Industrial Distribution of Product and Labor Force［J］. Economic Development and Cultural Change, 1957, 5 (7): 1-111.

[3] 霍利斯·钱纳里，莫伊斯·赛尔昆.发展的格局：1950—1970［M］.李小青，等译.北京：中国财政经济出版社，1989：24-25.

[4] LEWIS W A. Economic Development with Unlimited Supplies of Labor［J］. The Manchester School of Economic and Social Studies, 1954, 22 (2): 139-191.

的农业部门流向劳动生产率较高的资本部门，资本部门吸收了大量的农业剩余劳动力，直到边际生产成本和边际生产率相等的时候，劳动力将停止从农业部门流向资本部门，在劳动力流动的过程中，社会从传统农业社会逐渐过渡到工业化社会。其次，农业产业部门也工业化，农业部门与工业部门同时发展，共同吸收剩余劳动力。最后，工业部门不能继续从农业部门吸收到剩余劳动力时，劳动力市场一体化，劳动力供给进入一元化时代，这就是二元经济一体化的过程。也就是说，伴随着劳动力的转移，二元经济结构终将消除，这就是著名的刘易斯"二元经济结构理论"。拉尼斯和费景汉（1961）在刘易斯"二元经济结构理论"的基础上对该理论做了进一步修正，分阶段阐述了二元经济发展的完整过程①。随后，越来越多的学者对该问题进行研究，刘易斯—费景汉—拉尼斯模型成为研究二元经济问题的经典模型。

蔡昉（2014）认为，当出现了普通劳动者的短缺现象，普通劳动者的工资持续上涨时，就是刘易斯拐点出现的标志，中国进入刘易斯拐点的时间是在2004年②。结合中国的实际情况来看，刘易斯转折点的到来，与以下三个事实密切相关：第一，15—59岁劳动年龄人口的增长速度经历缓慢增长并到达峰值之后，已经开始出现负增长，劳动力供给逐渐趋紧；第二，经济保持持续增长，创造大量就业岗位以吸纳农业剩余劳动力；第三，劳动力需求增长速度超过劳动力供给增长速度，导致劳动力供求关系变化，二元经济下劳动力无限供给的特征开始被改变，农业劳动力的边际生产率不再为零。

三、库兹涅茨法则

美国著名经济学家西蒙·库兹涅茨（1949）首次规范地定义了产业结

---

① RANIS G, John C H F. A Theory of Economic Development [J]. The American Economic Review, 1961, 51 (4): 553-565.
② 蔡昉. 从人口红利到改革红利 [M]. 北京: 社会科学文献出版社, 2014: 39-40.

构和国民收入,其把产业结构定义为资源和最终产品在不同产业之间的分配,而把国民收入则定义为国家该年度系统生产的、流向消费者或者国家资本积累的产品和服务业的净产出,这为产业结构方面的后续研究奠定了基础①。随后,库兹涅茨(1957)在《各国的经济增长》一书中以美国等十多个国家的数据资料为基础,利用现代经济统计体系,对产业结构变动与经济发展之间的关系进行了深入研究②。库兹涅茨将第一产业、第二产业和第三产业部门分别称为"农业部门""工业部门"和"服务业部门"。他考察了随着经济发展各产业在国民收入中的比重和在劳动力就业比重之间的变动规律,是对配第—克拉克定理的继承与发展,其得出的结论被称为"库兹涅茨法则",基本内容为:①随着时间的推移,农业部门在国民收入和总体劳动力中的比重都将不断下降;②工业部门在国民收入中的比重上升,但工业部门劳动力在总体劳动力中的比重则大体不变或略有上升;③服务业部门在国民收入和总体劳动力中的比重均呈现上升趋势。此外,他还进一步分析了工业部门和服务业部门内部各产业之间的比例关系。库兹涅茨指出,在制造业部门内部,与现代技术密切联系的新兴制造业部门增长最快,因而在整个制造业总产值和劳动力中的占比呈上升态势;而一些较老的生产部门在整个制造业总产值和劳动力中的占比呈下降态势。在服务业部门内部,教育与科技和政府行政部门在总体劳动力中所占的比例是上升的。

四、钱纳里工业化阶段理论

在科林·克拉克和西蒙·库兹涅茨等人的研究成果基础上,霍利斯·钱纳里和莫伊塞斯·赛尔昆(1975)在《发展的格局(1950—1970)》一

---

① KUZNETS S. National Income and Industrial Structure [J]. Econometria, 1949 (17): 205-241.

② KUZNETS S. Quantitative Aspects of the Economic Growth of Nations: II. Industrial Distribution of Product and Labor Force [J]. Economic Development and Cultural Change, 1957, 5 (7): 1-111.

书中将研究领域由发达国家扩展至发展中国家进一步深入研究了产业结构问题①。基于1950—1970年101个国家（地区）的面板数据，霍利斯·钱纳里等人对各国经济结构转变（涵盖生产、流通、消费和分配等方面）的全过程进行了系统研究，提出各国的经济结构转变是经济发展的重要条件，进而揭示了经济发展的标准型式和各国经济发展的特征规律。此后，霍利斯·钱纳里等人（1986）合著完成的《工业化和经济增长的比较研究》一书进一步拓宽了"发展格局"的理论、思想和方法②。该书以大量的统计数据资料为基础，综合运用投入—产出分析法、一般均衡分析法和经济计量模型等多种分析方法，试图通过一系列准工业化国家（地区）的比较研究，阐明工业化在经济发展过程中的作用。该书主要研究了三个问题：工业化在现代经济增长和产业结构转变过程中的作用；九个正处在工业化进程中的国家（地区）发展经历的异同之处；劳动生产率增长同产业结构转变之间的关系。霍利斯·钱纳里等人的研究结果表明：一方面，随着经济的增长，第一产业的产值比重和就业人数都趋于下降，第二产业的产值比重和就业人数比重在工业化过程中不断上升，在工业化完成之后趋于下降，第三产业的产值比重和就业人数比重一直趋于上升，但在工业化初期变化较慢，这与西蒙·库兹涅茨得出的结论是一致的；另一方面，产业结构的合理变化对经济总量的增长也具有一定的推动作用，产业结构的这种变化趋势是科学技术进步和生产力发展的必然结果。随着人均收入水平的提高，产业结构变化造就了经济增长率先上升后下降的发展格局，与发达国家相比，产业结构因素对发展中国家的经济增长重要得多。

具体来看，霍利斯·钱纳里等人提出从不发达经济体到成熟工业经济体的整个过程可以划分为三个阶段、六个时期，从任何一个发展阶段向更

---

① 霍利斯·钱纳里，莫伊斯·赛尔昆. 发展的格局：1950—1970 [M]. 李小青，等译. 北京：中国财政经济出版社，1989.
② CHENERY H，ROBINSON S，SYRQUIN M. Industrialization and Growth：A Comparative Study [M]. Oxford：Oxford University Press，1986.

高一个发展阶段的跃进都是通过产业结构转化来推动的。表2.1给出了工业化不同阶段的标志值,从表2.1中六个时期的划分标准来看,第一到第四个时期是从不发达经济体到成熟经济体的过渡时期,第五到第六个时期中出现制造业在产出和就业中的份额下降的现象,已经具备成熟工业经济体的特征。准工业化国家一般处于第二到第四个阶段,且人均GDP为280美元、560美元和1120美元(以1970年为标准)分别同工业化实现阶段的初期、中期和后期相对应。

表2.1 工业化不同阶段的标志值

基本指标		前工业化阶段	工业化实现阶段			发达经济阶段	
		农业	工业化初期	工业化中期	工业化后期	后工业化社会	现代化社会
			劳动密集	资本密集		技术密集	知识密集
人均GDP(经济发展水平)	1964年美元	100~200	200~400	400~800	800~1500	1500~2400	2400以上
	1970年美元	140~280	280~560	560~1120	1120~2100	2100~3360	3360以上
	2005年美元	706~1411	1411~2822	2822~5645	5645~10584	10584~16934	16934以上
三次产业产值(产业结构)		A>I	A>20%,且A<I	A<20%,且I>S	A<10%,且I>S	A<10%,且I<S	—
农业就业人数(就业结构)		60%以上	45%~60%	30%~45%	10%~30%	10%以下	—

注:表中数据参照郭克莎(2000)和刘伟等人(2008)的研究整理而得①②,其中A、I、S分表代表第一、第二和第三产业增加值在GDP中所占的比重。

① 郭克莎. 中国工业化的进程、问题与出路 [J]. 中国社会科学, 2000 (3): 60-71, 204.
② 刘伟, 张辉, 黄泽华. 中国产业结构高度与工业化进程和地区差异的考察 [J]. 经济学动态, 2008 (11): 4-8.

霍利斯·钱纳里等人提出结构转变可划分为初级产品生产阶段、工业化阶段和发达经济阶段，但由于结构转变过程并不存在明显的间断点，三个阶段的分界线并不确定。在初级产品生产阶段，农业的生产活动占统治地位，资本中低速增长，劳动力加速增长，而全要素生产率则极低速增长。在工业化阶段，资本积累的贡献率较高，经济重心由初级产品生产向制造业生产转移，制造业对经济增长贡献率的相对重要性发生变化，全要素生产率的增长对经济产出增长的贡献率增加是该阶段加速增长的主要原因。在发达经济阶段，工业制成品的收入弹性开始降低，且工业制成品在国内总需求中的份额开始下降。此外，发达经济阶段的要素投入对经济增长的贡献率减小，全要素生产率的增长与工业化的联系不断下降。具体来看，工业化不同阶段的经济结构特征如表2.2所示。

表2.2 钱纳里标准增长模式阶段的特征

阶段		经济结构特征
传统社会阶段		农业为主，绝大部分人口从事农业，没有或极少现代化工业，生产力水平很低，基础设施落后，社会发展水平低
工业社会阶段	初期	产业结构从以落后农业为主的传统结构逐步向以现代工业为主的工业化结构转变，工业以食品、烟草、采掘和建材等初级产品生产为主，劳动密集型产业占主体地位，劳动力极为廉价
	中期	制造业内部由轻工业为主转向重工业为主，非农业劳动力开始占主体地位，第三产业开始迅速发展；大部分产业是资本密集型产业，城市化水平迅速提高，市场稳步扩张，投资领域扩大，支柱产业以重化工产业为主，先导产业以机械电子为主，服务产业以轻工业和耐用消费品等第三产业为主
	后期	第一、第二产业协调高水平发展，第三产业持续高速发展并成为区域经济增长的主导力量；新兴服务业如金融、信息、广告、公用事业和咨询业等产业发展较快

续表

阶段	经济结构特征
后工业化社会阶段	制造业内部由资本密集型为主转向技术密集型为主，生活方式现代化，高档耐用消费品普及；高档消费品、新技术设备、新能源、新材料、生物工程和航空航天等技术密集型产业迅速发展
现代化社会阶段	技术密集型和知识密集型产业从服务业中分离，并占据主导地位；消费呈多样化和个性化

霍利斯·钱纳里把现代经济增长理解为经济结构的全面转变，他研究并分析了工业内部各产业部门在经济长期发展过程中地位和作用的变化规律。由于他在处理生产要素的转移和分配问题时使用了统一的计量经济分析框架，从而就可以对经济结构变化过程中大量相互关联的各种指标进行连续性的描述和分析，也可以从不同国家的发展模式中识别出系统的差异。霍利斯·钱纳里的"标准结构"增长模式揭示了产业结构变动的一般趋势，具有较大的理论价值。

五、产业结构升级的演进规律

产业结构演进具有内在的、有章可循的发展规律，本节将从产业结构整体升级的规律和产业结构内部升级的规律这两个方面对其进行系统梳理。

（一）产业结构整体升级的规律

一般情况下，从三次产业结构的演进规律来看，产业结构重心存在由"一、二、三"向"三、二、一"转变的趋势。具体来看，第一产业的产值和就业人员所占份额均呈现出不断递减的趋势；第二产业所占份额则先迅速增长后逐渐趋于稳定；第三产业所占份额则不断增长。

亚当·斯密（1776）是对产业结构演进及其动因做出精辟论述的早期学者之一，斯密在《国民财富的性质和原因研究》（《国富论》）一书中指出进步社会的资本,首先大部分投入在农业上,其次投入在工业上,最后投入在国际贸易上①。可见,在斯密看来,随着社会的进步,资本投入在"农业—工业—贸易业"三者之间的顺序转变是一个自然规律。随着经济的发展,社会的产业结构必然发生由农业为主向工业为主再向贸易业为主的转变。配第—克拉克定理说明产业结构的改变是从劳动力在三次产业间的流动中体现出来的,在经济发展过程中,劳动力会在农业、资本和技术产业中流动。劳动力倾向于从生产率低的部门流向生产率高的部门,边际成本低,劳动报酬多,劳动报酬决定了劳动力由劳动密集型行业向资本或技术密集型行业流动。劳动力的流动则代表了产业重心的转移,产业结构会随着劳动力的流动而改变。由于社会经济的不断发展,资本逐渐积累,劳动力由农业向工业再向服务业流动会推动产业结构的整体升级。

罗斯托(1953)的研究结果表明,经济的增长是以主导产业更替为标志的产业结构演化过程,其在《经济增长的阶段》一书中对经济增长的阶段和主导产业的作用进行了系统论述②。他认为经济之所以能够保持增长,是为数不多的主导产业部门迅速扩大的结果,主导产业通过回顾效应、旁侧效应和前向效应等多种扩散效应对产业部门产生重要作用。罗斯托认为,各国的经济增长可以概括为六个阶段:传统社会阶段、为起飞创造前提的阶段、起飞阶段、走向成熟的阶段、大众高消费的阶段和追求生活质量的阶段,主导产业体现出"农业—工业—先进制造业—耐用消费品业和服务业"的更替规律。产业结构的演进包括以农业为主导、轻纺工业为主导、原料工业和燃烧动力工业等基础工业为重心的重化工业为主导、低度加工组装型工业为主导、高度加工组装型工业为主导、第三产业为主导和信息产业为主导等几个阶段。因此,主导产业体现出的更迭顺序是产业结构整体升级的另一种表现。

---

① 亚当·斯密. 国富论[M]. 郭大力,王亚南,译. 北京:商务印书馆,2015.
② ROSTOW W W. The Process of Economic Growth[M]. Oxford:Clarendon Press, 1953.

(二) 产业结构内部升级的规律

首先，从农业结构内部来看，农业存在由传统农业向现代农业转型升级的规律。王国平（2015）认为，现代农业既是产业结构升级过程中的一种形态，又是农业现代化过程中的必然选择[①]。农业现代化过程中的现代农业主要包括物质技术形态的现代农业和社会结构形态的现代农业。其中，物质技术形态的现代农业是指必须按照高产、高效、优质、生态和安全的要求发展现代农业，加快转变农业发展方式，推进农业机械化进程，健全农业产业体系，提高土地产出率、资源利用率和劳动生产率，增强农业的抗风险能力、可持续发展能力和国际竞争力。社会结构形态的现代农业是指引入社会形态的现代农业，既可以是二元经济结构中的现代农业，也可以是后工业化社会中的现代农业。农业现代化和农村城镇化是走向现代农业的两个基本条件，农业现代化要求充分应用机械化、自动化和信息化的生产设备以及不断进步的新技术进行农业生产，农村城镇化是促进规模经营和提高城市化水平的重要举措，也是中国走向现代农业社会的必由之路。

其次，从工业结构内部来看，工业内部存在由"轻工业"为主向"重工业"为主转变的规律，即重工业化规律。发达国家的发展经验表明，轻工业在工业化前期占据主导地位，而进入工业化中后期之后，重工业取代轻工业逐渐占据主导地位。德国经济学家霍夫曼（1931）在《工业化的阶段和类型》中将工业划分为消费品工业和资本品工业，将消费品工业净产值和资本品工业净产值之比称作霍夫曼比例或霍夫曼系数，并依据20个国家的制造业时间序列数据将工业化分为"消费品工业占主导地位、资本品工业快于消费品工业的增长、资本品工业快速增长、资本品工业占主导地位"等四个阶段[②]。霍夫曼认为，在工业化的第一阶段，霍夫曼比例等于5（±1），即消费品工业的净产值平均为资本品消费工业净产值的5倍，此

[①] 王国平. 产业升级论 [M]. 上海：上海人民出版社，2015.
[②] 王颖. 区域工业化理论与实证研究 [D]. 长春：吉林大学，2005：11.

时，消费品工业的生产在制造业中占据主导地位；在工业化的第二阶段，霍夫曼比例等于 2.5（±1），即消费品工业的发展速度有所减缓，资本品工业的发展速度快于消费品工业，但在规模上仍然远小于消费品工业；在第三阶段，霍夫曼比例等于 1（±0.5），此时，消费品工业和资本品工业的净产值大致相等；在第四阶段，霍夫曼比例小于 1，资本品工业的规模超过了消费品工业的规模。霍夫曼指出，随着一国工业化水平的提高，霍夫曼系数不断下降，资本品工业比重不断上升并超过消费品工业比重，这表明在工业化不断推进的过程中，工业结构将出现由以"轻工业"为主向以"重工业"为主转变的特征。其次，工业结构存在由低加工度向高加工度转变的规律，即高加工度化规律。工业结构的高加工度化，就是指由以原材料工业为重心，转向以加工、组装工业为重心的结构发展趋势。再次，工业结构存在由劳动力密集型向资本密集型和技术密集型转化，再向知识密集型转化的规律，即生产要素密集度转化规律，这一规律与重工业化规律和高加工度化规律相互呼应。随着工业由"轻工业"转向"重工业"，低加工度转向高加工度，工业生产对于不同要素的依赖程度也有所改变，逐渐从依赖劳动力转向依赖资金，再转向依赖技术。

最后，从服务业内部来看，存在生产性服务业的地位伴随着经济增长而逐渐上升的趋势。根据勃朗宁和辛格曼（1975）的研究，服务业可划分为生产性服务业、流通性服务业、私人服务业和社会服务业等四大部门[①]。马晓河等人（2008）提出，随着时间的推移，服务业结构内部的升级存在四大规律[②]。第一，流通性服务业占服务业的比重趋于下降，但主要行业占国内生产总值的比重基本稳定，一些发展中国家在短期内还会有一定程度的上升；第二，无论是发展中国家还是发达国家，生产性服务业都呈现出快速

---

① BROWING C, SINGLEMAN J. The Emergence of a Service Society [M]. Springfield：National Technical Information Service, 1975：102-103.
② 马晓河，等. 中国产业结构变动与产业政策演变 [M]. 北京：中国计划出版社，2009：35-36.

增长的态势，在国民经济中的地位显著上升；第三，由于发达国家的人均国内生产总值较高，其社会服务业随着人均国内生产总值的增加出现不断下降或者先上升后下降的发展态势，而发展中国家则处于持续上升阶段；第四，发达国家私人服务业比重增加值较低且基本保持稳定，但就业比重趋于上升。而李兰冰（2015）则指出，沿着经济发展程度由低到高的历史演进轴线，可以进一步归纳出发达国家和发展中国家服务业内部结构升级的三大发展规律①。首先，流通性服务业（包括交通、运输与仓储、批发与零售等行业）占服务业的比重先上升后下降。其次，社会服务业（包括公共管理业和教育业、医疗业以及其他社会工作等行业）随着人均国内生产总值的增加呈上升趋势，当人均国内生产总值达到一定水平时，社会服务业占服务业总量的比重出现拐点，由上升转化为下降趋势。最后，生产性服务业（金融业、保险业、房地产业以及商业服务业）在经济发展中的地位逐渐上升。

第二节 研究现状与文献综述

一、国外研究现状

（一）关于理论方面的研究

300多年前，英国经济学家威廉·配第（1676）最早对不同产业的供求关系及各产业就业者收入的关系进行了研究②。随后，科林·克拉克（1940）基于国际层面的时间序列数据对各产业就业人数随经济社会发展的变化规律进行了研究③。配第和克拉克关于就业与产业关系的这一学说

---

① 李兰冰. 区域产业结构优化升级研究 [M]. 北京：经济科学出版社，2015：16.
② 威廉·配第. 政治算术 [M]. 陈冬野，译. 北京：商务印书馆，1978：5.
③ CLARK C. The Conditions of Economic Progress [M]. Lodon: Macmillan, 1940

也因此被后人称为配第—克拉克定理，这也是最早对产业结构问题所进行的较为系统的研究。刘易斯（1954）以劳动力转移为视角，构建二元经济结构模型，研究发现，当劳动力到达"刘易斯第一拐点"时，劳动力在产业间的流动将会促进产业结构调整[1]。赫维丁和穆勒提（1998）基于世代交叠模型（OLG）研究了人口老龄化的经济效应，发现人口老龄化会导致储蓄率的下降，而储蓄率的下降最终将对产业结构升级产生不利影响[2]。菲舍尔（2004）以日本和澳大利亚的相关数据为基础，研究了人口年龄结构变动对就业结构的影响，发现相对于第二产业和第三产业，从事第一产业的劳动人口的平均年龄较高，随着人口老龄化程度的加剧，人口年龄结构的变动可能提高第一产业的相对就业人数[3]。与此同时，第二产业和第三产业的相对就业人数则会下降。安德烈亚斯（2009）通过建立世代交叠模型研究了人口老龄化对内生资本和技术进步的影响，结果显示，随着人口老龄化程度的加剧，相对资本而言，劳动力变得更加稀缺，而人口老龄化对技术进步的影响则相对较小，人口老龄化导致的劳动力下降将进一步对产业结构产生影响[4]。而纳比利等人（2009）的研究结果则表明，人口老龄化导致的劳动力供给不足会导致劳动力市场的平均工资上涨，增加劳动密集型产业的用工成本，进而推动资本密集型和技术密集型产业规模的扩大[5]。罗

---

[1] LEWIS W A. Economic Development with Unlimited Supplies of Labor [J]. The Manchester School of Economic and Social Studies, 1954, 22（2）：139-191.

[2] HVIDING K, MERETTE M. Macroeconomic Effects of Pension Reforms in the Context of Aging Populations: Overlapping Generations Model Simulations for Seven OECD Countries [J]. OECD Economics Department Working Papers, 1998（201）：4-31.

[3] EWA O F. Labor Force Aging: Its Impact on Employment Level and Structure-The Evidences from Japan and Austrian [J]. A Paper Presented at the Austrian PopulationAssociation, 12th Biennial Conference, Canberra, 2004（12）：15-17.

[4] IRMEN A. Population Aging and the Direction of Technical Change [J]. CESIFO Working Paper, No. 2888, 2009（12）：1-25.

[5] NABIL A, MAXIME F, SIMON H. Inter-temporal and Inter-industry Effects of Population Aging: A General Equilibrium Assessment for Canada [J]. LABOUR, CEIS, 2009, 23（4）：609-651.

纳德和安德鲁（2010）从宏观角度分析了长寿、低出生率和老龄化对老年产品需求的影响，发现人口老龄化将使得老年产品的需求量增加，人口老龄化将推动政府的产业政策向老年产业倾斜[1]。桥本和田畑（2010）通过构建开放的两部门世代交叠模型，探讨了人口老龄化对就业结构的影响，发现人口老龄化会促使劳动力由非保健部门向保健部门转移，加大医疗和养老等行业的劳动力供给，推动相关产业的发展，进而促进产业结构的优化升级[2]。贝诺特（2011）认为，一般情况下，从青年到中年再到老年，个人的劳动生产率会经历一个先上升后下降的过程，即劳动生产率与年龄之间存在"倒U型"关系，劳动力的老龄化会对社会平均劳动生产率产生不利影响，进而影响产业结构升级[3]。安基拉（2012）从理论上研究了人口老龄化对老年护理服务行业就业份额的影响，发现老年护理服务需求的收入弹性存在门槛水平，高于这个门槛水平时，人口老龄化会促进老年护理服务行业就业份额的增长[4]。海因里希和戴维（2012）基于世代交叠模型，研究了由生育率下降所导致的人口老龄化对消费的影响，结果显示，对于老年抚养比较高的国家，劳动者会将大部分收入用于赡养老人，从而对劳动者的消费支出产生不利影响，最终将对产业结构升级产生影响[5]。米歇尔等人（2014）认为人口老龄化将提高对长期护理和智能家居等服务业的需求，从而推动这些新兴老龄产业的发展[6]。蔡启鸿和圣慧信（2015）基于世代交叠模型，

---

[1] RONALD L, ANDREW M. Some Macroeconomic Aspects of Global Population Aging [J]. Demography, 2010, 47 (1): 151-172.

[2] HASHIMOTO K I, TABATA K. Population Aging, Health Care and Growth [J]. Journal of Population Economics, 2010, 23 (2): 571-593.

[3] DOSTIE B. Wages, Productivity and Aging [J]. De Economist, 2011, 159 (2): 139-158.

[4] MOMOTA A. Population Aging and Sectoral Employment Shares [J]. Economics Letters, 2012, 115 (3): 527-530.

[5] HOCK H, David N. W. On the Dynamics of the Age Structure, Dependency, and Consumption [J]. Journal of Population Economics, 2012, 25 (3): 1019-1043.

[6] EHRENHARD M, KIJL B, NIEUWENHUIS L. Market Adoption Barriers of Multi-Stakeholder Technology: Smart Homes for the Aging Population [J]. Technological Forecasting and Social Change, 2014, 89 (11): 306-315.

研究了人口老龄化对经济增长的影响,模拟结果表明,人口老龄化会导致劳动力供给下降,资本存量下降,进而导致资本深化,最终对经济增长产生不利影响,同时也会影响产业结构的转型升级[①]。周欢等人(2016)基于内生增长模型,选取中国省级层面的面板数据研究了人口年龄结构变化对居民消费的影响,结果表明,少儿抚养比对居民消费的影响显著为负,老年抚养比对居民消费的影响显著为正,中国人口老龄化的加剧有利于居民消费需求的增长,进而推动产业结构升级的进程[②]。陈旭东等人(2018)基于两期世代交叠模型,研究了人口老龄化对收入和消费不平等的影响,发现人口老龄化会加剧收入和消费的不平等,收入和消费作为影响产业结构的重要变量,人口老龄化的收入和消费效应最终体现在产业结构上[③]。

(二)关于实证方面的研究

阿克塞尔等人(2001)以德国为例,研究了人口老龄化对劳动力市场的影响,结果表明,人口老龄化会对劳动力供给产生不利影响;此外,人口年龄结构的转变也会改变消费需求结构,这将进一步对不同经济部门的就业结构产生很大的影响[④]。约瑟夫等人(2006)研究了人口老龄化对奥地利就业的影响,发现人口老龄化会通过降低适龄劳动人口比重对就业产生不利影响[⑤]。玛格丽塔和迪亚格(2007)研究了部门劳动生产率变化对

---

① CHOI K H, SHIN S. Population Aging, Economic Growth, and the Social Transmission of Human Capital: An Analysis with an Overlapping Generations Model [J]. Economic Modelling, 2015, 50 (C): 138-147.

② ZHOU H, HE J, LIU L L. The Relation between Age Structure of Population and Resident Consumption Based on Endogenous Growth Theory [J]. Asian Agricultural Research, 2016, 8 (9): 36-40.

③ CHEN X D, HUANG B H, LI S S. Population Aging and Inequality: Evidence from China [J]. The World Economy, 2018, 41 (8): 1976-2000.

④ AXEL BS, LUDWIG A, WINTER J. Aging, Pension Reform, and Capital Flows: A Multi-country Simulation Model [J]. Sonder Forschungs Bereigh, 2001 (1): 1-26.

⑤ BAUMGARTNER J, HOFER H, KANIOVSKI S, et al. Employment and Growth in an Aging Society: A Simulation Study for Austria [J]. Empirica, 2006, 33 (1): 19-33.

葡萄牙产业结构转型的影响，发现农业和服务业劳动生产率的提高对产业结构升级的影响较小，制造业劳动生产率的提高会极大地推动产业结构转型升级①。乌尔里奇（2007）选取经济合作与发展组织（OECD）国家1975—2004年的面板数据，研究了人口老龄化对农业、制造业、采矿业和交通运输业等各个部门就业份额的影响，发现人口老龄化对大多数部门的就业份额均会产生显著影响，并由此得出人口老龄化会加速就业结构转变的结论②。迈克尔等人（2009）基于德国1966—1986年的微观调查数据，研究了人口结构变化对人力资本积累的影响，发现德国由于出生率下降导致的人口老龄化对其人力资本积累产生了显著的负面影响，人口老龄化对人力资本产生的负面影响将进一步波及产业结构升级进程③。安同信等人（2011）通过对日本的产业结构转型升级进行实证分析，发现市场机制和政府的宏观调控是产业结构升级的主要驱动力，中国可借鉴日本的发展经验采取相应的政策措施推动产业结构转型升级④。

布利斯等人（2011）基于51个发展中国家和发达国家在1970—2004年面板数据，研究了人口老龄化对就业结构的影响，发现人口老龄化程度的上升对第一产业和多数第二产业的就业份额均会产生显著的不利影响，但会显著促进多数第三产业就业份额的增长⑤。杰尼（2011）选取德国356家知识密集型中小型企业的微观调查数据，研究了劳动力年龄结构变化与技术进步之间的关系，发现劳动力年龄结构的老化会对技术进步产

---

① DUARTE M, RESTUCCIA D. The Structural Transformation and Aggregate Productivity in Portugal [J]. Portuguese Economic Journal, 2007, 6 (1): 23-46.
② THIEBEN U. Aging and Structural Change [J]. German Institute for Economic Research, 2007 (11): 1-20.
③ FERTIG M, SCHMIDT C M, SINNING M G. The Impact of Demographic Change on Human Capital Accumulation [J]. Labor Economics, 2009, 16 (6): 659-668.
④ AN T X, FAN Y J, ZHANG H. An Analysis of the Model of China's Industrial Restructuring and Upgrading – Borrowing Ideas from the Experience of Japan [J]. Energy Procedia, 2011 (5): 1461-1466.
⑤ SILIVERSTOVS B, KHOLDILIN K A, THIESSEN U. Does Aging Influence Structural Change? Evidence from Panel Data [J]. Economic Systems, 2011, 35 (2): 244-260.

生显著的不利影响,进而影响产业结构升级[1]。安娜和马里安(2013)基于雇员和雇主微观调查数据的研究结果表明,在匈牙利1986—2008年经济转型期间,企业内部年轻和年老的高技能人员之间的劳动生产率差距明显增大,劳动力的老龄化对高技能老年工人的劳动生产率产生了显著的负面影响[2]。伯恩哈德等人(2013)选取澳大利亚2002—2007年采矿业、制造业以及部分服务业等部门的面板数据,研究了劳动力年龄结构对劳动生产率的影响,发现老年员工的比例与劳动生产率呈正相关关系,但年轻员工比例对劳动生产率的影响不显著[3]。斯托弗(2013)基于德国国际账户(SNA)中的相关数据,分析了老年消费者对生产部门以及GDP结构的影响,结果表明,老年消费群体的整体消费支出较低,但老年消费群体在耐用消费品等方面的消费支出较高,老年消费群体主要通过改变消费结构来对国内生产总值(GDP)产生影响,进而影响产业结构[4]。茅锐和徐建炜(2014)基于2002—2009年的中国家庭追踪调查数据(CFPS),研究了人口老龄化对个人消费预算分配的异质性影响,发现年龄差异是影响各部门收入的主要原因,青年人的消费预算主要用于食物、教育、文化和娱乐方面,中年人的消费预算主要集中在服装、交通和通信方面,而老年人的消费预算则主要用于食物和医疗保健品方面,人口老龄化将通过改变消费结构影响产业结构[5]。詹姆斯和雅各布(2015)选取18个OECD国家在1870—2009年的面板数据,研究了人口老龄化对创新的影响,发现受过高

---

[1] MEYER J. Workforce Age and Technology Adoption in Small and Medium-sized Service Firms [J]. Small Business Economics, 2011, 37 (3): 305-324.

[2] LOVASZ A, RIGO M. Vintage Effects, Aging and Productivity [J]. Labour Economics, 2013 (22): 47-60.

[3] MAHLBERG B, FREUND I, PRSKAWETZ A. Aging, Productivity and Wages in Austria: Sector Level Evidence [J]. Empirica, 2013, 40 (4): 561-184.

[4] STOVER B. The Power of Elderly Consumers-How Demographic Change Affects the Economy Through Private Household Demand in Germany [C]. EcoMod Conderence, 2013, No.5147: 1-12.

[5] MAO R, XU J W. Population Aging, Consumption Budget Allocation and Sectoral Growth [J]. China Economic Review, 2014 (30): 44-65.

等教育的工人具有很强的创新能力,且其创新能力在退休之前随着年龄的增加而急剧增强[①]。李海政等人(2016)基于1985—2014年中国省级层面的面板数据,研究了教育、城镇化和人口老龄化等因素对各地区人力资本数量和质量的影响,发现人口老龄化对各地区人力资本数量和质量的影响都是负向的,且对东北地区的负面影响最大,由于人力资本是推动产业结构升级的关键因素,人口老龄化对人力资本的负面影响最终将阻碍产业结构的转型升级[②]。卡罗尔(2016)基于拟合多项式模型,研究了人口老龄化对中欧和东欧家庭消费水平的影响,发现人口老龄化与家庭消费水平之间存在显著的负相关关系,即人口老龄化程度的加剧会导致家庭消费水平的下降,进而影响一国的产业结构[③]。袁斌等人(2017)基于微观层面的江苏省农户调查数据,研究了人口老龄化对农业的影响,发现由于劳动力年龄的老化,从事农业的人口比重随之下降,这不仅会对农业生产产生不利影响,还会对与之相关的化学原料、化学制品和机械制造等行业产生负面影响[④]。钟国康(2017)选用韩国的面板数据,研究了人口老龄化对韩国未来产业结构的影响,结果表明,人口老龄化会对各产业的增加值及就业结构产生极大影响:其一,人口老龄化将导致制造业的份额下降;其二,人口老龄化将使得制造业的生产率下降,而服务业的生产率则趋于上升;其三,多数制造业部门的出口占增加值的比重将呈上升趋势[⑤]。托马

---

① ANG J B, MADSEN J B. Imitation Versus Innovation in an Aging Society: International Evidence since 1870 [J]. Journal of Population Economics, 2015, 28 (2): 299-327.

② LI H Z, He J Z, LIU Q Y, et al. Regional Distribution and Dynamics of Human Capital in China 1985—2014: Education, Urbanization, and Aging of the Population [J]. NBER Working Paper Series, 2016, No. 22906: 1-54.

③ MICHNEVIC K. The Effects of Aging on Household Consumption in Central and Eastern Europe [J]. Economy & Business, 2016 (10): 273-287.

④ YUAN B, ZHAN J T, CHEN C. Evolution of a Development Model for Fruit Industry against Background of an Aging Population: Intensive or Extensive Adjustment? [J]. Sustainability, 2017, 10 (1): 1-12.

⑤ KANG J K. Changes in the Korean Industry Structure Due to It's Population Aging (in Korean) [J]. Working Papers, Economic Research Institute, Bank of Korea, 2017 (28): 1-49.

斯（2017）基于45个国家1970—2005年的面板数据，研究了产业结构变化的决定因素，发现技术进步对发达国家制造业劳动力份额的下降以及服务业劳动份额的增长起到了至关重要的作用，国际贸易和各部门相对要素成本的变化仅会对个别国家的产业结构转型产生显著影响[1]。因此，人口老龄化会对一个国家的社会创新水平产生影响，而社会创新水平又将进一步影响一个国家的产业结构。魏涛远等人（2018）通过可计算一般均衡模型（CGE）研究了人口老龄化对中国的经济影响，发现人口老龄化会对中国的消费和劳动力供给产生不利影响，这不仅会阻碍中国的经济增长，还会进一步影响中国的产业结构升级[2]。姜玉华和常峰（2018）选用中国2001—2014年的时间序列数据，基于协整理论建立动态宏观经济模型研究了人口老龄化对中国农村居民消费的影响，发现老年抚养比的增加抑制了农村居民的消费意愿，这将对中国的产业结构升级产生影响[3]。

二、国内研究现状

（一）关于理论方面的研究

林擎国和王伟（2001）认为，人口老龄化会推动第三产业的发展，促进劳动力在产业间的转移，推动产业结构的调整与优化，但不利于劳动生产率的提高[4]。陈敦贤（2002）指出，在人口总量不断增加和老龄化加速相互交织的背景下，给社会保障体系的建立和完善增加了难点。面对人口

---

[1] SWIECKI T. Determinants of Structural Change [J]. Review of Economic Dynamics, 2017 (24): 95-131.
[2] WEI T Y, ZHU Q, GLOMSROD S. Aging Impact on the Economy and Emissionsin China: A Global Computable General Equilibrium Analysis [J]. Energies, 2018 (11): 1-13.
[3] JIANG Y H, CHANG F. Influence of Aging Trend on Consumption Rate of Rural Residents-Empirical Analysis Based on Provincial Panel Data [J]. Asian Agricultural Research, 2018, 10 (4): 1-7.
[4] 林擎国，王伟. 人口老龄化对我国产业结构调整与优化的影响 [J]. 学术研究，2001 (2): 48-52.

老龄化的挑战，需要加快产业结构调整与升级，开发利用人力资源，把劳动力的数量优势转化为劳动力的质量优势；积极发展老龄产业，改善供给结构，满足老年人不断增长的物质和文化需求，实现老龄事业与经济社会的协调发展[①]。鲁志国和黄赤峰（2003）发现人口老龄化会通过制约劳动力供给和投资资金供给对产业结构高级化产生不利影响。此外，老年人口的知识结构也会对产业结构高级化产生一定的负面影响[②]。钟若愚（2005）通过对人口老龄化影响产业结构调整的传导机制进行系统梳理后认为，人口老龄化主要通过供给和需求两个方面影响产业结构[③]。杨光辉（2006）也认为，人既是消费者，又是生产者，因而人口结构状况及其变动会从供给和需求两个方面影响产业结构[④]。乜堪雄和何小洲（2007）认为人口老龄化在导致劳动力供给紧张的同时将会推动老龄产业的兴起与发展，影响消费市场的结构，深化产业分工，并提出政府应该为老龄产业的发展提供更多优惠政策、积极发展老龄产业的建议[⑤]。刘柏霞和张红宇（2009）对辽宁省人口老龄化的现状及其对产业结构转型的影响进行分析后认为，人口老龄化对产业结构升级既有有利的一面，也有不利的一面[⑥]。其积极影响体现在：人口老龄化可促进新兴产业的发展，带动产业结构升级；人口老龄化会通过改变人口就业结构，促进产业结构优化。其消极影响体现在：人口老龄化将削减劳动力人口，影响产业结构调整；人口老龄化导致了投资资金供给的相对减少，不利于产业结构高级化。祈峰（2010）认

[①] 陈敦贤．中国人口老龄化与产业结构调整［J］．中南财经政法大学学报，2002（3）：60-63，113．
[②] 鲁志国，黄赤峰．人口老龄化与产业结构调整［J］．中国经济问题，2003（3）：59-62．
[③] 钟若愚．人口老龄化影响产业结构调整的传导机制研究：综述及借鉴［J］．中国人口科学，2005（1）：169-174．
[④] 杨光辉．中国人口老龄化与产业结构调整的统计研究［D］．厦门：厦门大学，2006．
[⑤] 乜堪熊，何小洲．人口老龄化背景下的经济对策与产业选择［J］．中国人口·资源与环境，2007，17（1）：124-129．
[⑥] 刘柏霞，张红宇．辽宁人口老龄化对产业结构转型的影响［J］．沈阳大学学报，2009，21（6）：96-99．

为，人口老龄化对产业结构的影响主要体现在两个方面：其一，人口老龄化会通过制约新兴产业的发展对产业结构调整产生不利影响；其二，人口老龄化程度的加剧不利于农业结构调整①。王爱华（2012）认为人口老龄化对经济转型的影响存在两面性，其不利影响主要体现在：人口老龄化会导致劳动力供给数量减少，劳动生产率降低；人口老龄化会导致人口红利消失，经济增速减缓；人口老龄化会导致储蓄与投资乏力，财政负担加重，对经济增长形成资本约束。而人口老龄化的有利影响则体现在：人口老龄化会导致老年消费增加，改变国内需求与消费结构；人口老龄化为产业结构调整提供了契机；人口老龄化会促使生产要素转型升级②。杨晓奇（2013）认为，一方面，日益加剧的人口老龄化趋势改变了中国的人口结构，老年人在总人口中的占比持续上升，所以老年人消费规模不断壮大，这为老龄产业的发展带来了机遇；另一方面，人口老龄化导致劳动力的年龄结构不断老化，劳动力的供给数量不断下降，人口红利逐渐消失，这将不利于劳动密集型产业的发展③。张斌和李军（2013）通过建立含有人口老龄化因素的产业结构演进模型，从理论上研究了人口老龄化如何通过影响需求和供给对产业结构产生影响。结果显示，在静态条件下，人口老龄化程度的提高会导致农业部门就业比重上升，工业部门就业比重下降，而服务业部门就业比重具有不确定性④。王多云（2014）运用动态世代交叠模型，研究了人口老龄化对劳动力供给的短期和长期影响，发现在短期内人口老龄化会对劳动力供给产生不利影响，但在长期内有利于劳动参与率的提高，人口老龄化对劳动力供给和劳动生产率的影响将进一步影

---

① 祈峰. 我国人口老龄化的经济效应分析 [J]. 经济问题探索，2010（1）：18-22.
② 王爱华. 新时期人口老龄化对经济转型的影响路径分析 [J]. 经济学家，2012（12）：98-100.
③ 杨晓奇. 基于人口老龄化视角下的产业结构调整 [J]. 老龄科学研究，2013，1（5）：30-36.
④ 张斌，李军. 人口老龄化对产业结构影响效应的数理分析 [J]. 老龄科学研究，2013，1（6）：3-13.

响产业结构[①]。李华（2015）从供给和需求两个角度分析了人口老龄化对中国服务业发展的影响，从供给角度来看，人口老龄化将使得服务业的劳动力供给下降，进而导致服务业的劳动力成本上升；从需求角度来看，人口老龄化既会在一定程度上增加服务业的需求规模，也会推动服务业需求结构的调整和变化[②]。左奇（2016）从劳动力供给减少的角度研究了人口老龄化对中国产业结构升级的影响，发现当前中国的第一产业还存在较多的剩余劳动力，青壮年劳动力向第二、第三产业转移的意愿较强，为了应对人口老龄化对产业结构升级带来的不利影响，一是要提升第一产业的劳动生产率，为第一产业释放更多的劳动力；二是要加大第二产业的技术创新力度；三是要加快第三产业的结构升级，推动服务业向高技术含量转变的进程[③]。施美程和陈卫民（2017）认为，中国的劳动力资源禀赋优势有利于外向型制造业的发展，制造业持续高速增长限制了服务业比重的提高[④]。未来随着中国人口老龄化程度的加深，人口因素对服务业发展的影响将从过去的抑制作用转变为促进作用，人口老龄化将通过需求和供给两方面的作用机制促进服务业发展，服务业占国民生产总值的比重将迎来快速上升期。

（二）关于实证方面的研究

与理论方面的研究相比，实证方面的研究相对较晚。齐传钧（2010）基于联合国2008年的人口预测数据，从时间和空间两个维度上分别考察了人口老龄化对劳动力供给、资本形成和全要素生产率等三种要素的影响，结果表明，劳动力资源的收缩和劳动年龄结构的老化将导致劳动力供给的

---

① 王多云. 人口老龄化对劳动供给、人力资本与产出影响预测 [J]. 人口与经济，2014（3）：69-75.
② 李华. 人口老龄化对中国服务业发展的影响研究——基于供给和需求的分析视角 [J]. 上海经济研究，2015（5）：95-101.
③ 左奇. 人口老龄化背景下我国产业结构优化调整研究——基于劳动力人口供给减少的角度 [J]. 西部金融，2016（12）：31-33，57.
④ 施美程，陈卫民. 中国人口老龄化对服务业发展的影响 [J]. 广东社会科学，2017（2）：5-12.

下降、资本形成的减少以及全要素生产率的下降,这将对产业结构升级的进程产生影响[①]。张国强等人(2011)在增长回归的框架下,基于中国省级层面的面板数据,构建动态面板模型研究了人力资本对产业结构升级的影响,发现从总体来看,人力资本有利于中国的产业结构升级,但具体到各个区域来看,人力资本仅对东部地区的产业结构升级具有显著的促进作用,对中西部地区的影响不显著[②]。于潇和孙猛(2012)基于中国的时间序列数据,研究了人口老龄化对消费需求的影响,发现在人口老龄化初始阶段、中期阶段和后期阶段对总消费需求的影响分别表现为正效应、负效应和零效应,即人口老龄化对总消费需求的影响存在阶段异质性[③]。毛慧(2013)从消费需求和劳动力供给两个方面研究了人口老龄化对河南产业结构升级的影响,发现人口老龄化将推动河南省的老龄产业迅速发展。与此同时,随着人口老龄化程度的加剧,虽然劳动力供给将减少,但同时资本和技术密集型产业也会迎来重要的发展机遇,推动产业结构升级[④]。张从发等人(2013)以湖北省为例,研究了人口年龄结构变化对产业结构升级的影响,发现由于湖北省的城市化水平较低,人口老龄化程度的提高会对产业结构升级产生阻碍作用[⑤]。陈卫民和施美程(2014)基于国际面板数据,研究发现人口老龄化达到一定程度后,会通过消费路径产生推动服务业产值和就业比重提升的需求效应,并且随着人口老龄化程度的提升,需求效应递增;但高度老龄化后,需求效应不再显著[⑥]。聂高辉和黄明清

[①] 齐传钧. 人口老龄化对经济增长的影响分析 [J]. 中国人口科学, 2010 (S1): 54-65.
[②] 张国强, 温军, 汤向俊. 中国人力资本、人力资本结构与产业结构升级 [J]. 中国人口·资源与环境, 2011, 21 (10): 138-146.
[③] 于潇, 孙猛. 中国人口老龄化对消费的影响研究 [J]. 吉林大学社会科学学报, 2012 (1): 141-147.
[④] 毛慧. 人口老龄化对河南产业结构的影响及对策分析 [D]. 北京: 北京林业大学, 2013.
[⑤] 张从发, 王华莹, 邓有成. 人口年龄结构变化对产业结构调整的影响——以湖北省为例 [J]. 中南财经政法大学学报, 2013 (6): 131-137.
[⑥] 陈卫民, 施美程. 人口老龄化促进服务业发展的需求效应 [J]. 人口研究, 2014, 38 (5): 3-16.

（2015）基于省际面板数据，构建动态面板模型研究了人口老龄化对产业结构升级的动态效应和区域异质性，发现人口老龄化对产业结构升级具有显著的推动作用，但对不同地区存在显著的区域差异[①]。汪伟等人（2015）基于 1993—2013 年的省际面板数据，通过构建多维产业结构升级指标研究了人口老龄化的产业结构升级效应。结果表明，从总体来看，人口老龄化对中国产业结构升级的净效应为正。此外，人口老龄化的产业结构升级效应在中国各区域之间存在较大差异，在中西部地区表现较强，而在东部地区表现较弱[②]。张翠菊和张宗益（2015）基于中国省级层面的面板数据，构建空间计量模型研究了中国省域产业结构升级的影响因素，发现城市化、技术进步、居民消费和外商直接投资均会显著推动中国的产业结构升级[③]。丁瑶（2016）研究了人口老龄化对江苏省产业结构升级的影响，结果显示，人口老龄化制约了江苏省的产业结构升级[④]。黄山（2016）基于 1998—2012 年中国 29 个省市的面板数据，研究发现人口老龄化对产业结构升级存在显著的门限效应，人口老龄化对产业结构合理化及产业结构高级化均存在显著的双重门限效应[⑤]。刘玉飞和彭冬冬（2016）研究了人口老龄化对中国产业结构升级的空间溢出效应，发现中国的人口老龄化和产业结构升级均存在显著的正向空间相关性，人口老龄化非但不会阻碍产业结构升级，反而可以促使产业结构向更高级的方向转变[⑥]。基于中国省际层面的面板数据，史本叶（2016）构建面板向量自回归（PVAR）模型实

---

① 聂高辉，黄明清. 人口老龄化对产业结构升级的动态效应与区域差异——基于省际动态面板数据模型的实证分析 [J]. 科学决策，2015（11）：1-17.
② 汪伟，刘玉飞，彭冬冬. 人口老龄化的产业结构升级效应研究 [J]. 中国工业经济，2015（11）：47-61.
③ 张翠菊，张宗益. 中国省域产业结构升级影响因素的空间计量分析 [J]. 统计研究，2015，32（10）：32-37.
④ 丁瑶. 人口老龄化下江苏省产业结构调整研究 [D]. 镇江：江苏大学，2016.
⑤ 黄山. 人口老龄化对产业结构优化的门限效应研究——基于 1998—2012 年中国 29 个省市面板数据的分析 [D]. 重庆：重庆大学，2016.
⑥ 刘玉飞，彭冬冬. 人口老龄化会阻碍产业结构升级吗——基于中国省级面板数据的空间计量研究 [J]. 山西财经大学学报，2016，38（3）：12-21.

证研究了人口结构变化对产业结构转型的影响，发现人口结构由红利型向老龄化转变的过程将会推动经济向消费驱动型的增长方式转变，从而促进产业结构的优化升级[①]。周祝平和刘海斌（2016）通过对中国、巴西、法国、印度、日本和美国2013年的劳动参与率进行比较，发现年轻型人口的劳动参与率明显高于老年型人口，人口老龄化与劳动参与率之间存在显著的负相关关系[②]。张忠根等人（2016）研究了人口年龄结构变迁如何通过消费结构影响产业结构升级，结果显示，消费结构是人口年龄结构影响产业结构的重要中间变量，少儿抚养比和老年抚养比的提高均促进了消费结构升级，进而有利于产业结构升级[③]。朱勤和魏涛远（2016）在定量测度中国城乡居民年龄别消费模式的基础上，模拟分析了未来人口变动对居民消费的影响，量化了老龄化与城镇化的贡献率。结果显示，中国的居民消费模式在总体上呈现比较显著的年龄特征，且各年龄段不同消费类别的城乡差异明显，假设城乡居民年龄别消费结构保持不变，人口老龄化在消费结构层面对不同消费类别的影响差异明显，其中对医疗保健类消费的促进作用最大[④]。楚永生等人（2017）研究了人口老龄化对制造业结构升级的影响，发现人口老龄化会"倒逼"企业以资本或技术替代劳动，促进了制造业结构升级[⑤]。陈莹莹（2017）基于中国省际层面的面板数据，采用系统广义矩估计方法研究了人口老龄化对产业结构升级的影响，发现人口老

---

① 史本叶. 我国人口结构变化对经济转型的影响[J]. 人口学刊, 2016, 38 (4): 17-24.
② 周祝平, 刘海斌. 人口老龄化对劳动力参与率的影响[J]. 人口研究, 2016, 40 (3): 58-70.
③ 张忠根, 何凌霄, 南永清. 年龄结构变迁、消费结构优化与产业结构升级——基于中国省级面板数据的经验证据[J]. 浙江大学学报（人文社会科学版）, 2016, 46 (3): 81-94.
④ 朱勤, 魏涛远. 中国人口老龄化与城镇化对未来居民消费的影响分析[J]. 人口研究, 2016, 40 (6): 62-75.
⑤ 楚永生, 于贞, 王云云. 人口老龄化"倒逼"产业结构升级的动态效应——基于中国30个省级制造业面板数据的空间计量分析[J]. 产经评论, 2017, 8 (6): 22-33.

龄化不仅能够促进产业结构高级化,还会推动产业结构合理化,且人口老龄化对产业结构高级化的影响大于其对产业结构合理化的影响①。然而,李杏等人(2017)的结果则表明,人口老龄化仅有利于产业结构合理化,但不利于产业结构高级化②。韩锵(2017)研究了人口老龄化对山西省产业结构升级的影响,发现山西省人口老龄化同产业结构发展之间存在着长期均衡稳定的关系,二者互为格兰杰因果关系,且山西省第一和第二产业的发展与人口老龄化呈负相关,而第三产业的发展与人口老龄化呈正相关③。刘耘沁(2017)研究了人口老龄化对内蒙古产业结构升级的影响,结果表明:第一,人口老龄化对产业结构合理化在短期内具有阻碍作用,中期具有促进作用,而长期影响逐渐减弱;第二,人口老龄化对产业结构高级化具有促进作用,随着时间的推移,促进作用逐渐增强④。马子红(2017)的研究结果表明,人口老龄化不仅阻碍了中国三次产业结构的优化升级,而且还限制了中国服务业内部结构的转型升级⑤。宋佳丽(2017)研究了人口老龄化对上海市产业结构升级的影响,发现人口老龄化程度较低时,人口老龄化对产业结构升级的影响较小,随着人口老龄化程度的加剧,人口老龄化对产业结构升级的影响也随之上升⑥。唐荣和顾乃华(2017)建立面板门限模型研究了人口老龄化对服务业生产率的影响,发现人口老龄化对服务业全要素生产率的影响存在基于人均 GDP 的显著区间效应,当人均 GDP 低于第一个门槛值和高于第二个门槛值时,人口老龄化

---

① 陈莹莹. 人口老龄化影响产业结构调整的统计研究 [D]. 杭州:浙江工商大学,2017.
② 李杏,章孺,LUKE C M W. 人口老龄化对产业结构的影响——基于 SYS-GMM 的分析 [J]. 河海大学学报(哲学社会科学版),2017,19(1):29-36.
③ 韩锵. 人口老龄化对山西省产业结构影响研究 [D]. 太原:山西财经大学,2017.
④ 刘耘沁. 内蒙古人口老龄化对产业结构的影响研究 [D]. 呼和浩特:内蒙古财经大学,2017.
⑤ 马子红,胡洪斌,郑丽楠. 人口老龄化与产业结构升级——基于 2012—2015 年省级面板数据的分析 [J]. 广西社会科学,2017(10):120-125.
⑥ 宋佳丽. 人口老龄化对产业结构的影响——基于上海市的实证研究 [D]. 上海:上海社会科学院,2016.

都将对服务业生产率产生显著的负向影响；只有当人均 GDP 处于第一个门槛值和第二个门槛值之间时，人口老龄化才会对服务业生产率产生显著的积极影响[①]。而肖鹏（2017）构建空间面板模型研究了人口老龄化对制造业结构升级的影响，发现人口老龄化对制造业结构升级的影响既有有利的一面，也有不利的一面，但人口老龄化在总体上促进了制造业的结构升级，且这种促进作用在中西部地区表现得更为明显[②]。阳立高等人（2017）以 1992—2013 年的省级面板数据为样本，从劳动力供给数量、质量与结构的综合视角探讨了劳动力供给变化对制造业结构优化的影响效应，结果表明，劳动力老龄化会显著抑制制造业结构合理化和高级化的发展，且老年抚养比的抑制作用大于少儿抚养比的抑制作用[③]。吴飞飞和唐保庆（2018）首先从理论上分析了人口老龄化对服务业发展的影响机制，并采用中国省级层面的数据进行了实证分析，结果显示，受限于伴随人口老龄化而来的劳动力成本上升、中国养老保障体系尚未健全以及适应人口老龄化趋势的中国现代服务业产业体系的构建仍处于初级阶段，人口老龄化的不断加剧将会阻碍现阶段中国服务业的发展[④]。逯进等人（2018）研究了人口老龄化对产业结构升级的影响机制，发现人口老龄化加快了人力资本的积累，"倒逼"企业以技术和人力资本替代劳动和物质资本，进而推动了产业结构升级；但与此同时，人口老龄化也会通过降低劳动生产率和增加社保负担阻碍产业结构升级[⑤]。卓乘风和邓峰（2018）通过构建创新型人才流动矩阵，研究了人口老龄化对产业结构升级的影响，发现人口老龄化对产业

[①] 唐荣，顾乃华. 人口老龄化将降低服务业生产效率吗？——基于 1993—2014 年我国省际人均 GDP 的门限模型［J］. 现代经济探讨，2017（9）：58-67.

[②] 肖鹏. 人口老龄化对制造业产业结构升级的影响［D］. 蚌埠：安徽财经大学，2017.

[③] 阳立高，龚世豪，韩峰. 劳动力供给变化对制造业结构优化的影响研究［J］. 财经研究，2017，43（2）：122-134.

[④] 吴飞飞，唐保庆. 人口老龄化对中国服务业发展的影响研究［J］. 中国人口科学，2018（2）：103-115.

[⑤] 逯进，刘璐，郭志仪. 中国人口老龄化对产业结构的影响机制——基于协同效应和中介效应的实证分析［J］. 中国人口科学，2018（3）：15-25.

结构升级的影响存在显著的区域差异性，人口老龄化对西部地区产业结构升级的影响显著为负，对中部地区的影响显著为正，但对东部地区的影响则并不显著①。赵春燕（2018）基于中国省级层面的面板数据，以城镇化作为门槛变量，研究了人口老龄化对产业结构升级的门槛效应，结果显示，人口老龄化对产业结构升级存在显著的门槛效应，当城镇化水平低于门槛值时，人口老龄化会阻碍产业结构升级；当城镇化水平高于门槛值时，人口老龄化会促进产业结构升级②。

三、综合评述

从现有的研究来看，国内外学者们基于不同的研究视角以及研究方法，对产业结构升级问题进行了广泛而深入的研究。虽然关于人口老龄化对产业结构升级影响的研究成果已较为丰富，但也不难发现存在以下三个方面的问题。

第一，无论是国外的研究还是国内的研究，理论方面的研究均相对较少，主要以实证研究为主。这主要是由于理论模型高度抽象，往往包含一系列的假设条件，但在现实情况中很多假设条件并不一定成立，需要做进一步的检验。因此，相对于理论模型，实证研究具有更广泛的应用。

第二，虽然关于人口老龄化对产业结构升级影响的研究已较为丰富，但多数学者仅关注人口老龄化对三次产业结构整体升级的影响，鲜有学者关注人口老龄化对产业结构内部升级的影响，同时将人口老龄化对产业结构升级的整体影响和内部影响进行系统对比分析的研究更为罕见。然而，与第一、第二和第三产业结构的整体升级相比，产业结构的内部升级问题更为复杂，对其进行研究也更有意义。因此，有必要将人口老龄化对产业

---

① 卓乘风，邓峰. 人口老龄化、区域创新与产业结构升级［J］. 人口与经济，2018（1）：48-60.
② 赵春燕. 人口老龄化对区域产业结构升级的影响——基于面板门槛回归模型的研究［J］. 人口研究，2018，42（5）：78-89.

结构整体升级和产业结构内部升级的影响置于同一个框架下进行研究。

第三，从现有的研究来看，多数学者仅从某个角度研究人口老龄化对产业结构升级的影响。但人口老龄化对产业结构升级的影响是极为复杂的，从供给和需求角度来看，人口老龄化对产业结构升级的影响可能存在多种中介效应；从不同的经济发展阶段来看，人口老龄化对产业结构升级的影响可能存在门槛效应；从空间角度来看，人口老龄化对产业结构升级的影响可能存在溢出效应。此外，由于中国地域辽阔，经济发展极不均衡，人口老龄化对产业结构升级的影响可能还存在区域异质性。然而，现有的研究普遍存在视野单一的问题，从多个角度对该问题进行系统研究的意义更为深远。

第三节　本章小结

首先，本章第一节对产业结构升级的相关理论进行了回顾，从已有的文献来看，现有的产业结构升级相关理论包括配第—克拉克定理、刘易斯二元经济模型、库兹涅茨法则、钱纳里工业化阶段理论及产业结构升级的演进规律等多种理论。

其次，本章第二节分别从国外和国内两个方面对现有的关于人口老龄化对产业结构升级影响的相关文献进行了梳理。其中，在对国外和国内的文献进行梳理时，又分别从理论和实证层面对其做了进一步细分。

最后，基于已有的相关研究，对现有的国内外相关文献进行了综合评述。

第三章 现状分析与理论基础

第一节 相关概念界定

一、人口老龄化的相关概念

(一) 人口老龄化的界定

国际社会上通常把60岁及以上年龄人口占总人口的比重达到10%,或者65岁及以上年龄人口占总人口的比重达到7%作为一个国家或地区进入人口老龄化社会的标准。当一个国家或地区65岁及以上的老年人口比重达到14%时,意味着进入了深度老龄化社会;而当一个国家或地区65岁及以上的老年人口比重达到20%时,则意味着进入了超级老龄化社会。2000年中国第五次人口普查的数据表明,中国65岁及以上的老年人口达8821万人,占人口总数的7%,意味着中国于2000年正式进入人口老龄化社会。2018年国民经济与社会发展统计公报显示,中国65岁及以上的老年人口达16658万人,占人口总数的11.9%。从现有数据来看,虽然中国并不是世界上人口老龄化程度最为严重的国家,却是世界上老年人口规模最大的国家。由于中国的人口老龄化速度正日渐加快，按照现在的速度，再过几年，中国65岁及以上的老年人口比重将达到14%，中国即将进入深度老龄化社会。而再过十几年，中国65岁及以上的老年人口比重将达到20%，届时中国将进入超级老龄化社会。

年龄不仅是一个描述人的自然属性的概念，而且同时还具有社会学含义。在不同的历史时期和社会经济背景下，"老"的概念具有相对性，老年人的起点年龄也是由社会来界定的。杨中新（2005）指出，最早得到普遍认可的老年人起点源于桑德巴的人口年龄结构类型理论，桑德巴在1900年发表的《人口年龄分类和死亡率研究》的论文中，把50岁及以上的年龄组界定为老年组。因此，从19世纪末到20世纪初，人们公认的老年人起点年龄为50岁。到20世纪中期，人口老龄化已演化为纵贯欧洲大陆、波及北美和澳洲的带有普遍性的人口现象，学术界对老龄化问题的研究开始与日俱增，国际社会对老龄化问题表现出空前的关注。为此，联合国人口司委托法国学者皮撒于1956年撰写并出版了《人口老龄化及其社会经济含义》报告。该报告被认为是人类历史上系统研究人口老龄化现象的开篇之作，该报告首次提出以65岁作为老年人口的标准，65岁及以上的人口占总人口的比重超过7%则进入老龄化社会[1]。李竞能（1992）指出，随后，波兰人口学家爱德华·罗赛特于1977年把60岁定为老年人的起点年龄，以60岁及以上人口所占比例的大小来确定人口老龄化程度和人口老龄化过程的不同阶段，同时也将60岁及以上的老年人口占比超过12%确定为老龄化的新标准[2]。

对老年人口年龄下限的界定不仅仅是一个单纯的统计技术问题，随着社会经济的发展和人口健康素质的不断提高，老年人的起点年龄存在不断向后推移的趋势。在经济落后、生活水平较低、医疗技术较差以及人口寿

---

[1] 杨中新. 中国人口老龄化与区域产业结构调整研究 [M]. 北京：社会科学文献出版社，2005：10.

[2] 李竞能，吴国存. 当代西方人口学说 [M]. 太原：山西人民出版社，1992：36-37.

命较短的社会历史时期,"老年人"的年龄起点界限相对较低;随着生活水平和医疗技术水平的提高,人们的人均预期寿命在不断延长,"老年人"的年龄起点也会相对推迟。自1900年桑德巴首次对人口年龄类型进行划分之后,老年人口的年龄起点与老龄化界定标准还有过四次变动,具体情况如表3.1所示。

表3.1 不同的"老年人"起点年龄与"老龄化"界定标准

划分年代	划分者	老年人起点年龄	老龄化界定标准
1900	桑德巴	50岁	≧30%
1956	联合国人口司	65岁	≧7%
1975	美国人口咨询局	65岁	≧10%
1977	爱德华·罗赛特	60岁	≧12%
1982	世界老龄问题大会	60岁	≧10%

人口老龄化是一个人口结构问题,主要包括两个方面的含义:一是指老年人口在总人口中所占比例不断上升的过程;二是指社会人口结构呈现老年状态,进入老龄化社会。人口老龄化是由人口年龄结构的变动所引起的,少年儿童数量减少引起的少儿人口比例下降和老年人口数量增加所引起的老年人口比例上升都会导致人口老龄化。杜鹏(1994)指出,通常将少年儿童人口比例下降形成的人口老龄化称为底部人口老龄化,而将老年人口比例上升形成的人口老龄化称为顶部人口老龄化[1]。

广义的"老龄化"一词有两种含义,其一是指每个个体的老龄化,另一种是指整个人口群体的老龄化。个体老龄化是个人随着年龄增长而不断衰老的单向运动过程,是一种自然现象;人口群体的老龄化则以个体老龄化为前提,是指人口年龄结构变化过程中的一种形式,它是受社会、经济和人口规律支配的一种社会现象。人口群体的老龄化过程是可逆的,当人口的生育水平回升时,人口老龄化过程会出现逆转,本书中的人口"老龄

---

[1] 杜鹏.中国人口老龄化过程研究[M].北京:中国人民大学出版社,1994:5.

化"均是指人口群体的老龄化。

(二) 人口老龄化的衡量指标

迄今为止，为世界各国普遍接受并广泛使用的老年人界定标准有两个，即 1956 年联合国和 1982 年世界老龄问题大会所制定的标准，且前者的应用范围相对较广。前者明确地将人口划分为"年轻型""成年型"和"老年型"等三种年龄结构类型，每一种人口类型都设有四个相应的参考指标，用以综合评定人口年龄结构的变化情况，具体划分标准如表 3.2 所示。

表 3.2 1956 年联合国制定的人口年龄结构类型划分标准

指标	年轻型	成年型	老年型
≧65 岁老年人口比重	4%以下	4%~7%	7%以上
≦14 岁少儿人口比重	40%以上	30%~40%	30%以下
老少比	15%以下	15%~30%	30%以上
年龄中位数	20 岁以下	20—30 岁	30 岁以上

联合国在进行人口统计时，常以 65 岁作为老龄起点，而在研究老龄问题时，多以 60 岁作为老龄起点。就中国而言，参照中国的退休制度，虽然部分劳动者会在 60 岁之前退休，但由于中国的社会保障制度还不够健全，不少劳动者即使到了 60 岁仍未退出劳动力市场。因而，本书使用 65 岁作为老年人口的起点年龄。当前，常用的衡量人口老龄化的指标主要包括以下几种：

老年人口比重，也称为老年系数，是指 65 岁及以上的老年人口占总人口的比重，计算公式为：

$$老年人口比重 = \frac{65\ 岁及以上的老年人口}{总人口} \times 100\% \quad (3.1)$$

老年人口比重是衡量人口老龄化最为直观且最为常用的指标,它可以直接反映出人口老龄化进程的速度,本书也使用这一指标来衡量人口老龄化。

老年抚养比,也称为老年抚养负担,是指65岁及以上的老年人口与15—64岁年龄段的劳动人口之比,用于衡量适龄劳动人口抚养老年人口的压力,其计算公式为:

$$\text{老年抚养比} = \frac{65\text{ 岁及以上的老年人口}}{15—64\text{ 岁的适龄劳动人口}} \times 100\% \quad (3.2)$$

老少比,是指人口中老年人口与少年儿童人口的比率,在以65岁为老年人口起点年龄的情况下,其计算公式为:

$$\text{老少比} = \frac{65\text{ 岁及以上的老年人口}}{0—14\text{ 岁的少儿人口}} \times 100\% \quad (3.3)$$

在老年人口比重增加和少年儿童人口比重下降的情况下,老少比的变动可以反映出人口老龄化是受少儿人口比例变动影响大还是受老年人口比例变动影响大。此外,老少比还可以表示出人口年龄结构是在老龄化还是在年轻化。

除了老年人口比重、老年抚养比和老少比这三个指标外,索维(1982)指出,衡量人口老龄化的变量还包括年龄中位数和总抚养比等指标[1]。

二、产业结构的相关概念

杨中新(2005)认为,产业结构一般是指一个国家或地区的资金、人力资源和各种自然资源与物质资料在国民经济各部门之间的配置状况及其相互制约的方式[2]。它通常由两类指标来衡量:第一类是就业指标,如某一产业部门的就业人数占总就业人数的比例;第二类是价值指标,如某一产业部门的产值占国民生产总值的比例。

---

[1] 阿尔弗雷·索维. 人口通论(上册)[M]. 查瑞传,李富德,沈秋骅,等译. 北京:商务印书馆,1982:65.
[2] 杨中新. 中国人口老龄化与区域产业结构调整研究[M]. 北京:社会科学文献出版社,2005:210.

(一) 产业结构的分类

在经济研究和经济管理中，经常使用的产业结构分类方法有两大部类分类法、标准产业分类法、资源密集度产业分类法、农轻重分类法、三部门产业分类法和三次产业分类法等。

两大部类分类法是指马克思根据产品在再生产过程中的不同作用，在实物形态上把社会总产品分为物质资料生产部门和非物质资料生产部门等两大部类。物质资料生产部门是指从事物质资料生产并创造物质产品的部门，包括农业、工业、商业、建筑业和邮电运输业等部门；非物质资料生产部门是指不从事物质资料生产而只提供非物质性服务的部门，包括卫生、文化、教育、科学、保险、金融和咨询服务等部门。国际上影响最大的标准产业分类法是联合国于1971年颁布的《全部经济活动的国际标准产业分类索引》，这一分类法把全部经济活动分为十个大项，在每个大项下面又包含着中、小、细等三个不同的等级，通过层层分解将全部经济活动划入了各自相应的领域，根据该标准可使得各国的经济活动建立高度的可比性。资源密集度分类法是指根据不同产业在生产过程中对生产要素的需求种类和依赖程度，将它们分为劳动密集型产业、资本（资金）密集型产业和技术（知识）密集型产业。农轻重分类法是指将社会经济活动中的物质生产分为农、轻、重三个部分，这种分类法主要针对物质生产领域，一般适用于工业化发展程度较低的阶段。三部门产业分类法是根据生产流程将国民经济进行部门解剖，第一部门为初级产品生产部门，第二部门为中间产品生产部门，第三部门为最终产品生产部门。

本书主要关注三次产业分类法，邓伟根（2001）指出，三次产业分类法最早是在20世纪30年代初由新西兰经济学家费希尔在《安全与进步的冲突》一书中提出的[①]。三次产业分类法的应用是产业结构理论研究和产

---

① 邓伟根. 产业经济学研究 [M]. 北京：经济管理出版社，2001：62.

业结构统计相结合的产物,也是各国进行国民经济统计时最常用的一种方法,为观察和分析产业结构的变化规律和对各国的产业结构进行比较研究提供了极大的便利。三次产业中的第一产业是指广义的农业,第二产业为广义的工业,第三产业为广义的服务业。三次产业分类法是根据社会生产活动发展的顺序对产业结构进行划分,产品直接取自自然界的部门称为第一产业,对初级产品进行再加工的部门称为第二产业,为生产和消费提供各种服务的部门称为第三产业。中国于1992年开始分步实施以三次产业为基础的统计核算体系,中国对三次产业的划分是①:

第一产业:农业,包括林业、牧业和渔业等;

第二产业:工业,包括采掘业,制造业,电力、煤气、水的生产和供应业以及建筑业等;

第三产业:服务业,即除上述第一、第二产业以外的其他各个产业。

李松森和王堃(2014)指出,进入20世纪80年代以来,信息技术及以其为核心的现代高技术产业群迅速壮大,人类生产活动的规模和方式发生了巨大变化,三次产业分类理论的局限性日益突出,具体表现在:第一,需求结构升级使产业范围扩大;第二,产业经济分析与产业政策的制定与实施,要求拓展产业分类理论;第三,新兴产业问题成为产业经济研究的热点;第四,产业细分是制定可持续发展产业政策和战略规划的需要。虽然三次产业分类法存在一定的缺陷,但由于目前尚未出现比三次产业分类法更为完善及应用更广的产业分类方法,本书对产业结构的划分仍以三次产业分类法为准②。

(二) 产业结构升级的评价标准

产业结构升级是一个动态性和系统性的工程,是多维因素共同驱动的

---

① 具体的行业分类标准参考附录A《国民经济行业分类和代码表》。
② 李松森,王堃. 中国产业结构调整与财政政策选择[M]. 大连:东北财经大学出版社,2014:103-104.

结果，拥有复杂的动力演进机制。从国内外经济发展的历史进程来看，产业结构的演化过程往往都会表现出一定的内在规律。李兰冰（2015）指出，国际经验表明，产业结构升级是产业结构不断实现高级化与合理化的过程[1]。从现有的相关研究来看，衡量产业结构升级的变量主要包括产业结构高级化系数、产业结构合理化系数、产业结构升级系数和非农产业比重等几个指标。

产业结构高级化系数。产业结构高级化也称为产业结构高度化，是指产业结构重心由低级向高级转变的过程，是经济发展的历史和逻辑序列顺向演进的过程。中国早期是农业大国，随着时代的进步和技术的发展，中国逐渐变成工业大国，由重视农业到重视工业，产业重心的这种转移代表了国家综合国力的上升。产业结构高级化同时也指对原有产业结构进行扬弃，打破产业结构的低水平均衡，通过形成与经济社会发展阶段相适应的支柱产业和主导产业群，实现产业结构从低度水准向高度水准发展的动态过程。产业结构高级化在相对结构比例方面的变动特征如下：其一，由第一产业占优势比重逐渐向第二产业和第三产业占优势比重演进；其二，由劳动密集型产业占优势比重逐渐向资本密集型和技术密集型产业占优势比重演进；其三，由制造初级产品的产业占优势比重逐渐向制造中间产品和最终产品的产业占优势比重演进。郭克莎（1996）从产值结构高级化、资产结构高级化、技术结构高级化和劳动力结构高级化等四个方面概括了产业结构高级化的标准[2]。尽管产业结构的高级化包括诸多方面的内容，但国内外在对产业结构高级化问题进行研究时，绝大多数主要采用产值比例和就业比例来分析产业结构的高级化，并将其作为衡量产业结构高级化的指标。干春晖等人（2011）指出，在信息化推动下的经济结构服务化是产业结构升级的一个重要特征，鉴于在经济"服务化"过程中的一个典型事

---

[1] 李兰冰. 区域产业结构优化升级研究 [M]. 北京：经济科学出版社，2015：35.
[2] 郭克莎. 中国：改革中的经济增长与结构变动 [M]. 上海：上海人民出版社，1996：62.

实是第三产业的增长率要快于第二产业的增长率，故采用第三产业产值与第二产业产值之比作为产业结构高级化的衡量指标[①]。如果第三产业产值与第二产业产值之比处于上升状态，则意味着经济在向"服务化"的方向推进，产业结构在不断升级。

产业结构合理化系数。产业结构合理化是产业结构升级的又一重要内容，也是产业结构高级化的基础。产业结构合理化是指产业结构要协调，各要素发挥出自身最大的价值，产业之间需要均衡发展，产业之间互相影响且紧密联系，可以满足人类日益增长的物质文化需求。产业结构合理化是产业结构转型升级的基础，为保证经济持续发展，必须要保证产业结构合理化。从宏观角度来看，影响产业结构的因素是经济的整体结构。而对于中国的产业结构，主要侧重点在于社会是否协调发展。从微观角度来看，苏东水（2006）的《产业经济学》总结了影响产业结构的内部制约因素主要包括供给因素、需求因素、国际贸易和国际投资[②]。供给和需求因素都属于国内经济环境，供给和需求是由社会发展等外在因素决定的。国际贸易和国际投资属于国际经济环境，通过改革开放和加入世贸组织，中国和世界联系在一起，世界环境的变化，经济趋势和产业结构模式的改变，都会对中国的产业结构产生影响。因此，无论从宏观角度还是从微观角度来看，"和谐"与"发展"都是产业结构合理化的重要体现。调整影响产业结构的因素，保障影响产业结构的分子在大环境中共同发展，是产业结构调整的最终目的。李兰冰（2015）指出，就业份额偏离度和泰尔指数是衡量产业结构合理化的主要研究方法[③]。具体来看，就业份额偏离度适用于就业份额与产业份额之间的匹配程度，这在一定程度上有利于揭示区域产业结构合理化的发展态势。泰尔指数以非均衡程度为核心，该指数

[①] 干春晖，郑若谷，余典范. 中国产业结构变迁对经济增长和波动的影响［J］. 经济研究，2011，46（5）：4-16，31.
[②] 苏东水. 产业经济学［M］. 第二版. 北京：高等教育出版社，2006：183.
[③] 李兰冰. 区域产业结构优化升级研究［M］. 北京：经济科学出版社，2015：35.

综合考虑了产业的产值份额和就业份额,衡量的是产业结构偏离均衡状态的程度,既考虑了各产业的相对重要性,又保留了就业份额偏离度的理论基础和经济含义,与就业份额偏离度相比,是一个可以更好衡量产业结构合理化程度的指标。

  产业结构升级系数。产业结构升级是产业结构合理化和产业结构高级化的有机统一。产业结构升级是一个相对的概念,它既表示产业结构在特定的经济与社会发展阶段为达到特定的产业结构状态而进行的动态调整,又表示产业结构调整是一个持续不断、永无止境的过程。产业结构是经济增长和经济发展的重要内生变量,产业结构升级对于经济可持续发展至关重要。刘志彪(2000)认为,产业结构升级是指产业由低技术水平、低附加值状态向高新技术、高附加值状态演变的过程,它主要包括两种形态的资源配置:一是在等量资本取得等量利润的导向下,资源在国民经济各产业之间的移动;二是在竞争导向下,资源在同一产业内部由低效率企业向高效率企业移动[1]。随后,徐德云(2008)从理论上对产业结构升级形态的决定过程进行了研究,并进一步构建产业结构升级系数对其进行了测度。徐德云认为,经济福利最大化是三次产业的边际效用都相等,在该条件下,第一,既定的国民收入决定了一定的产业需求结构,而且这种产业需求结构是唯一的;第二,随着经济增长,产业结构需求演进表现的形态是需求重心会经过三个阶段,第一阶段第一产业的需求比重最大,第二阶段第二产业的需求比重最大,第三阶段第三产业的需求比重最大,且第一、第二产业的需求比重不断下降,同时在路径上,产业需求结构的演进和经济增长一一对应[2]。根据以上结论,经济增长和产业结构升级之间都遵循一个唯一的路径,存在一一对应关系,那么产业结构升级就可以测

---

[1] 刘志彪. 产业升级的发展效应及其动因分析 [J]. 南京师大学报(社会科学版),2000 (2): 3-10.

[2] 徐德云. 产业结构升级形态决定、测度的一个理论解释及验证 [J]. 财政研究,2008 (1): 46-49.

度。由于产业结构升级的特征之一是第三产业的地位越来越突出,第一产业的地位越来越小,所以在指标设计中,就给第三产业赋值最大,第一产业赋值最小,具体的公式如下:

$$R = fir + 2 * sir + 3 * tir \qquad (3.4)$$

其中,fir、sir、tir 分别为第一、第二、第三产业产值占 GDP 的比重,R 为产业结构升级系数,用于测定产业结构升级的程度,其值介于 1 到 3 之间。如果 R 等于 1 或接近于 1,产业结构层次就很低,经济社会是一种以农业为主的农耕文化,农业占比很大,第二、第三产业占比很小,经济水平很低;如果 R 等于 3 或接近于 3,则产业结构层次就很高,经济社会是一种后工业化的知识经济社会,第三产业在国民经济中占主导地位,其比重远大于第一、第二产业所占的比重,经济水平很高;如果 R 等于 2 或接近于 2,产业结构层次就处在前二者之间,社会处于一种工业化经济阶段,工业占比很高,大于第一和第三产业所占比重,其经济水平较高,但低于知识经济社会的发展水平。

非农产业比重。产业结构升级是指产业结构由低级向高级发展的过程,其一般规律是产业结构的重心明显按照第一、第二、第三产业的顺序转移。在这一过程中,生产要素的配置结构出现了明显变化,大致呈现出"劳动密集型产业为主"——"资本密集型产业为主"——"技术密集型产业为主"的演进轨迹。刘伟等人(2015)认为,产业结构的升级主要体现在非农产业中,尤其体现为高科技、金融、教育科学文化和医疗等现代服务业的发展[1]。张忠根等人(2016)以第二产业和第三产业(非农产业)占 GDP 的比重作为衡量产业结构升级的指标,非农产业比重越大,则表明产业结构升级程度越高[2]。

---

[1] 刘伟,蔡志洲,郭以馨. 现阶段中国经济增长与就业的关系研究[J]. 经济科学,2015(4):5-17.

[2] 张忠根,何凌霄,南永清. 年龄结构变迁、消费结构优化与产业结构升级——基于中国省级面板数据的经验证据[J]. 浙江大学学报(人文社会科学版),2016,46(3):81-94.

产业结构升级应立足于区域优势，体现区域特征。在国家经济体系内，各区域在要素禀赋、生产技术、劳动生产率和经济发展水平等方面存在差距，由此产生地域分工，籍此各地区形成各有重点和各有特色的产业体系。区域间产业发展水平与产业结构状况各有不同，产业结构升级必须充分体现区域差异和区域特征，立足于区域经济发展阶段和现实发展状况，充分发挥各区域的绝对优势和比较优势。换言之，产业结构升级应与特定区域的自然、地理、经济、社会、政治和政策等多种维度的发展要素与环境相适应，本着扬长避短的主导思想，充分发挥区域内的要素优势与产业发展基础优势，通过主导产业调整等路径实现产业结构的高级化和产业结构的合理化，推动产业结构转型升级。

第二节　现状分析

一、人口老龄化和产业结构的现状分析

（一）人口老龄化的现状分析

人类的人口老龄化现象始于近两个世纪前，在此之前，世界各国的人口年龄结构均很接近。由于西欧的工业革命开始的时间最早，生产力水平高于其他地方，死亡率开始下降的时间也最早。从1840年开始，法国的生育率水平出现了显著的下降，人口老龄化现象随之出现。到1850年，法国60岁及以上的老年人口比重已达到10%，成为世界上最早进入人口老龄化的国家。瑞典则是另一个在19世纪进入人口老龄化的国家，其60岁及以上的老年人口比重达到10%的时间是在1882年。中国则于2000年正式进入人口老龄化社会，与这些国家相比，中国进入人口老龄化的时间相对较晚。杨光辉（2005）指出，当前中国正处于老年人口和高龄老年人口的快

速增长期,自 1982 年第三次全国人口普查以来,中国人口老龄化的发展态势大致包含三个阶段[①]:

第一阶段:1982—2000 年是人口老龄化的过渡阶段;

第二阶段:2000—2020 年是人口老龄化的迅速发展阶段;

第三阶段:2020—2050 年是人口老龄化的高峰阶段。

自 20 世纪 80 年代初实行计划生育政策以来,中国的人口出生率大幅下降,少儿人口比例迅速减少,人口规模总量达到了很好的控制。然而,与此同时,中国的老年人口比重也快速上升,计划生育政策使得中国提前进入了人口老龄化社会,图 3.1 是 1998 年以来中国人口老龄化的变动趋势图。

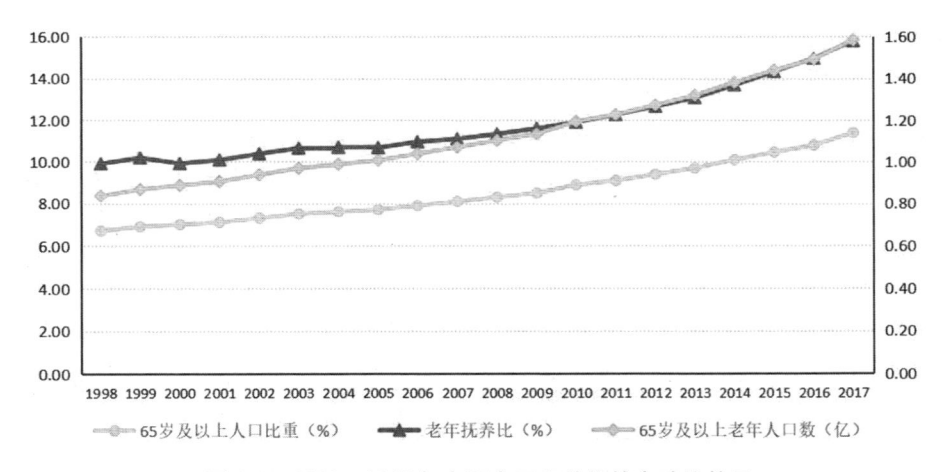

图 3.1 1998—2017 年中国人口老龄化的变动趋势图

人口老龄化一直是影响经济增长的重要因素,它是随着社会发展而缓慢发生的一个自发性的过程。中国作为世界上人口最多的国家,人口老龄化的特点既有世界主要经济体的共性,也有自身的个性。自 2000 年进入人口老龄化社会以来,中国的人口老龄化呈现出以下五个特点。

第一,老年人口规模大。2000 年第五次全国人口普查数据显示,中国

---

① 杨光辉. 中国人口老龄化与产业结构调整的统计研究 [D]. 厦门:厦门大学,2006.

65岁及以上的老年人口数量达到0.89亿人，占总人口的比重首次达到7.0%，意味着中国在21世纪初正式进入人口老龄化社会。2005年，中国的老年人口首次超过1亿人。到2017年底，中国的老年人口规模已达到1.58亿人，是世界上老年人口最多的国家。从2000年进入人口老龄化社会至今，在不到20年的时间里，老年人口的规模增长了近一倍。从图3.1可知，中国的65岁及以上的老年人口总数从1998年开始一直呈上升趋势，谢安（2004）的研究结果表明，预计到21世纪中期，中国65岁及以上的老年人口规模将接近4亿人[1]。

第二，人口老龄化增长速度快。从1982年到2000年，中国人口年龄结构基本完成了从成年型向老年型转变的过程。与发达国家的人口老龄化进程相比，中国的人口老龄化速度是很快的，譬如德国和英国用了45年，瑞典用了85年，法国用了115年，而中国只用了不到20年。从图3.1可以看出，自2010年以来，无论从老年抚养比、65岁及以上的老年人口比重还是从65岁及以上的老年人口数量来看，中国的人口老龄化速度都呈现出明显加快的趋势。

第三，人口老龄化的地区差异明显。中国地域辽阔，具有典型的大国特征，不仅经济发展程度极不均衡，人口老龄化程度也存在明显的区域差异。得益于优越的地理位置，东部地区的经济发展速度远快于中西部地区，使得东部地区的就业环境和生活条件也明显优于中西部地区，自20世纪80年代以来，吸引了大批的年轻劳动者从中西部地区流入东部地区，而这些年轻劳动者中的多数已在东部地区安家落户，导致东部地区的人口老龄化程度明显提高。2018年《中国统计年鉴》的数据显示，截至2017年底，东部地区的人口老龄化程度最高，中部地区次之，西部地区的人口老龄化程度最低，人口老龄化程度总体上呈东、中、西依次递减的趋势。

第四，人口老龄化超前于经济发展。从世界范围内的人口老龄化进程

---

[1] 谢安. 中国人口老龄化的现状、变化趋势及特点［J］. 统计研究，2004（8）：50-53.

来看，世界上多数国家在进入人口老龄化社会时经济发展程度均处于较高水平，如美国在1950年进入人口老龄化社会时人均GDP为1979美元，日本在1970年进入人口老龄化社会时人均GDP为1964美元。与美国和日本相比，虽然中国进入人口老龄化的时间相对较晚，但是2000年65岁及以上的老年人口比重达到7%时人均GDP仅为1254美元。因此，中国的人口老龄化与经济发展程度存在严重的不匹配性，人口老龄化明显超前于经济发展，呈现出典型的"未富先老"的特征。

第五，农村人口老龄化程度高于城市。朱勤（2014）的研究结果表明，2010年第六次全国人口普查数据显示，2000—2010年中国65岁及以上的老年人口比重从6.96%上升至8.87%，其中，城市老年人口比重从6.67%上升至7.68%，农村老年人口比重则从7.56%上升至10.06%。无论从人口老龄化程度还是增长速度来看，农村均远高于城市[①]。自1982年全国第三次人口普查以来，随着中国经济的快速发展，农村人口老龄化程度日益高于城市，这种城乡倒置的人口老龄化现象在中国已表现得越来越明显，其主要受生育、死亡和迁移等三个因素的影响，从前两个因素来看，城市人口生育水平下降时间早于农村地区，人口出生率明显低于农村地区，平均预期寿命则高于农村地区，这两个因素都会导致城市的人口老龄化程度高于农村地区。此外，从人口迁移这个角度来看，得益于20世纪70年代末实现的改革开放政策，在城镇化的推动下，大量年轻人口从农村流入城市、从中西部地区流入东部地区、从小城市流入大城市，农村人口向城市的大规模迁移使得农村的人口老龄化速度远远高于城市，导致人口老龄化出现了明显的城乡倒置现象。

根据联合国对人口老龄化程度的划分标准，当一个国家60岁及以上的老年人口比例超过18%，或者65岁及以上的老年人口比例超过14%时，意味着这个国家进入深度老龄化社会。当一个国家由老龄化社会转变为深

---

① 朱勤. 城镇化对中国城乡人口老龄化影响的量化分析［J］. 中国人口科学，2014（5）：24-35，126.

度老龄化社会，其政治、经济和文化等诸多领域都会发生深刻变化，这种变化被称为"老龄化危机"。当前中国65岁及以上的老年人口已接近12%，在几年后将达到14%，意味着中国即将迎来"老龄化危机"。

（二）三次产业产值结构和就业结构的现状分析

自1978年中国实行改革开放政策以来，中国的经济增长取得了举世瞩目的成就，目前已成为仅次于美国的世界第二大经济体。在经济高速增长的同时，也伴随着产业结构的巨大变化。为了更好地了解中国改革开放以来的产业结构演变过程，本书分别给出了如图3.2和图3.3所示的三次产业产值结构和就业结构的变动趋势图。

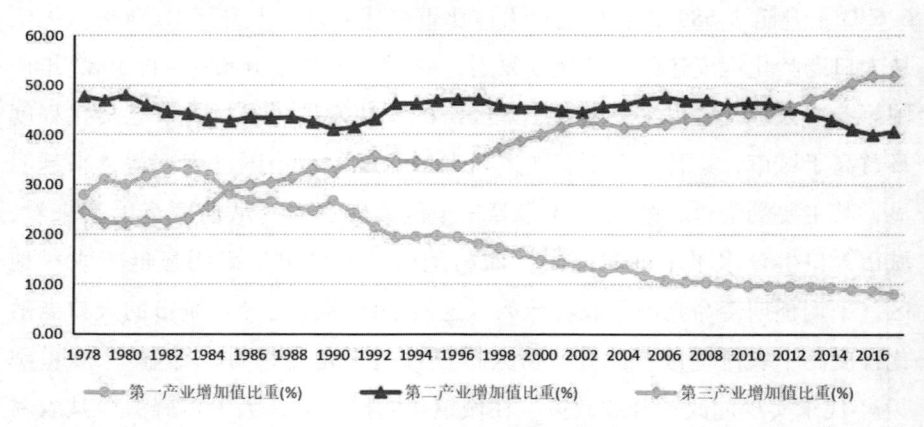

图3.2　1978—2017年中国三次产业产值结构的变动趋势图

根据国家统计局相关数据显示，1978年中国三次产业的国内生产总值分别为928亿元、1758亿元和880亿元，占比分别为27.9%、47.6%和24.5%，说明这一时期的第二产业占绝对优势，其次是第一产业，第三产业所占比重最小。国民经济与社会发展统计公报显示，2017年中国三次产业的国内生产总值分别为65468亿元、334623亿元和427032亿元，占比分别为7.9%、40.5%和51.6%，说明当前中国的第三产业已占据主导地位，第二产业次之，第一产业的比重最小。从图3.2来看，自1978年以来，中国的产业结构分别在1985年和2012年经历了两个重要的时间节点，据此可以将中国的产业结构发展历程划分为三个阶段。

第一阶段：1978—1985年。在改革开放的推动作用下，产业发展的重心由重工业向轻工业转变。与此同时，居民对零售和餐饮等传统服务业的需求量大幅上升，第一产业增加值占比经历了一个先上升后下降的过程之后，最终在1985年被第三产业所超越。但在这个阶段，第一产业和第三产业增加值占比仍处于较低水平，第二产业仍占据主导地位。

第二阶段：1985—2012年。在这一阶段，第二产业增加值占比在波动中有所上升，第三产业增加值占比快速上升，第一产业增加值占比则继续下降。在这个时期，第二产业的重心由前一阶段的加工制造业演化到以装备制造业为代表的重加工业，汽车和电子信息等行业发展迅速。与此同时，第三产业中的通信业、物流业、房地产业、金融业和旅游业等现代服务业成为推动经济增长的新生力量。2012年，第三产业增加值占比45.5%，首次超越第二产业，第三产业成为经济增长的主导产业。自此，产业结构的重要程度由"二、三、一"调整为"三、二、一"。

第三阶段：2012年以后。世界各国经济增长的一般规律表明，当第三产业超越第二产业之后，意味着一个经济体已进入工业化中后期，其第三产业增加值占比会继续上升，第一产业增加值占比会继续下降，同时第二产业增加值占比也会开始下降。随着时间的推移，第三产业将成为占据绝对指导地位的产业门类。

除产业的增加值结构之外，产业的就业结构也是衡量产业结构的常用指标之一。图3.3表明，自1978年改革开放以来，在中国三次产业的增加值结构发生巨大变化的同时，也伴随着就业结构的改变。其中，第一产业就业人员比重自1978年至今一直呈下降趋势，说明随着经济社会的发展，越来越多的农业劳动力转移到了非农产业，这与世界各国经济发展的变化规律是一致的。第二产业就业人员比重呈波动上升趋势，且在2014年首次超越第一产业就业人员比重，而第二产业增加值占比在此期间呈波动下降趋势，说明与第一和第三产业相比，第二产业的相对劳动生产率出现了下降趋势。第三产业的就业人员比重一直呈上升趋势，继1994年超越第二产业就业人员比重之后，2011年进一步超越第一产业就业人员比重，当前已成为就业人员比重最大的产业，这与第三产业增加值占比最高的趋势是一致的。然而，从世界各国的经济发展规律来看，一般情况下，发达国家第一产业就业人口比重低于10%，第二产业就业人口比重为20%~40%，第三产业就业人口比重为50%~70%。但中国当前的第三产业就业人员比重刚超过40%，与发达国家相比，中国第三产业的就业人口比重明显偏低，而第一产业的就业人口比重明显偏高。中国的第三产业发展不足，主要体现在总量不足和结构性失衡两个方面，特别是后者，表现为传统的服务性第三产业所占比重很大，新兴的社会经济功能较强的现代第三产业比重较小。中国落后的产业就业结构，为进一步工业化和第三产业的发展提供了广阔的空间。当前，中国工业仍以劳动密集型产业为主，下一步的发展目标是向资本密集型和技术密集型转变。随着中国人口老龄化程度的加深，企业的用工成本也将逐渐上升，为劳动密集型产业向资本密集型产业和技术密集型产业转型升级提供了动力和机遇。

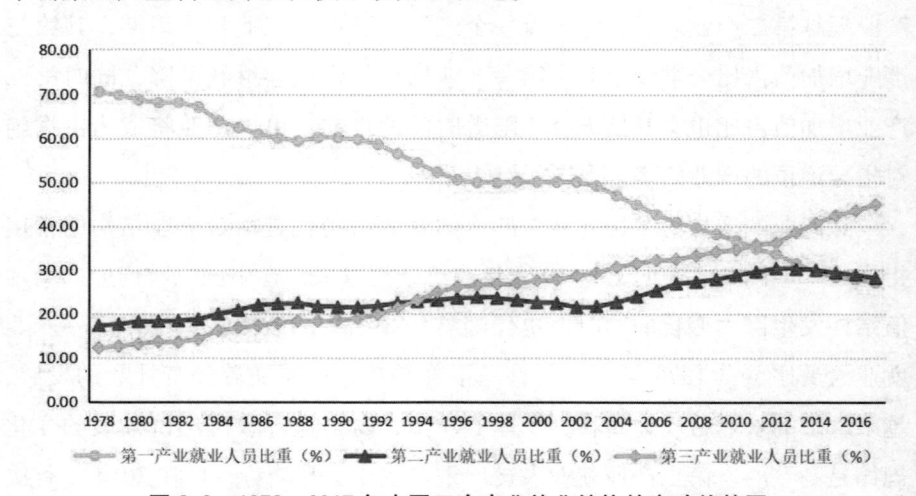

图3.3 1978—2017年中国三次产业就业结构的变动趋势图

(三) 制造业产值结构的现状分析

本书的目的不仅在于研究人口老龄化对三次产业结构整体升级的影响，还要研究人口老龄化对产业结构内部升级的影响，以对比分析人口老龄化对产业结构整体升级和产业结构内部升级的影响差异。因此，除了对三次产业的总体现状进行分析，本书还基于第二产业和第三产业的相关数据，对制造业和服务业结构的内部变动趋势进行分析，图3.4为1999—2016年制造业产值结构的变动趋势图①。

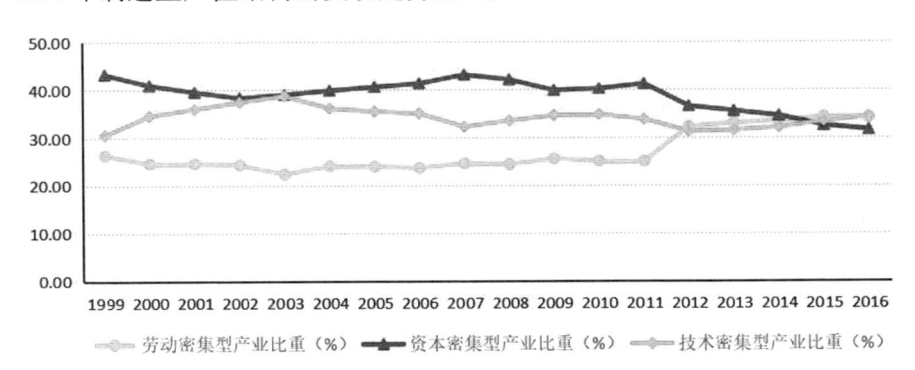

图3.4　1999—2016年中国制造业产值结构的变动趋势图

由图3.4可知，在1999—2016年间，制造业中的劳动密集型产业、资本密集型产业和技术密集型产业的产值变动趋势存在较大差异。具体来看，劳动密集型产业的产值比重在1999—2011年间一直保持在25%左右，但在2012年出现了急剧上升的趋势，这主要是由统计口径的变化所导致的。自2012年开始，对制造业的统计新增了部分细分行业，且这些行业中有不少属于劳动密集型产业。截至2016年底，劳动密集型产业的产值比重已接近35%，说明中国制造业中的劳动密集型产业目前还处于较高水平。资本密集型产业的产值占比总体上呈波动下降趋势，且资本密集型产业的

---

① 制造业数据来源于《中国工业经济统计年鉴》，服务业数据来源于《中国第三产业统计年鉴》，细分行业数据及分类标准详见第四章。

产值占比于2015年首次低于劳动密集型产业的产值占比。技术密集型产业的产值占比总体上呈波动上升趋势，但上升幅度较小，多数年份均在30%~35%之间波动，自2012年以后，其上升速度较快。从具体数据来看，在1999年，资本密集型产业的产值占比最高，而到了2016年，则是技术密集型产业的产值占比最高。

（四）服务业产值结构的现状分析

对制造业产值结构的变动趋势进行分析后，再进一步对服务业产值结构的变动趋势进行分析，图3.5为1998—2016年中国服务业产值结构的变动趋势图。

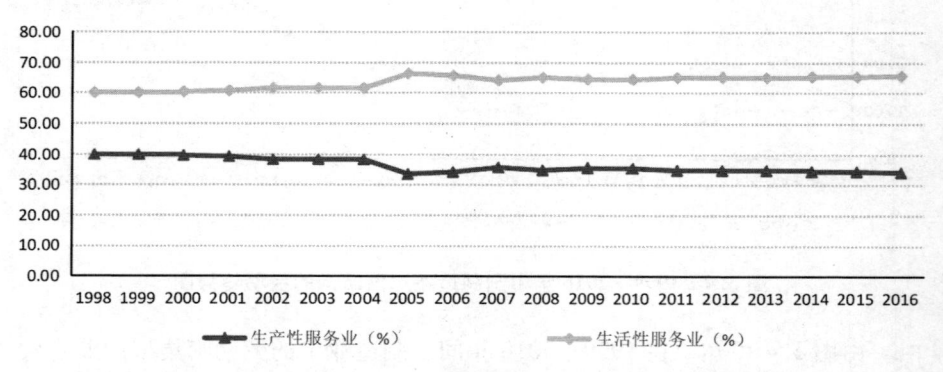

图3.5　1998—2016年中国服务业产值结构的变动趋势图

与制造业相比，对服务业的分类较为简单，限于数据的所得性，仅将服务业分为生产性服务业和生活性服务业。从图3.5来看，与制造业产值结构的变动趋势相比，服务业产值结构的变动趋势较为平稳。从1998到2004年，生产性服务业的产值比重一直在40%附近波动，生活性服务的产值比重一直在60%附近波动。由于2004年开始服务业的统计口径发生了变化，使得生产性服务业和生活性服务业的产值比重均出现了拐点。自2005年以来，生产性服务业的产值比重一直在35%附近波动，而生活性服务业的产值比重则在65%附近波动。由于生产性服务业大多属于新兴的现代服务业，而生活性服务业大多属于传统服务业，生产性服务业产值所占比重的大小代表了一个国家服务业结构的升级程度。因此，从具体数值来看，中国当前的服务业结构层次还处于较低水平，未来还存在极大的上升空间。

二、人口老龄化和产业结构现状的区域差异性分析

（一）人口老龄化的区域差异性分析

考虑到中国地域辽阔，无论是区域间的经济发展程度还是人口老龄化程度均存在极大的不平衡性，具有显著的大国经济的特征。为了更加深入地了解各个地区的人口老龄化程度，将全国31个省、市、自治区按东部地区、中部地区和西部地区划分为三大区域①。首先，对东部地区的人口老龄化变动趋势进行分析。

由图3.6可知，自1998—2017年，东部地区65岁及以上的老年人口数量总体上呈波动上升趋势，在1998年时还不足0.4亿人，到2017年时已接近0.7亿人，期间，在2000年和2010年经历了小幅下降后继续保持上升趋势②。此外，随着65岁及以上的老年人口总数的上升，老年人口比重和老年抚养比这两个指标也呈波动上升的趋势。具体来看③，在东部11个省、市中，北京市、天津市、辽宁省、上海市、江苏省、浙江省、山东

---

① 不包括中国香港、澳门和台湾地区。其中，东部地区包括北京市、天津市、河北省、辽宁省、上海市、江苏省、浙江省、福建省、山东省、广东省和海南省等11个省、市；中部地区包括山西省、吉林省、黑龙江省、安徽省、江西省、河南省、湖北省和湖南省等8个省；西部地区包括重庆市、四川省、贵州省、云南省、西藏自治区、陕西省、甘肃省、青海省、宁夏回族自治区、新疆维吾尔自治区、广西壮族自治区和内蒙古自治区等12个省、市、自治区。
② 2000年和2010年东、中、西三大区域的老年人口比重均出现了拐点，这可能是由于2000年和2010年分别进行了全国第五次和第六次人口普查，人口普查和人口抽样调查的统计精度不一样所导致的。
③ 限于篇幅，未在正文中放入东部地区各省份样本期间65岁及以上的老年人口比重表。

省和广东省等8个省份早在1995年及之前就已进入了人口老龄化社会，福建省和海南省在1996年进入人口老龄化社会，河北省则在1997年进入人口老龄化社会，即东部地区所有省份均早于全国进入人口老龄化社会的时间（2000年）。此外，截至2017年底，东部地区的上海市、辽宁省和江苏省65岁及以上的老年人口比重均已达到14%，即已经进入深度老龄化社会。

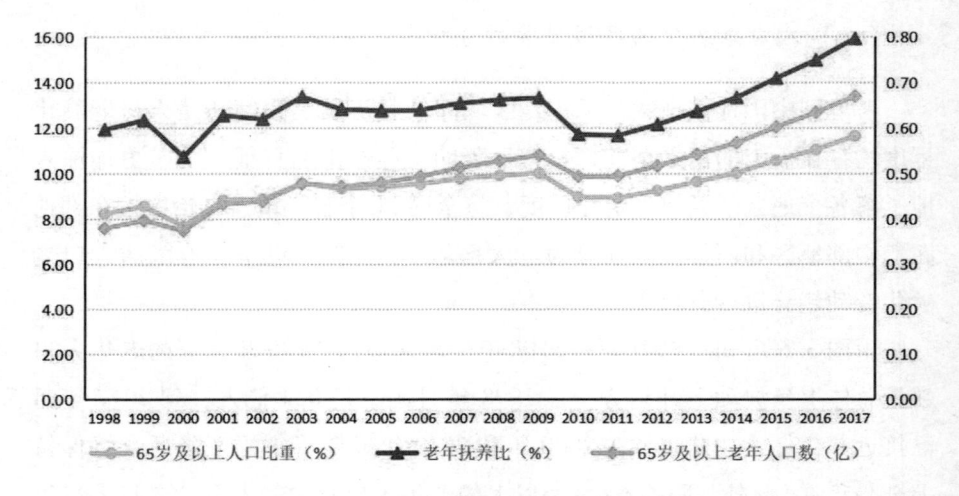

图3.6　1998—2017年东部地区的人口老龄化变动趋势图

图3.7为中部地区1998—2017年人口老龄化的变动趋势图，从图3.7中可以看出，与东部地区相比，中部地区人口老龄化程度的上升趋势更加明显，这可能是由于中部地区年轻劳动力的大规模流出所导致的。具体来看①，在中部8个省份中，仅有安徽省、河南省和湖南省等3个省份在1995年及之前进入了人口老龄化社会，吉林省、湖北省和江西省等3个省份于1998年进入人口老龄化社会，仅有两个省份晚于全国进入人口老龄化的时间，山西省于2001年进入人口老龄化社会，黑龙江省则于2003年才

---

① 限于篇幅，未在正文中放入中部地区各省份样本期间65岁及以上的老年人口比重表。

进入人口老龄化社会。虽然中部地区多数省份进入人口老龄化社会的时间较晚，但人口老龄化的增长速度较快，截至 2017 年底，安徽省 65 岁及以上的老年人口比重已达到 13%，吉林省、黑龙江省、湖北省和湖南省等 4 个省份的 65 岁及以上的老年人口比重均已达到 12%，已接近东部地区不少省份的人口老龄化程度，甚至还超过了东部地区的部分省份。

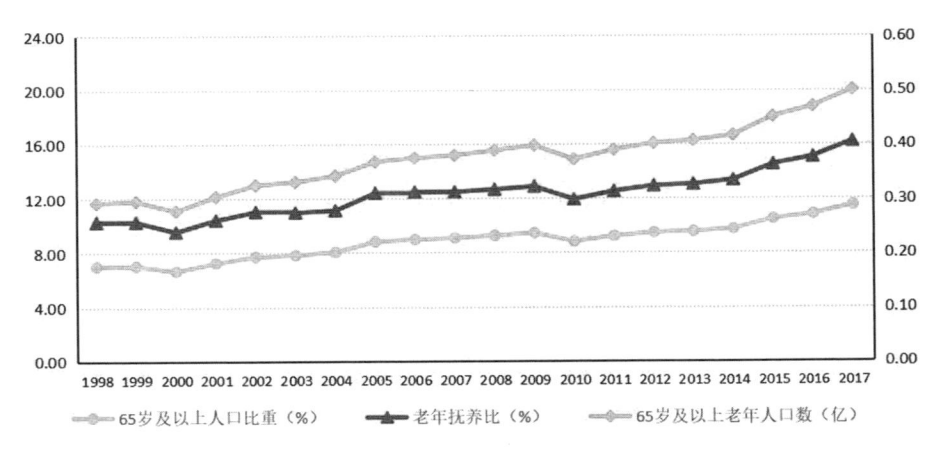

图 3.7　1998—2017 年中部地区的人口老龄化变动趋势图

图 3.8 为西部地区 1998—2017 年人口老龄化的变动趋势图，由图 3.6、图 3.7、图 3.8 可知，在三大区域中，中部地区和西部地区的人口老龄化变动趋势较为相似。从总体来看，东部地区、中部地区和西部地区的人口老龄化程度呈东、中、西依次递减的趋势，但中西部地区的人口老龄化增长速度明显高于东部地区。截至 2017 年底，西部地区 65 岁及以上的老年人口总数仅为 0.41 亿人，低于东部地区的 0.67 亿人和中部地区的 0.50 亿人。具体来看①，在西部 12 个省、市、自治区中，仅有广西壮族自治区、四川省和重庆市等 3 个省份在 1995 年及之前进入了人口老龄化社会，陕西省于 1998 年进入人口老龄化社会，云南省于 1999 年进入人口老龄化社会，

---

① 限于篇幅，未在正文中放入西部地区各省份样本期间 65 岁及以上的老年人口比重表。

除这5个省份外，其他省份均晚于全国进入人口老龄化社会的时间。其中，贵州省和内蒙古自治区于2001年进入人口老龄化社会，甘肃省于2003年进入人口老龄化社会，青海省和新疆维吾尔自治区于2006年进入人口老龄化社会，西藏自治区于2007年进入人口老龄化社会，宁夏回族自治区则于2009年才进入人口老龄化社会，在全国31个省、市、自治区中，宁夏回族自治区进入人口老龄化社会的时间最晚。此外，西部地区各省份之间的人口老龄化程度也存在较大的差异，截至2017年底，重庆市和四川省的65岁及以上的老年人口比重均达到了14%，与东部地区的上海市、辽宁省和江苏省持平，而西藏自治区甚至出现了"逆老龄化"的现象，其65岁及以上的老年人口比重在2007年达到7%之后一直呈下降趋势，2017年65岁及以上的老年人口比重仅有6%，青海省和新疆维吾尔自治区的65岁及以上的老年人口比重则一直在7%附近波动。

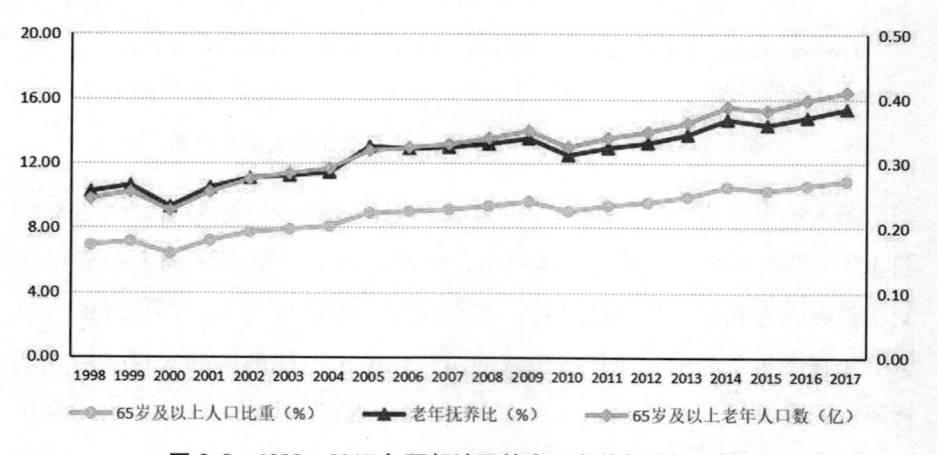

图3.8　1998—2017年西部地区的人口老龄化变动趋势图

（二）三次产业产值结构和就业结构的区域差异性分析

从国土面积上来看，中国有960多万平方千米，仅次于俄罗斯和加拿大，位列世界第三。从经济总量来看，中国的GDP于2010年首次超越日本，目前仅次于美国，位居世界第二。然而，由于中国地域辽阔，中国的资源分布呈现出极大的不平衡性。例如，80%以上的矿产资源分布在西北地区，75%以上的石油和煤炭分布在长江以北地区，工业和能源消费主要集中于东部沿海地区。中国各经济区域的产业结构类型可划分为以下五类：①第一产业占优势的类型，包括粮食型、石油资源型、金属矿山型等。②第二产业占优势类型，包括冶金、化工、机械、轻纺等加工型。③第三产业占优势类型，包括交通枢纽、贸易中心及商业圈、经济、科技中心等。④多种产业的地域综合体，多种产业不分主次，产业有机地联系在一起。⑤大城市的城市圈。中国的东、中、西三大经济区具有以下两方面突出的特点和差异：一方面，经济发展水平由东向西呈明显阶梯形状，东部沿海地区最为发达，中部地区次之，西部地区经济发展水平落后于东部和中部地区；另一方面，三大地区产业布局和经济资源分布不协调，较发达的东部沿海地区资源不足，而欠发达的中部和落后的西部地区在经济资源上占有优势。从经济发展所处的工业化阶段来看，第一和第二种类型属于工业化初期阶段，第三和第四种类型属于工业化中后期阶段，第五种类型属于现代化阶段。以此为标准，大体上可以说，中国总体上已进入工业化中后期阶段，但各区域存在较大差异。其中，东部沿海地带的经济区已开始进入现代化阶段，如天津市、北京市和上海市等东部省份2017年的人均GDP已接近20000美元，中部内陆地区则多数属于工业化中后期阶段，但西部地区不少省份还处于工业化初期阶段，如甘肃省2017年的人均GDP还不足5000美元。为了分析各地区的产业结构现状，本书首先分别绘出各地区从1998年到2017年以来的三次产业产值结构变动趋势图。

图3.9为东部地区1998—2017年的三次产业产值结构变动趋势图，由图3.9可知，对于东部地区，其第一产业增加值比重一直呈下降趋势，自2003年开始，东部地区的第一产业增加值比重便降低至10%以下。此外，东部地区的第二产业增加值比重在很长一段时期内均在50%附近波动，于2017年底降低至40%左右。而第三产业增加值比重呈持续上升趋势，且在

2014年首次超越第二产业增加值比重，2017年已达到54%。具体来看①，对于东部地区，北京市和上海市的第一产业增加值比重最低，至2017年底已下降至不足1%，而海南省的第一产业增加值比重则仍高达23%。此外，各省份中第三产业增加值比重首次超越第二产业增加值比重的时间节点分别为：北京市和海南省是在1996年之前，上海市是在1999年，广东省是在2013年，天津市和浙江省是在2014年，辽宁省和江苏省是在2015年，山东省是在2016年，目前尚有河北省和福建省的第三产业增加值比重还未超过第二产业的增加值比重。在东部地区的11个省、市中，海南省的情况最为特殊，虽然早在1996年之前海南省的第三产业增加值比重就超过了第二产业的增加值比重，但是其第一产业的增加值比重截至2017年底仍高于20%，与第二产业的增加值比重大致相同，远高于东部地区的其他省、市，而这主要是由海南省的地理位置所决定的，海南省的工业比较落后，但其旅游业较为发达，极大地推动了当地第三产业的发展。

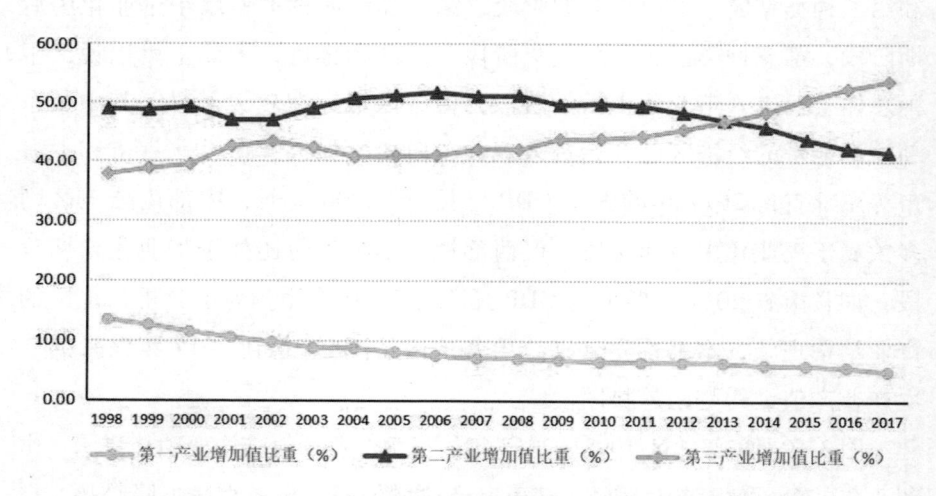

图3.9　1998—2017年东部地区的三次产业产值结构变动趋势图

---

① 限于篇幅，未在正文中放入东部地区样本期间各省份的三次产业产值结构表。

<<< 第三章 现状分析与理论基础

图 3.10 为中部地区 1998—2017 年的三次产业产值结构变动趋势图，从图 3.10 来看，中部地区的三次产业产值结构变动趋势与东部地区既有相似之处，也有不同之处。其相似之处在于，第一产业的增加值比重一直呈下降趋势，第二产业的增加值比重一直在 50% 附近波动，第三产业的增加值比重总体呈上升趋势。而不同之处在于，直到 2014 年之前中部地区的第三产业增加值比重都低于 40%，且第一产业的增加值比重一直处于较高水平，直到 2017 年底才降低至 10% 以下。具体来看①，在中部地区 8 个省份中，仅有黑龙江省、山西省、湖南省和湖北省等 4 个省份的第三产业增加值比重超过了第二产业增加值比重，其时间节点分别为 2013 年、2015 年、2016 年和 2017 年，而吉林省、安徽省、江西省和河南省等 4 个省份的第三产业增加值比重截至 2017 年底仍未超过第二产业增加值比重。此外，在这 8 个省份中，截至 2017 年底，仅有黑龙江省的第一产业增加值比重仍高于 10%，山西省的第一产业增加值比重最低，已降低至 5% 以下，但与东部地区相比，中部地区的第一产业增加值占比仍处于较高水平，还有较大的下降空间。

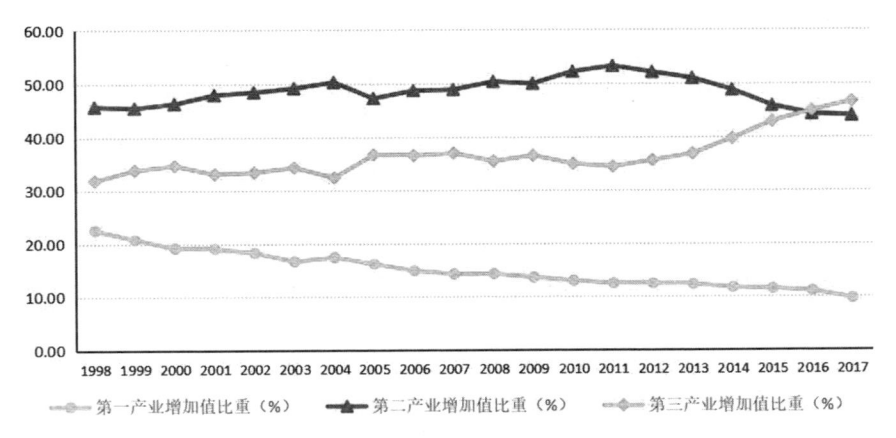

图 3.10　1998—2017 年中部地区的三次产业产值结构变动趋势图

---

① 限于篇幅，未在正文中放入中部地区样本期间各省份的三次产业产值结构表。

67

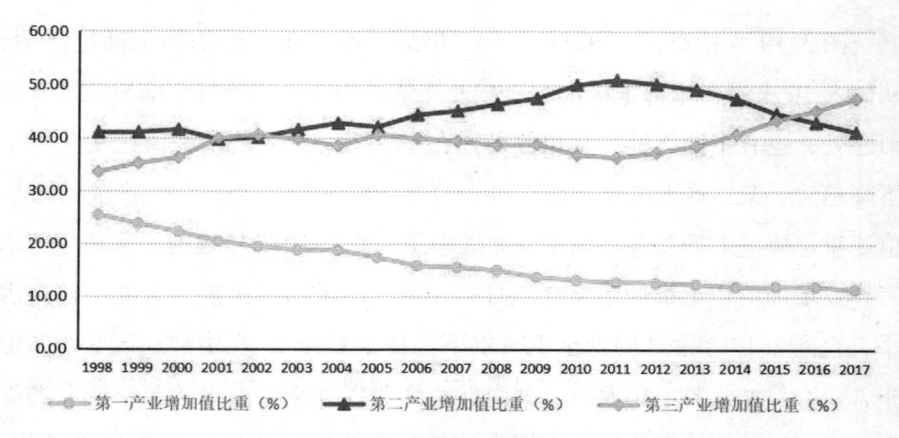

图 3.11　1998—2017 年西部地区的三次产业产值结构变动趋势图

图 3.11 为西部地区 1998—2017 年的三次产业产值结构变动趋势图，由图 3.11 可知，西部地区第一产业和第二产业增加值比重的变动趋势与中部地区极为相似，但第三产业增加值比重的变动趋势存在较大差异，中部地区的第三产业增加值比重总体呈上升趋势，而西部地区的第三产业增加值总体呈波动上升趋势，且西部地区第三产业的增加值比重多数年份均在 40% 左右，变动幅度较小。此外，从具体数值来看，东部地区的第三产业增加值占比最高，西部地区次之，中部地区最低。对比图 3.10 和图 3.11 可以发现，虽然中西部地区的第一产业增加值比重在变动趋势上较为一致，但在三大区域中，西部地区的第一产业增加值占比最高，截至 2017 年底，西部地区的第一产业增加值比重仍高于 10%。具体来看①，在西部地区 12 个省、市、自治区中，西藏自治区在 1996 年之前第三产业增加值比重就超过了第二产业增加值比重，这主要是由于西藏自治区的工业较为落后，但其第三产业尤其是旅游业较为发达。其余省份第三产业增加值比重超过第二产业增加值比重的时间均相对较晚，其中，贵州省是在 2009 年，重庆市、云南省和甘肃省是在 2014 年，新疆维吾尔自治区是在 2015 年，四川省则是在 2016 年，青海省、广西壮族自治区、内蒙古自治区和宁夏回

---

① 限于篇幅，未在正文中放入西部地区样本期间各省份的三次产业产值结构表。

族自治区均是在 2017 年，目前西部地区仅有陕西省的产值结构重心尚未从第二产业转移到第三产业。

由于产业结构升级不仅涉及三次产业产值结构的变化，还涉及三次产业就业结构的变化。因此，在对各地区三次产业的产值结构进行分析后，本书进一步对各地区三次产业的就业结构进行深入分析，图 3.12 为东部地区三次产业就业结构的变动趋势图。

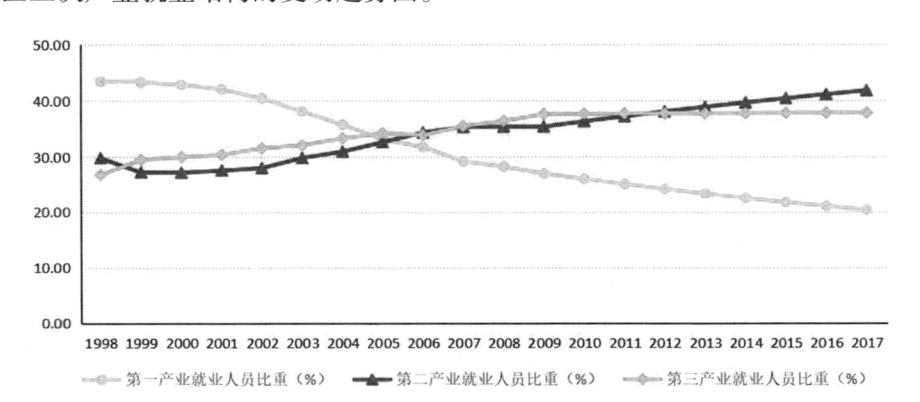

图 3.12　1998—2017 年东部地区的三次产业就业结构变动趋势图

由图 3.12 可知，从 1998—2017 年，东部地区第一产业的就业人员比重一直呈下降趋势，从 1998 年的 43%下降到 2017 年的 20%。然而，发达国家第一产业的就业人员比重一般低于 10%，虽然东部地区是中国经济最为发达的地区，但是与发达国家相比，东部地区仍然存在较大的差距，还有较多的第一产业从业人员尚未转移到第二产业和第三产业。第二产业和第三产业的变动情况比较相似，样本期间均呈上升趋势，但第三产业就业人员比重的上升速度慢于第二产业。第三产业就业人员比重于 2005 年首次超过第一产业，第二产业就业人员比重则在 2006 年首次超越第一产业，此后第二产业和第三产业的就业人员比重一直比较接近。截至 2017 年底，第二产业的从业人员占比最大，第三产业次之，第一产业最小。具体来看[①]，

---

① 限于篇幅，未在正文中放入东部地区样本期间各省份的三次产业就业结构表。

目前仅有北京市、上海市和浙江省等三个省、市的第一产业就业人员比重已降低至10%以下，其时间节点分别是2002年、2003年和2016年。截至2017年底，上海市的第一产业就业人员比重最低，仅为0.05%，北京市的第一产业就业人员比重也已经降低至5%以下。从就业结构重心的演变趋势来看，目前东部地区仅有河北省、浙江省和山东省等3个省份的就业结构重心仍处在第二产业，另外8个省、市的就业结构重心均已转移到第三产业，各省份的就业结构重心转移到第三产业的时间分别为：北京市是在1996年之前，上海市是在2000年，辽宁省是在2001年，广东省是在2005年，江苏省是在2006年，天津市是在2008年，海南省是在2013年，福建省则是在2014年。

图3.13为中部地区1998—2017年三次产业就业结构的变动趋势图，由图3.13可知，从1998—2017年，中部地区第一产业的就业人员比重呈先递增后递减的趋势，其峰值出现在2000年，随后一直下降，从2000年的57%一直下降到2017年的30%，但仍然比东部地区高出10%左右。第二产业和第三产业的就业人员比重则一直呈上升趋势，第三产业就业人员比重于2014年首次超越第一产业，第二产业就业人员比重于2017年首次超越第一产业。此外，在样本期间，第三产业就业人员比重一直比第二产业就业人员比重高出5%~8%。具体来看①，目前中部地区各省份的第一产业就业人员比重均未降低至10%以下，截至2017年底，湖北省的第一产业就业人员占比最低，为11.54%。目前中部地区已有6个省份的就业结构重心转移到了第三产业，其时间节点分别为：湖北省是在2007年，山西省和黑龙江省是在2012年，安徽省和江西省是在2013年，吉林省是在2014年。此外，河南省和湖南省的就业结构重心还处于第一产业，且湖南省的第一产业就业人员比重仍高达40%。

---

① 限于篇幅，未在正文中放入中部地区样本期间各省份的三次产业就业结构表。

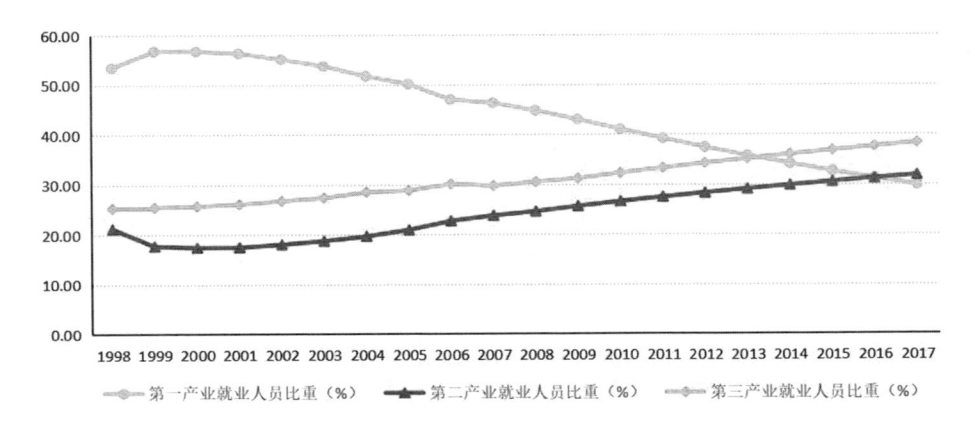

图 3.13 1998—2017 年中部地区的三次产业就业结构变动趋势图

图 3.14 为西部地区 1998—2017 年三次产业就业结构的变动趋势图，由图 3.12、图 3.13、图 3.14 可知，从 1998—2017 年，西部地区第三产业的就业人员比重变动情况与中部地区较为相似，均呈先递增后递减的趋势，中部地区的峰值出现在 2000 年，西部地区的峰值则出现在 1999 年。然而，在东、中、西三大区域中，西部地区的第一产业就业人员比重最高，截至 2017 年底，西部地区第一产业的就业人员比重仍然高达 40%，且高于第二产业和第三产业的就业人员比重，说明西部地区还有很大规模的农业产业人员尚未转移到非农产业。第二产业和第三产业的就业人员比重则一直呈上升趋势，且第三产业的就业人员比重一直高于第二产业，这与中部地区极为相似。具体来看①，截至 2017 年底，多数省份的第一产业就业人员比重仍较高，而第三产业就业人员比重仍较低。新疆维吾尔自治区的第一产业就业人员比重甚至高达 50%，第一产业就业人员占比最低的重庆市为 22%，第三产业就业人员占比最高的是贵州省，其第三产业就业人员占比已接近 50%。目前西部地区仅有重庆市、贵州省和青海省等 3 个省、市的就业结构重心已经转移到第三产业，其时间节点分别为 2009 年、

---

① 限于篇幅，未在正文中放入西部地区样本期间各省份的三次产业就业结构表。

2014年和2016年,陕西省的就业结构重心处于第二产业,西部地区其余所有省份的就业结构重心仍处于第一产业。

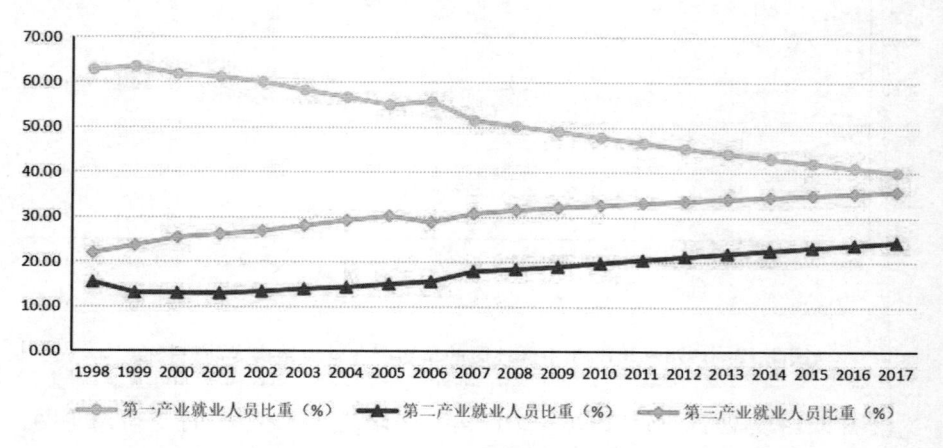

图3.14 1998—2017年西部地区的三次产业就业结构变动趋势图

第三节 人口老龄化影响产业结构升级的理论机制

一、人口老龄化影响产业结构升级的理论分析

在前文我们已经对产业结构升级的相关理论进行了系统梳理,这为我们从理论上分析人口老龄化对产业结构升级的影响奠定了基础。产业结构的演变与供给因素和需求因素具有密切的联系,人口老龄化对经济社会的发展产生的影响是极其复杂的,人口老龄化不仅会对一个国家或地区的劳动力供给和劳动生产率产生影响,还会对一个国家的消费需求、人力资本以及技术创新等变量产生影响,而这些变量又会进一步影响产业结构。因此,人口老龄化最终将对产业结构升级产生重大影响。人既是社会活动的生产者,同时也是消费者,而无论是作为消费者还是作为生产者都将影响社会经济的发展。从生产者的角度来看,人口老龄化意味着适龄劳动力减

少,老年人口比例增加,青少年人口比例下降,一方面要求适龄劳动者延长平均受教育年限,减缓适龄劳动人口下降对社会劳动生产率带来的不利影响;另一方面,要求经济结构完成由劳动密集型为主向资本密集型和技术密集型为主的方向转变。从消费者的角度来看,不同的人口年龄结构其消费需求、消费数量以及消费方式都存在很大的差别。因此,不同产业的生产者将会根据老龄化社会中人口年龄结构的消费特征,调节商品的生产结构。具体来看,人口老龄化对经济结构中的第一产业、第二产业和第三产业都会产生影响,且对于每一产业都既有积极的影响,也有消极的影响。

(一)人口老龄化对第一产业的影响分析

人口老龄化对第一产业的积极影响。第一产业主要包括农业、林业、畜牧业、渔业和农、林、牧、渔专业及辅助性活动,随着经济社会的发展和社会整体劳动生产率水平的提高,劳动力会由第一产业向第二产业和第三产业转移。与此同时,在这种劳动力的转移过程中,也会带动第一产业劳动生产率的提高。其原因在于,随着一个国家或地区人口老龄化程度的加深,城市劳动力需求的缺口将日益扩大,这就会促使越来越多的农村剩余劳动力转移到城市,由于第二产业和第三产业的劳动生产率高于第一产业,这将间接推动第一产业的从业人员通过学习现代农业知识和加快农业机械化进程提高第一产业的劳动生产率。长期以来,中国实行的都是以家庭承包为主的农业生产经营方式,这极大地制约了大规模高效率的农业产业化生产经营方式的发展。随着人口老龄化程度的加剧,农村劳动力的转移正好可以推进农业的规模化经营,改变以往效率较为低下的家庭分散经营的农业生产模式,进而推动第一产业的结构升级。

人口老龄化对第一产业的消极影响。一方面,人口老龄化程度的加剧必然导致适龄劳动人口的下降,在剩余农业劳动力较多的情况下,农业劳动力向第二产业和第三产业转移并不会对第一产业产生显著的不利影响。

然而，随着人口老龄化程度的加剧，农村剩余农业劳动力终将转移完毕，此时，剩余的农业劳动力一般都是年龄较大的中老年劳动力群体。与年轻劳动力群体相比，这些中老年劳动力群体无论在体力还是在学习能力上均明显存在劣势，由于中国目前的农业机械化程度还较低，劳动力的短缺以及劳动生产率的下降会对农业现代化的推动进程产生不利影响，进而阻碍第一产业的转型升级。

（二）人口老龄化对第二产业的影响分析

与第一产业和第三产业相比，第二产业的分布范围相对较广，不仅包括煤炭开采和洗选业、黑色金属矿采选业和有色金属矿采选业等采矿业，还包括农副食品加工业、食品制造业和烟草制造业等二十多种制造业。此外，还包括建筑业和电力、热力、燃气及水的生产和供应业。根据各产业生产要素的差异，第二产业可分为劳动密集型产业、资本密集型产业和技术密集型产业。对于不同类型的第二产业，人口老龄化对其影响并不一致。

人口老龄化对劳动密集型第二产业的影响。对于农副食品加工业和食品制造业等需要大量劳动力的劳动密集型第二产业，人口老龄化对其所造成的冲击和影响较大。随着人口老龄化程度的加剧，适龄劳动人口将随之下降，在劳动力供需规律的作用下，必然导致劳动力成本上升，这将极大地压缩劳动密集型产业的发展和生存空间，对于效率不高或经营不善的劳动密集型企业，只能面临转型和破产的困境。

人口老龄化对资本密集型第二产业的影响。对于烟草制品业、造纸和纸制品业以及通用设备制造业等资本密集型产业，其在生产和经营过程中需要大量的资本和相关技术。对于这类资本密集型产业，人口老龄化对其既有积极的影响也有消极的影响。人口老龄化对资本密集型产业的积极影响体现在，从世界各国的发展历程来看，美国、德国和日本等国家的人口老龄化均是在经济发展到一定阶段后才出现的，此时这些国家或地区的人民生活较为富裕，国家资本相对充足，这就使得这些国家有足够的资金投入资本密集型行业，进而推动资本密集型产业的发展。虽然中国进入人口老龄化社会时尚未达到富裕水平，人均GDP仅为1000多美元。但是当前中国的经济总量已跃居世界第二，已经积累了较为充裕的国家资本，如果再辅之以相关的技术支持，资本密集型产业将迎来前所未有的发展机遇。人口老龄化对资本密集型产业的消极影响主要体现在，由于老年群体一般不参与社会生产活动，只参与社会消费活动，不仅年轻人的养老压力会越来越大，而且作为负担养老保险重要一方的政府在养老方面的支出也会越来越多，这就必然挤占政府用于技术研发以及资本密集型产业的补贴，进而对资本密集型产业产生不利影响。

人口老龄化对技术密集型第二产业的影响。第二产业中的医药制造业、汽车制造业和仪器仪表制造业等都属于技术密集型产业，其生产过程不仅需要大量的资金投入，还需要大量高学历和高技能的人才，从业人员的整体素质远高于劳动密集型和资本密集型产业。姚东旻等人（2015）的研究成果表明，从微观角度来看，个人年龄与技术创新能力之间呈驼峰型关系，峰值处于35—40岁之间。在青年阶段，年龄对技术创新能力的正向影响占主要地位；在老年阶段，年龄对技术创新的负向影响占主要地位[①]。从宏观角度来看，年龄与技术创新能力之间呈驼峰型关系的结论仍然成立。一方面，随着人口老龄化程度的加剧，劳动力群体的平均年龄也将随之上升，处于35—40岁之间的劳动力群体数量将逐渐下降，这将对技术密集型产业的发展带来不利影响。然而，另一方面，在人口老龄化程度不断提高的同时，由于每个家庭平均抚养的小孩数量在不断下降，这将促使社会在教育方面的重心由数量的增长转移到质量的提升，进而推动社会人力资本积累水平的提高，这将极大地促进第二产业由劳动密集型和资本密集型产业向技术密集型产业升级。

---

① 姚东旻，李三希，林思思.老龄化会影响科技创新吗——基于年龄结构与创新能力的文献分析[J].管理评论，2015，27（8）：56-67.

(三) 人口老龄化对第三产业的影响分析

人口老龄化对生产性服务业的影响。服务业又称第三产业,是指利用设备、工具、场所、信息或技能为社会提供服务的行业,包含第一产业和第二产业外的所有其他行业。根据汪伟等人(2015)的研究,服务业可划分为生产性服务业和生活性服务业[①]。其中,生产性服务业主要包括房地产业、金融业、交通运输业以及仓储和邮电通信业。在三次产业中,人口老龄化对第三产业的影响最大,而在第三产业中,与生活性服务业相比,人口老龄化对生产性服务业的影响相对较小。具体来看,房地产市场的消费主体是具有稳定的收入来源、具备较强消费能力的中青年群体,随着人口老龄化程度的加剧,这部分群体的占比将逐渐下降,进而对房地产市场产生一定的负面影响。金融业属于知识密集型服务业,其行业性质决定了金融业的从业主体通常是具有较高受教育水平的中青年群体,人口老龄化程度的加剧也会在一定程度上对金融业的发展产生不利影响。交通运输业以及仓储和邮电通信业的发展与政府对基础设施的投资力度密切相关,随着人口老龄化的不断加深,政府在老年社会保障方面的支出也将逐渐增加,这就必然挤占政府在其他方面包括基础设施投资建设方面的财政支出,进而对交通运输业以及仓储和邮电通信业产生阻碍作用。因此,从总体来看,人口老龄化的日益严峻会对生产性服务业产生消极影响。

人口老龄化对生活性服务业的影响。生活性服务业是指直接向居民提供物质和精神生活消费产品及服务,用于解决消费者生活中各种需求的服务业,通常包括批发零售业、住宿餐饮业、文化娱乐业、旅游休闲业以及健康服务业等各个行业。批发零售业和住宿餐饮业涉及各个不同年龄段居民的衣、食、住、行,其通常只与人口总量有关,人口老龄化对这些行业的影响相对较小。然而,对于文化娱乐和休闲旅游这两类服务业,人口老

[①] 汪伟,刘玉飞,彭冬冬. 人口老龄化的产业结构升级效应研究 [J]. 中国工业经济,2015 (11):47-61.

龄化将对其产生巨大的推动作用。一方面,老年群体一般不参与社会生产活动,时间可自由支配,在他们步入老年之际,往往面临着孤独寂寞、身体机能下降以及强烈渴望与外界交流等困境,这就使他们积极主动寻求参与一些团体性的老年休闲活动,如老年旅游团、老年舞蹈大赛、老年书法大赛和老年体育竞技赛等,近十几年兴起并风靡全国的广场舞就是老年人积极寻求融入集体的最好例证,随着人口老龄化程度的加深,老年人对文化娱乐和休闲旅游等生活性服务业的需求将急剧增长。另一方面,虽然中国的经济发展速度有所减缓,但经济发展水平正稳步提高,老年社会保障体系正不断完善,政府在老年保障方面的支出力度正不断加大,老年群体的消费能力正不断增强,老年群体消费能力的提高必然会极大地促进文化娱乐和休闲旅游等服务业的发展。从人口老龄化对健康服务业的影响来看,随着年龄的增长,老年人的身体机能逐渐衰退,身体状况将大不如前,进而极易引发高血压、高血脂、糖尿病和冠心病等一系列疾病,老年人的身体健康状况决定了他们在医疗保健方面的消费支出较高,进而推动健康服务业的发展。此外,不少老年人还可能处于失能或半失能的状态,生活不能自理,面临行动不便的困境,这也会推动老年护理和老年家居等服务业的发展。因此,人口老龄化在对生产性服务业产生诸多不利影响的同时却会对多数生活性服务业产生积极的推动作用。

从以上分析来看,人口老龄化无论对第一产业、第二产业还是第三产业均同时具有积极影响和消极影响。人口老龄化对产业结构内部升级影响的净效应究竟为正还是为负,需要通过实证研究做进一步的检验。此外,人口老龄化在对产业结构的内部升级产生影响的同时,也会对三次产业结构的整体升级产生影响。现有研究普遍认为,人口老龄化主要通过改变就业结构和需求结构对产业结构产生影响。因此,在进行实证分析之前,本书以三次产业为例,从需求和供给两方面对人口老龄化影响产业结构升级的作用机制进行数理推导。

二、人口老龄化影响产业结构升级的数理推导

借鉴马丁·兰泽等人（2003）提出的基准产业模型[①]，参考张斌和李军（2013）的研究，将人口老龄化因素引入该模型，建立一个单一劳动力要素的三部门总量数理模型[②]，基于该模型从需求和供给角度分析人口老龄化对产业结构升级产生的影响。

（一）需求层面

为了将人口老龄化因素引入基准产业模型，本书需要对人口老龄化进行定义。假设经济社会中的人口可分为三类，分别是少儿人口、就业人口和老年人口，且老年人口和少儿人口均不参与生产活动，仅参与消费活动。根据前文对人口老龄化衡量指标的说明，本书采用65岁及以上的老年人口占总人口的比重作为人口老龄化的代理变量。假设社会总人口为 N，少儿人口为 C，就业人口为 L，少儿人口比重为 γ，则衡量人口老龄化程度的指标可表示为：

$$\theta = \frac{N-C-L}{N} = 1 - \frac{C}{N} - \frac{L}{N} = 1 - \gamma - \frac{L}{N} \tag{3.5}$$

首先，从需求角度分析人口老龄化对产业结构的影响。将社会总需求分解为对第一产业、第二产业和第三产业等三个产业的需求，并将对第一产业、第二产业和第三产业的需求简化成对农业、工业和服务业等三个部门的需求，分别用 Y_f^d、Y_s^d、Y_t^d 表示，与这三个产业部门相对应的价格分别为 P_f、P_s、P_t。据此建立一个封闭的三部门总量经济模型，并且总需求（总供给）满足以下均衡条件：

[①] RAISER M, SCHAFFER M, SCHUCHHARDT J. Benchmarking Structural Change in Transition [J]. Structural Change and Economic Dynamics, 2004, 15 (1): 47-81.
[②] 张斌，李军. 人口老龄化对产业结构影响效应的数理分析 [J]. 老龄科学研究，2013, 1 (6): 3-13.

$$Y^d = P_f \times Y_f^d + P_s \times Y_s^d + P_t \times Y_t^d \qquad (3.6)$$

基于恩格尔需求定理，一般假设人们对农产品的需求收入弹性小于1。现进一步假设当经济发展到一定程度后，人们对农产品的需求收入弹性为0，此时社会的总产品供给充足，人均农产品的需求达到饱和，处于稳定状态且不再增长。人们对农产品的总需求为人均农产品需求量乘以全国人口总量，在人均农产品需求量不变的情况下，人口总量越大，人们对农产品的总需求量就越大，对农产品的总需求量并不受人口老龄化程度的影响，其只与全国人口总量有关。

基于上述假设，第一产业（农业部门）需求函数的具体形式如下所示：

$$Y_f^d = a \times N = \frac{a \times L}{1 - \theta - \gamma} \qquad (3.7)$$

其中，a 表示人均农产品需求量。由式（3.7）可知，在人均农产品需求量不变时，人们对第一产业部门的需求量只与总人口数相关，在人口总量保持不变的情况下，人口老龄化程度 θ 和就业人口总量 L 将呈反方向变化。

此外，根据世界各国的发展经验和"库兹涅茨法则"可知，人们对于服务业的需求将随着人均GDP的提高而不断增加，故本书假设人们对服务业的需求收入弹性大于1。在以上假设条件基础上，本书构造一个非齐次效用函数，用于模拟现实世界中随着经济的增长人们对服务业的需求随之增加的情况。

基于前文的假定可知人们对第一产业的需求只与人口总量相关，与人口老龄化程度无关。因此，现将三部门经济体系简化成仅涉及工业和服务业的两部门经济体系，即剔除消费支出固定不变的第一产业部门。将老年人口占比和少儿人口占比引入模型，构建柯布—道格拉斯非齐次需求效用函数模型：

$$U(Y_s^d, Y_t^d) = (Y_s^d)^\alpha (Y_t^d + S(\theta, \gamma))^\beta \qquad (3.8)$$

$$S(\theta, \gamma) = C_1(\theta) + C_2(\gamma) \quad (3.9)$$

其中，式（3.8）中 $0 < \alpha < 1$，$0 < \beta < 1$，α、β 分别表示人们消费的第二和第三产业部门的边际效应。$S(\theta, \gamma)$ 是关于人口老龄化程度 θ 和少儿人口占比 γ 的函数，它表示对由家庭供给的服务品进行消费，本书中又将其分为由家庭提供给老年人的服务需求 $C_1(\theta)$ 和由家庭提供给少儿的服务需求 $C_2(\gamma)$ 两部分。$C_1(\theta)$ 是关于人口老龄化程度 θ 的函数，$C_2(\gamma)$ 是关于少儿人口比重 γ 的函数。

随着人口老龄化率的不断攀升，老龄化程度持续加深，当老龄化达到一定的水平后，家庭提供的养老服务已不能满足老年群体的需求，市场开始提供服务以满足老年群体的需要，由此导致家庭内部供给的服务减少。因此，本书假设人口老龄化程度 θ 和 $C_1(\theta)$ 之间呈负相关。同时，人口出生率的提高会使得少儿人口增多，由家庭提供的服务不足以满足少儿人口的需求，市场开始介入，故本书假设少儿人口占比与家庭提供的少儿服务之间存在负相关关系，即：

$$\frac{dS(\theta, \gamma)}{d\theta} = \frac{dC_1(\theta)}{d\theta} < 0, \quad \frac{dS(\theta, \gamma)}{d\gamma} = \frac{dC_2(\gamma)}{d\gamma} < 0 \quad (3.10)$$

在任意给定时刻，假设社会的收入水平固定不变，给定预算约束条件构造出第二产业和第三产业的需求决策方程：

$$\max U(Y_s^d, Y_t^d) = (Y_s^d)^\alpha (Y_t^d + S(\theta, \gamma))^\beta \quad (3.11)$$

$$s.t. \ P_s \times Y_s^d + P_t \times Y_t^d = Y^d - P_f \times Y_f^d \quad (3.12)$$

其中，Y^d 表示经济社会的总收入，通过建立拉格朗日函数对式（3.11）和式（3.12）进行求解，可得第二产业和第三产业之间的消费需求需要满足如下条件：

$$Y_t^d = \frac{\beta}{\alpha} \times \frac{P_s}{P_t} \times Y_s^d - S(\theta, \gamma) \quad (3.13)$$

根据预算约束条件，可以推导出对第二产业和第三产业部门的需求函数为：

$$Y_s^d = \frac{Y^d - a \times N \times P_f + P_t \times S(\theta, \gamma)}{(1 + \frac{\beta}{\alpha}) \times P_s} \qquad (3.14)$$

$$Y_t^d = \frac{Y^d - a \times N \times P_f - \frac{\alpha}{\beta} \times P_t \times S(\theta, \gamma)}{(1 + \frac{\alpha}{\beta}) \times P_t} \qquad (3.15)$$

基于前面的假设,随着人口老龄化程度的加深,$S(\theta, \gamma)$ 将不断变小。由式(3.14)和式(3.15)可知,人们对第二产业的需求将持续减少,但对第三产业的需求将持续增加。此外,根据式(3.14)和式(3.15),还可得出人们对第三产业与第二产业的需求量之比:

$$\frac{Y_t^d}{Y_s^d} =$$

$$\frac{Y^d - a \times N \times P_f - \frac{\alpha}{\beta} \times P_t \times S(\theta, \gamma)}{(1 + \frac{\alpha}{\beta}) \times P_s} \bigg/ \frac{Y^d - a \times N \times P_f + P_t \times S(\theta, \gamma)}{(1 + \frac{\beta}{\alpha}) \times P_t}$$

$$= \frac{P_s}{P_t} \times \left(\frac{1 + \frac{\beta}{\alpha}}{1 + \frac{\alpha}{\beta}} - \frac{1 + \frac{\beta}{\alpha}}{\frac{1}{S(\theta, \gamma)} \times (Y^d - a \times N \times P_f) + 1} \right) \qquad (3.16)$$

即:

$$\frac{P_t \times Y_t^d}{P_s \times Y_s^d} = \frac{1 + \frac{\beta}{\alpha}}{1 + \frac{\alpha}{\beta}} - \frac{1 + \frac{\beta}{\alpha}}{\frac{Y^d - a \times N \times P_f}{S(\theta, \gamma)} + 1} \qquad (3.17)$$

式(3.17)为第三产业增加值与第二产业增加值之比,该指标通常用于衡量产业结构的高级化。随着人口老龄化程度的加深,$S(\theta, \gamma)$ 将不断变小,$\frac{P_t \times Y_t^d}{P_s \times Y_s^d}$ 的值则不断变大,即人口老龄化与产业结构高级化之间呈正相关关系。

（二）供给层面

然后，进一步从供给层面分析人口老龄化对产业结构的影响。将就业人口按照其产业所属性质分为三类，并假设一个劳动力只能在某一个部门从事生产活动，第一、第二和第三产业的就业人数分别为 L_f、L_s、L_t，且满足以下条件：

$$L = (1 - \theta - \gamma) \times N = L_f + L_s + L_t \tag{3.18}$$

由式（3.18）可知，人口老龄化的直接影响效果就是劳动力供给数量的减少。如果经济社会活动中的总人口和少儿人口比重不变，则人口老龄化程度的提高必然导致就业人口总数的下降。

其次，从社会生产活动的角度来看。由于该经济系统中仅存在劳动力这一种生产要素，各部门的生产函数相对比较简单。如果假设在任意一个静态时间点，三个产业部门的劳动生产率均是固定的，即劳动生产率是外生变量，且分别用 y_f、y_s、y_t 表示，则各部门的总产出为就业总量和劳动生产率的乘积，各部门的产出分别用 Y_f^s、Y_s^s、Y_t^s 表示，由此可得各部门的生产函数：

$$Y_f^s = L_f \times y_f; \quad Y_s^s = L_s \times y_s; \quad Y_t^s = L_t \times y_t \tag{3.19}$$

假设该经济体中的三大生产部门都是理性的经济体，则各生产部门会在给定的技术条件和生产成本下，追求利润最大化。本书假设生产函数具有规模报酬不变的特点，因此可以直接推导出利润最大化的条件：

$$w = P_f \times y_f = P_s \times y_s = P_t \times y_t \tag{3.20}$$

式（3.20）中，w 表示单位劳动成本。假设农产品的价格保持长期固定不变，作为该经济体的基准价格，从而可进一步推导出各种价格之间的关系：

$$P_s = \frac{y_f}{y_s} \times P_f; \quad P_t = \frac{y_f}{y_t} \times P_f \tag{3.21}$$

由式（3.20）可知，随着农业生产部门劳动生产率的提高，工资水平将逐渐上涨。通常情况下，农业部门劳动生产率的增长速度要慢于工业和服务业部门。因此，由式（3.21）可知，在农产品消费价格水平不变的情况下，工业和服务业消费品的价格水平将持续下降。由于工业和服务业部门的相对价格水平与其劳动生产率成反比，且工业部门通常具有更快的技术进步速度，工业和服务业部门的相对价格水平将不断下降。

在人口总量固定不变的情况下，农产品需求总量不变。为了实现农业部门的供求均衡，农业的就业仅与人口总量相关。因此，在进行生产分析时同样可以将农业部门作为一个外生部门，该经济体需要实现剩余劳动力在工业和服务业部门之间的有效配置。此外，由于劳动生产率保持不变，因此价格水平固定，从而可以得出该经济体的生产总值：

$$Y = w \times (1 - \theta - \gamma) \times N = P_f \times y_f \times (\frac{a \times N}{y_f} + \frac{Y_s^s}{y_s} + \frac{Y_t^s}{y_t}) \quad (3.22)$$

由式（3.22）可知，人口老龄化对经济总体的影响效果就是导致劳动力总量的下降，在劳动生产率不变的情况下，将进一步导致经济总产出水平下降。此外，上式还可以转化为：

$$\frac{Y_s^s}{y_s} + \frac{Y_t^s}{y_t} = (1 - \theta - \gamma) \times N - \frac{a \times N}{y_f} \quad (3.23)$$

从式（3.23）中可以推导出工业品和消费品供给之间的关系，在生产技术和人口总量不变的情况下，人口老龄化程度的提高将导致工业和服务业部门的就业总量下降。从长期来看，各部门劳动生产率的提高才是总产出水平不断增长的根本动力。

为了进一步得出各部门的就业函数，结合需求函数和供给函数进行均衡分析。为此，本书假设：第一，各部门必须实现产品或服务的供求相等；第二，假设生产部门不存在超额利润，总产值等于各部门的工资收入之和；第三，供给方面需要满足总就业量等于三个部门的劳动力总和。因此，可以得到以下几个均衡条件：

$$Y_f^d = Y_f^s; \quad Y_s^d = Y_s^s; \quad Y_t^d = Y_t^s \tag{3.24}$$

$$Y^d = w \times (L_f + L_s + L_t) \tag{3.25}$$

$$L = L_f + L_s + L_t \tag{3.26}$$

对于农业部门，根据本书的假设条件，一直可以作为外生部门处理，农业部门均衡条件下的农产品供给和就业供给情况为：

$$Y_f = a \times N; \quad L_f = \frac{a \times N}{y_f} \tag{3.27}$$

将收入等式和就业等式代入两个部门的需求函数可得工业和服务业部门的产出函数：

$$Y_s = \frac{(1-\theta-\gamma) \times N - \frac{a \times N}{y_f} + \frac{S(\theta,\gamma)}{y_t}}{(1+\frac{\beta}{\alpha}) \times \frac{1}{y_s}} \tag{3.28}$$

$$Y_t = \frac{(1-\theta-\gamma) \times N - \frac{a \times N}{y_f} - \frac{\alpha \times S(\theta,\gamma)}{\beta \times y_t}}{(1+\frac{\alpha}{\beta}) \times \frac{1}{y_t}} \tag{3.29}$$

此外，根据工业和服务业部门均衡时的产出函数，可以得到两个部门的就业函数：

$$\frac{Y_s}{y_s} = \frac{(1-\theta-\gamma) \times N - \frac{a \times N}{y_f} + \frac{S(\theta,\gamma)}{y_t}}{1+\frac{\beta}{\alpha}} \tag{3.30}$$

$$\frac{Y_t}{y_t} = \frac{(1-\theta-\gamma) \times N - \frac{a \times N}{y_f} - \frac{\alpha \times S(\theta,\gamma)}{\beta \times y_t}}{1+\frac{\alpha}{\beta}} \tag{3.31}$$

由式（3.30）和式（3.31）可知，由于劳动生产率不变，人口老龄化程度提高时，$S(\theta,\gamma)$ 将逐渐减小。因此，人口老龄化将导致第二产业的就业总量下降，但人口老龄化对第三产业就业总量的影响不确定。

结合就业总量函数，可以进一步推导出三次产业的就业比重（即就业结构）：

$$\frac{L_f}{L} = \frac{a}{(1-\theta-\gamma) \times y_f} \quad (3.32)$$

$$\frac{L_s}{L} = \frac{1}{1+\frac{\beta}{\alpha}} - \frac{a}{(1-\theta-\gamma) \times y_f \times (1+\frac{\beta}{\alpha})} + \frac{S(\theta,\gamma)}{(1-\theta-\gamma) \times N \times y_t \times (1+\frac{\beta}{\alpha})} \quad (3.33)$$

$$\frac{L_t}{L} = \frac{1}{1+\frac{\alpha}{\beta}} - \frac{a}{(1-\theta-\gamma) \times y_f \times (1+\frac{\alpha}{\beta})} - \frac{S(\theta,\gamma)}{(1-\theta-\gamma) \times N \times y_t \times (1+\frac{\beta}{\alpha})} \quad (3.34)$$

由式（3.32）（3.33）和（3.34）可知，在人均农产品需求量不变、少儿人口比重不变以及农业劳动生产率不变的情况下，人口老龄化会在一定程度上提高农业就业人口比重。非舍尔（2004）基于日本和澳大利亚相关数据的研究结果也得出了类似的结论，随着人口老龄化程度的加剧，人口年龄结构的变动可能提高第一产业的相对就业人数[1]。然而，从式中并不能直观得知人口老龄化对第二产业和第三产业就业比重的影响。由于人口老龄化会导致劳动力总量下降，且农业就业比重提高，这就意味着第二产业和第三产业的就业比重之和必然下降。式（3.33）和式（3.34）的第二项可理解为工业部门和服务业部门对农业部门劳动力变化的调整，两项相加正好是农业部门的就业比重。因此，第三项即为需求方面因素对工业和服务业部门就业比重的影响。虽然从等式上可知人口老龄化将同时导致总就业人口和家庭服务品供给的下降，即分子分母均减小，但是从前面的论证可知，从需求角度来看，人口老龄化将促进服务业的增长。因此，在

---

[1] EWA O F. Labor Force Aging: Its Impact on Employment Level and Structure—The Evidences from Japan and Austrian [J]. A Paper Presented at the Austrian Population Association, 12th Biennial Conference, Canberra, 2004 (12): 15-17.

劳动生产率不变的情况下，人口老龄化将提高服务业的就业比重，同时会降低工业的就业比重。

第四节 本章小结

首先，本章第一节对人口老龄化的概念进行了界定，并梳理了关于衡量人口老龄化程度的常用指标。此外，还进一步对常见的产业结构分类方法和产业结构升级的衡量方法进行了梳理。

其次，本章第二节根据现有的相关数据，从全国层面对人口老龄化和产业结构的现状进行了分析。在此基础上，进一步分析了人口老龄化与产业结构现状的区域差异性。

最后，本章第三节从理论机制和数理推导两个方面对人口老龄化影响产业结构升级的作用机制进行了分析。从理论分析来看，人口老龄化对第一产业、第二产业和第三产业均既有积极影响又有消极影响。在此基础上，进一步采用数理模型从需求和供给两个角度分析了人口老龄化对产业结构升级的影响。

第四章　人口老龄化对产业结构升级的中介效应

第三章已对人口老龄化和产业结构的现状进行了分析，且从理论上推导了人口老龄化对产业结构的影响。然而，数理模型是建立在一系列的假设基础上的，其在现实情况中不一定成立。与数理模型相比，以实际数据为基础的实证研究具有更高的可信度。从本章开始，本书将建立计量模型，分别从中介效应、门槛效应和空间溢出效应等多个角度研究人口老龄化对产业结构升级的影响。

第一节　机制分析与模型构建

一、人口老龄化影响产业结构升级的理论机制分析

从现有的相关研究成果来看，人口老龄化主要通过劳动力供给、劳动生产率、人力资本积累、消费支出和技术创新等五条途径对产业结构升级产生影响。因此，本书主要从这五个方面分析人口老龄化对产业结构升级的影响机制。

人口老龄化对产业结构升级的劳动力供给效应。左奇（2016）认为，人口老龄化程度的加剧意味着老年人口比重的上升，而这必然会使得适龄

劳动人口的比重下降[①]。适龄劳动人口作为社会经济活动的主要参与者和物质财富的创造者，一方面，适龄劳动人口减少会使得企业的用工成本上升，劳动力成本的上升使得劳动密集型产业的发展空间被大大压缩，迫使劳动密集型产业向资本密集型和技术密集型产业转变，企业只能通过更多的研发投入来提升其在行业中的竞争力以应对人口老龄化带来的不利影响，进而推动产业结构转型升级；另一方面，劳动力供给的短缺使得为中国经济增长做出重要贡献的人口红利趋于消失，从中国当前的就业现状来看，中小型企业吸纳了社会上90%以上的就业人口，这些中小型企业的生产利润普遍较低，劳动力的短缺将使得这部分企业的生存日益艰难，在迅猛发展的科学技术推动下，各个产业部门之间得以形成完整的产业链，高端产业的发展壮大离不开大量中低端产业的积极参与，这部分中小型企业若被迫退出生产市场将对产业结构升级造成极大的阻碍。

人口老龄化对产业结构升级的劳动生产率效应。随着中国老年人口比重的增加及预期寿命的延长，不仅中国总人口的平均年龄在不断上升，劳动力的平均年龄也在持续上升。不同年龄段的劳动力群体在体能、耐力、技能、心理素质以及创新能力等方面均会存在显著的差异。贝诺特（2011）认为，一般情况下，从青年到中年再到老年，个人的劳动生产率会经历一个先上升后下降的过程，即劳动生产率与年龄之间存在"倒U型"关系，劳动力的老龄化会对社会平均劳动生产率产生不利影响[②]。然而，对于电子信息、研发设计和科技服务等高端行业，随着劳动者年龄的增长，其积累的经验更加丰富，老年劳动者的劳动生产率反而远远高于年轻劳动者，从这个角度来看，劳动力的老龄化有利于劳动生产率的提高。此外，当今社会科技的发展日新月异，以20世纪八九十年代兴起的互联网

---

① 左奇. 人口老龄化背景下我国产业结构优化调整研究——基于劳动力人口供给减少的角度［J］. 西部金融，2016（12）：31-33，57.
② DOSTIE B. Wages, Productivity and Aging［J］. De Economist, 2011, 159（2）：139-158.

为例,其对社会平均劳动生产率提高所起到的巨大推动作用是以往任何一个时代都无法比拟的。因此,科学技术的发展在一定程度上也会促进劳动生产率的提高,减缓社会平均劳动生产率的下降速度。劳动生产率的下降会在一定程度上推动农业剩余劳动力转向非农产业的进程,进而对产业结构升级产生一定的积极影响。

人口老龄化对产业结构升级的人力资本积累效应。相比于物质资本,人力资本往往具有较高的回报率,人力资本除了可以促进物质资本的积累,还能以生产要素的形式直接进入生产函数中,为社会经济发展做出贡献。结合中国当前的现实情况来看,一方面,由于20世纪80年代开始实行的计划生育政策,多数家庭仅有一到两个小孩,家庭平均小孩数量的骤然下降使家庭的教育重心从小孩的教育数量转向教育质量;另一方面,得益于九年义务教育的实施以及中国在20世纪末开始实施的高等教育的大规模扩招政策,接受过高等教育的劳动人口迅速增加。在这两个因素的共同作用下,中国的人力资本质量得到了极大的提高,劳动者的平均受教育程度明显上升。而米凯莱和艾米莉(2016)的研究结果表明,德国的人口老龄化导致其人力资本增长率不断下降[①]。与德国相比,中国当前的人口老龄化程度还处于较低水平,人口老龄化是否已对中国的人力资本积累水平产生负面影响需要通过实证研究做进一步的验证。人力资本积累水平的提高将优化劳动力市场的人力资源配置水平,为产业结构由劳动密集型和资本密集型产业向技术密集型产业转型提供智力支撑,这会对制造业结构的转型升级产生极大的推动作用。

人口老龄化对产业结构升级的消费支出效应。茅锐和徐建炜(2014)的研究结果表明,对于绝大多数老年群体,其消费支出主要用于医疗保健方面,当个体从中年进入老年后,其身体机能大不如前,往往会出现各种

[①] CATALANOL M, PEZZOLLA E. The Effects of Education and Aging in an OLG Model: Long-run Growth in France, Germany and Italy [J]. Empirica, 2016, 43 (4): 757-800.

老年疾病,导致其在医疗保健方面的支出急剧增加①。由于大部分欧美发达国家较早进入人口老龄化社会,老龄化程度已处于较高水平,部分国家的老龄产业占 GDP 的比重已超过 50%,但中国当前的老龄产业占 GDP 的比重还不到 10%,老龄产业在中国的发展正处于起步阶段。2018 年国民经济与社会发展统计公报显示,中国 65 岁及以上的老年人口已接近 1.7 亿,其蕴藏的消费潜力是世界上任何一个国家都无法比拟的。老龄产业大多属于第三产业,老龄产业的快速发展必然会极大地推动产业结构转型升级。然而,人口老龄化能否对消费支出水平尤其是老年群体消费支出水平产生积极的推动作用与老年群体的消费能力密切相关,而这离不开完善的社会保障制度及较高的社会经济发展水平;反之,当一国的经济发展水平还较低,且社会保障制度还不够完善时,老年群体总量的增加反而可能削弱老年群体的平均消费水平,进而对产业结构升级产生不利影响。

人口老龄化对产业结构升级的技术创新效应。姚东旻等人(2017)基于中国的省级面板数据,采用动态面板模型和系统广义矩估计方法研究了人口老龄化对科技创新的影响②。研究结果表明,人口老龄化对科技创新水平具有显著的消极影响。此外,人口老龄化对科技创新水平的影响还存在显著的区域异质性。与经济发展水平低的地方相比,经济发展水平高的地方其人口老龄化程度对科技创新的影响更加显著。创新是一个国家持续健康发展的源泉,国家综合实力的提高离不开强大的创新能力的支撑。人力资本是推动一个国家技术创新的决定性因素,人口老龄化程度的提高又必然会对人力资本产生影响。随着人口老龄化程度的提高,其对技术创新产生的影响必然进一步波及产业结构。当前,中国正处于经济高速度增长向高质量发展转型升级的关键时期,创新型国家建设正在紧锣密鼓地进

---

① MAO R, XU J W. Population Aging, Consumption Budget Allocation and Sectoral Growth [J]. China Economic Review, 2014 (30): 44-65.
② 姚东旻,宁静,韦诗言. 老龄化如何影响科技创新 [J]. 世界经济, 2017, 40 (4): 105-128.

行，减小人口老龄化对技术创新造成的负面影响是推动创新型国家建设的重要保障。对于劳动密集型产业、资本密集型产业和技术密集型产业，技术创新对技术密集型产业的影响最大，人口老龄化对技术创新产生的影响将进一步波及技术密集型产业，进而对制造业结构升级产生较大的影响，同时也会对第一产业和第三产业产生一定的影响。

因此，从以上的分析来看，人口老龄化主要会通过劳动力供给效应、劳动生产率效应、人力资本积累效应、消费支出效应和技术创新效应等途径影响产业结构升级，其影响机制可用图4.1来表示。

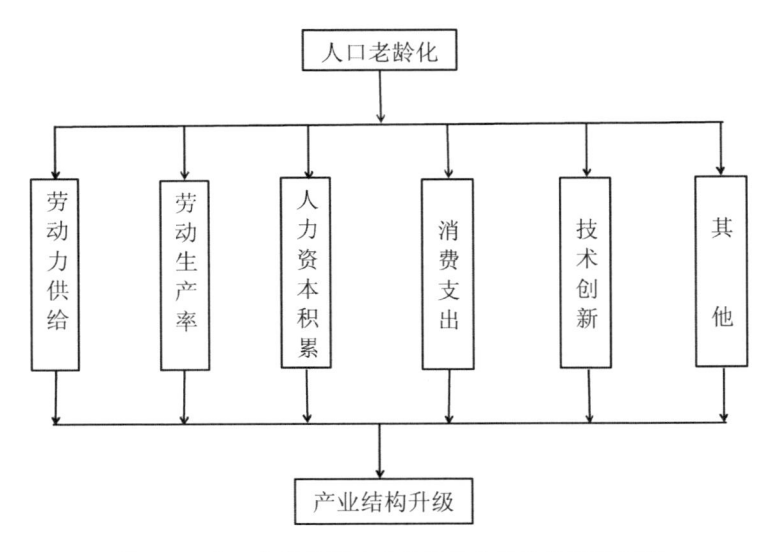

图4.1 人口老龄化影响产业结构升级的作用机制图

(二) 计量模型的构建

在建立计量模型检验人口老龄化对产业结构升级的中介效应之前，首先需要构造产业结构升级系数。对于产业结构升级系数的构造，第三章已对此进行了梳理。从现有的研究来看，当前较为普遍的构造方法有如下四种：一是产业结构高级化系数，通常采用第三产业与第二产业产值的占比来衡量，如干春晖等人（2011），该系数反映的是产业结构水平由低级向高级发展的程度，产业结构高级化系数越小，说明产业结构高级化水平越低；产业结构高级化系数越大，说明产业结构高级化水平越高①。二是产业结构合理化系数，李杏等人（2017）认为，产业结构合理化系数通常可用泰尔指数来衡量，泰尔指数的大小与产业结构合理化程度呈负相关，泰尔指数越小，说明产业结构越合理；泰尔指数越大，说明产业结构越不合理②。三是根据三次产业的重要程度，依次对三次产业赋予一定的权重，加权求得产业结构的整体升级系数，如蔡海亚和徐盈之（2017），该系数反映的是产业结构整体质量与效率的提高③。四是非农产业（第二产业和第三产业）比重，如张忠根等人（2016）④。

从上述四个指标来看，非农产业比重最为简单，产业结构整体升级系数与产业结构高级化和产业结构合理化系数相对更加全面。产业结构整体升级系数仅涉及三次产业的产值结构，产业结构高级化和产业结构合理化系数同时涉及三次产业的产值结构和就业结构。与产业结构整体升级系数相比，产业结构高级化和产业结构合理化系数的内涵更加丰富。因此，本书选用产业结构高级化和产业结构合理化系数作为产业结构整体升级的衡量指标，以期得出更加详细的研究结论。对于产业结构高级化系数参考干春晖等人（2011）的研究⑤，本书采用第三产业与第二产业的产值之比来衡量，并用 SH 来表示。由于第三产业包含住宿、零售和餐饮等低端服务业，而第二产业也包含医药制造业、计算机、通信和其他电子设备制造业

---

① 干春晖，郑若谷，余典范．中国产业结构变迁对经济增长和波动的影响［J］．经济研究，2011，46（5）：4-16，31．
② 李杏，章孺，LUKE C M W．人口老龄化对产业结构的影响——基于 SYS-GMM 的分析［J］．河海大学学报（哲学社会科学版），2017，19（1）：29-36．
③ 蔡海亚，徐盈之．贸易开放是否影响了中国产业结构升级？［J］．数量经济技术经济研究，2017，34（10）：3-22．
④ 张忠根，何凌霄，南永清．年龄结构变迁、消费结构优化与产业结构升级——基于中国省域面板数据的经验证据［J］．浙江大学学报（人文社会科学版），2016，46（3）：81-94．
⑤ 干春晖，郑若谷，余典范．中国产业结构变迁对经济增长和波动的影响［J］．经济研究，2011，46（5）：4-16，31．

等技术密集型制造业,采用第三产业与第二产业的产值之比衡量产业结构高级化程度仍存在一定的不合理之处,但鉴于该指标是学术界中广为使用的衡量产业结构高级化的指标,而目前仍未有更为合理的衡量指标,本书仍选用该指标衡量产业结构高级化。对于产业结构合理化系数,本书参考干春晖等人(2011)和李春生(2018)的研究[1][2],采用泰尔指数来衡量,其构造方法如下:

$$TL = \sum_{i=1}^{3}(\frac{Y_i}{Y})\ln(\frac{Y_i}{L_i}/\frac{Y}{L}) \tag{4.1}$$

其中,TL 为产业结构合理化系数,i 为三次产业,Y 为产业产值,L 为产业就业人数。产业结构合理系数的值越小,说明产业结构合理化的程度越高;产业结构合理化系数的值越大,说明产业结构合理化的程度越低。由于产业结构高级化系数和产业结构合理化系数表示的含义正好相反,为了便于对后文结果进行分析,对产业结构合理化系数进行正向化处理,即 $SR = -TL$,SR 为正向化之后的产业结构合理化系数。正向化之后的产业结构合理化系数越小,产业结构合理化程度越低;反之则越高。产业结构高级化和产业结构合理化系数主要是用于衡量产业结构的整体升级,为了弥补产业结构高级化在衡量产业结构整体升级时存在的不足,本书还以第二产业和第三产业为例,构造了制造业和服务业结构升级系数用于近似表征产业结构的内部升级[3]。

对于制造业的分类,借鉴阳立高(2018)的研究[4],用从业人员及其劳动报酬数、资本存量、研发投入依次分别表示制造业各细分行业劳动、

---

[1] 干春晖,郑若谷,余典范.中国产业结构变迁对经济增长和波动的影响[J].经济研究,2011,46(5):4-16,31.

[2] 李春生.城镇化对产业结构升级的作用机制与实证分析[J].经济问题探索,2018(1):47-54.

[3] 鉴于目前尚未有较好的指标可以衡量农业结构的升级状况,本书仅以制造业和服务业为例研究人口老龄化对第二产业和第三产业的影响。

[4] 阳立高,龚世豪,王铂,等.人力资本、技术进步与制造业结构升级[J].中国软科学,2018(1):138-148.

资本与技术的密集度,通过测算样本期间各细分行业劳动、资本与技术要素所占比重,分别将其归入劳动密集型、资本密集型和技术密集型等三大类制造业[①],具体划分方法如表 4.1 所示。

表 4.1 基于要素密集度的制造业细分行业分类方法

制造业类型	所含细分行业
劳动密集型	农副食品加工业;食品制造业;纺织业;纺织服装、服饰业;皮革、皮毛、羽毛及其制品和制鞋业;木材加工和木、竹、藤、棕、草制品业;家具制造业;印刷和记录媒介复制业;文教、工美、体育和娱乐用品制造业;橡胶和塑料制品业;非金属矿物制品业;金属制品业
资本密集型	酒、饮料和精制茶制造业;烟草制品业;造纸和纸制品业;石油、煤炭及其他燃料加工业;化学原料和化学制品制造业;化学纤维制造业;黑色金属冶炼和压延加工业;有色金属冶炼和压延加工业;通用设备制造业
技术密集型	医药制造业;专用设备制造业;汽车制造业;铁路、船舶、航空航天和其他运输设备制造业;电气器械和器材制造业;计算机、通信和其他电子设备制造业;仪器仪表制造业;金属制品、机械和设备修理业;其他制造业;废弃资源综合利用业

在对制造业进行分类后,进一步构建制造业结构升级系数。徐德云(2008)认为,产业结构升级的特征是产业结构的重心由低级向高级不断演进的过程,以三次产业为例,第三产业最为重要,第二产业次之,第一

---

① 在相关统计年鉴上未找到各细分行业的增加值,故以销售产值作为产业产值的代理变量;细分行业的分类标准参照国民经济行业分类标准(2017)。

产业的重要性最低①。因此，在构造产业结构升级系数时可依据产业的重要程度分别对其赋予不同的权重，如第三产业赋值为 3，第二产业赋值为 2，第一产业赋值为 1。本书借鉴该研究思路构造制造业结构升级系数，由于劳动密集型制造业、资本密集型制造业和技术密集型制造业的重要程度依次递增，对劳动密集型产业赋予最小的权重，对技术密集型产业赋予最大的权重，构建如下所示的制造业结构升级系数：

$$IU = y_1 + 2 \times y_2 + 3 \times y_3 \qquad (4.2)$$

其中，*IU* 为制造业结构升级系数，制造业结构升级系数可以近似表征制造业内部由劳动密集型产业向资本密集型和技术密集型产业转型升级的状况。y_1 为劳动密集型制造业的产值比重，y_2 为资本密集型制造业的产值比重，y_3 为技术密集型制造业的产值比重。*IU* 的值在 1 到 3 之间，其值越大，表示制造业结构中的技术密集型占比较大，制造业结构越高级；其值越小，表示制造业结构中的劳动密集型占比较大，制造业结构越低级。

对于服务业结构升级系数，参考汪伟等人（2015）的研究，采用生产性服务业占服务业总产值的比重来衡量，并用 *SU* 来表示②。生产性服务业占比可以近似表征第三产业内部由生活性服务业向生产性服务业的转型升级。根据现有的服务业行业统计门类，借鉴吴飞飞和唐保庆（2018）的研究，用房地产业、金融业、交通运输业及仓储和邮电通信业等三大行业来衡量生产性服务业的发展，用批发和零售业、住宿和餐饮业及其他服务业来衡量生活性服务业的发展③。

人口老龄化对产业结构升级的影响极为复杂，其既有直接影响，又有间接影响。其直接影响表现在，人口老龄化会通过改变供给结构和需求结

---

① 徐德云. 产业结构升级形态决定、测度的一个理论解释及验证 [J]. 财政研究，2008（1）：46-49.
② 汪伟，刘玉飞，彭冬冬. 人口老龄化的产业结构升级效应研究 [J]. 中国工业经济，2015（11）：47-61.
③ 吴飞飞，唐保庆. 人口老龄化对中国服务业发展的影响研究 [J]. 中国人口科学，2018（2）：103-115.

构影响产业结构升级。然而,人口老龄化对产业结构升级的直接影响有限,其在很大程度上是通过许多中介变量间接地影响产业结构升级。温忠麟等人(2004)指出,考虑自变量 X 对因变量 Y 的影响,如果变量 X 通过影响变量 M 来影响变量 Y,则称 M 为中介变量。变量 X 通过变量 M 对变量 Y 产生的影响即为中介效应①。

前文已从理论上分析了人口老龄化影响产业结构升级的作用机制,但还需要作进一步的实证检验。为检验人口老龄化是否会通过劳动力供给、劳动生产率、人力资本积累、消费支出和技术创新等几条途径对产业结构升级产生影响,参照巴伦和肯尼(1986)提出的方法②,构建如下递归方程:

$$ins_{it} = \alpha_0 + \alpha_1 poe_{it} + \delta X_{it} + \mu_{it} \tag{4.3}$$

$$w_{it} = \beta_0 + \beta_1 poe_{it} + \varphi X_{it} + \nu_{it} \tag{4.4}$$

$$ins_{it} = \gamma_0 + \gamma_1 poe_{it} + \gamma_2 w_{it} + \varphi X_{it} + \varepsilon_{it} \tag{4.5}$$

其中,ins 为产业结构升级系数,包括产业结构高级化系数、产业结构合理化系数、制造业结构升级系数和服务业结构升级系数等四种不同类型的系数。其中,产业结构高级化系数和产业结构合理化系数用于表征三次产业结构的整体升级,制造业结构升级系数和服务业结构升级系数用于近似表征产业结构的内部升级。poe 为核心解释变量人口老龄化程度,w 为中介变量,包含劳动力供给、劳动生产率、人力资本积累、消费支出和技术创新等五个指标,α,β,γ,δ,φ,ϕ 为参数,μ,ν,ε 为随机扰动项,以上步骤可用图 4.2 来表示。

---

① 温忠麟,张雷,侯杰泰,等. 中介效应检验程序及其应用 [J]. 心理学报,2004,36(5):614-620.

② BARON M, KENNY D. The Moderator – mediator Variable Distinction in Social Psychological Research: Conceptual, Strategic and Statistical Consideration [J]. Journal of Personality and Social Psychology,1986,51(6):1173-1182.

<<< 第四章　人口老龄化对产业结构升级的中介效应

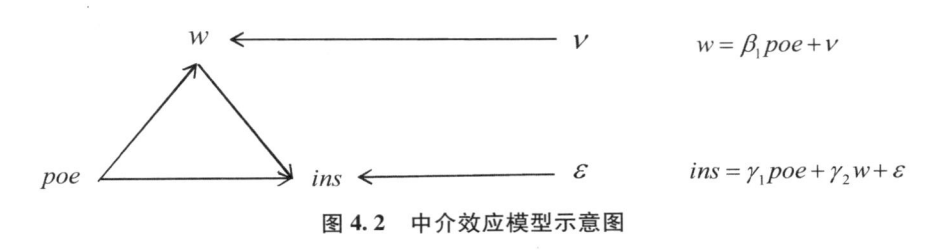

$$poe \longrightarrow ins \longleftarrow \mu \qquad ins = \alpha_1 poe + \mu$$

$$w \longleftarrow v \qquad w = \beta_1 poe + v$$

$$poe \longrightarrow ins \longleftarrow \varepsilon \qquad ins = \gamma_1 poe + \gamma_2 w + \varepsilon$$

图 4.2　中介效应模型示意图

此外，以上三个方程中的 X 为控制变量。产业结构升级是一个极为复杂的过程，除了受到人口老龄化的影响之外，产业结构升级还受到很多其他因素的影响。通过查找现有的相关文献，选取了十几个可能会对产业结构升级产生影响并且被学者们广泛使用的变量。然而，控制变量的选取并不是越多越好，过多的控制变量可能会对核心解释变量的影响方向、影响程度及显著性产生影响。因此，在此基础上，通过对选取的变量进行多重共线性检验、面板单位根检验、协整检验以及稳健性检验等一系列检验，筛选出符合本书要求的变量。最终，本书选取的控制变量包括基础设施水平、城镇化率、外商直接投资、物质资本存量和财政分权等五个指标。

（1）基础设施水平。吴福象和沈浩平（2013）认为，基础设施建设的一个长期效应是能够把企业从基础设施相对匮乏的地区吸引到基础设施相对富裕的地区，在要素能够在区域间自由流动的情况下，较高禀赋的人力资源倾向于向大城市集中，而普通劳动者则被动地选择向中小城市集中，由此实现资源在经济发展程度不同地区之间的动态配置[1]。因此，基础设施发挥的"空间溢出效应"和"蒂伯特选择"机制有助于形成合理的产业分工，促进人才和产业的区际互动，进而推动地区产业结构升级。参考汪

---

[1] 吴福象，沈浩平. 新型城镇化、基础设施空间溢出与地区产业结构转型升级——基于长三角城市群 16 个核心城市的实证分析 [J]. 财经科学，2013（7）：89-98.

伟等人（2015）的研究，本书采用每平方千米等级公路里程作为基础设施水平的代理变量①。

（2）城镇化水平。赵春燕（2018）指出，城镇化水平是一个综合指标，能够综合反映一个国家或地区的经济发展、消费需求以及资源禀赋等各个方面的情况，我国各地区产业结构的不平衡在很大程度上是由于城镇化水平的差异所引起的。城镇化会带动众多相关产业的发展，尤其是建筑业和房地产业，这些产业吸收了大量的农业剩余劳动力，推动产业的就业结构由农业向非农产业转移。此外，城镇化还会极大地推动服务业的发展，推动产业的产值结构由第一和第二产业向第三产业转移。刘志彪（2010）认为，城镇化是推动中国产业结构转型升级的重要途径②。本书采用城镇人口占总人口的比重（城镇化率）来衡量一个地区的城镇化水平。

（3）外商直接投资。郭克莎（2000）认为，一方面，外商直接投资进入中国后可以带来先进的生产设备和生产技术，通过这些要素的注入和组合，改善了原有企业和产业的资源配置状况，提高了资源配置效率和产业水平，进而推动中国的产业结构升级进程；另一方面，外资直接投资的进入也带来了新的挑战和冲击，扩大了中国三次产业的发展差距，改革开放以来，外商直接投资主要集中于中国的工业部门，对农业的投资极少，对服务业的投资比重较低，导致农业和服务业部门与工业部门的发展差距持续扩大，这对中国的产业结构升级造成了不利影响③。进入21世纪以来，进入服务业的外商直接投资额比重开始逐渐上升，外商直接投资领域由偏重工业向工业和服务业并重转变。本书采用实际使用的外商直接投资额来衡量外商直接投资。

---

① 汪伟, 刘玉飞, 彭冬冬. 人口老龄化的产业结构升级效应研究[J]. 中国工业经济, 2015（11）: 47-61.
② 刘志彪. 以城市化推动产业转型升级——兼论"土地财政"在转型时期的历史作用[J]. 学术月刊, 2010, 42（10）: 65-70.
③ 郭克莎. 外商直接投资对我国产业结构的影响研究[J]. 管理世界, 2000（2）: 34-45, 63.

(4) 物质资本积累。物质资本作为促进经济增长的主要因素之一，物质资本在推动产业结构转型升级的过程中发挥着重要作用。张忠根等人（2016）的研究结果表明，实物资本投资能够在一定程度上引导产业结构优化[1]。产业结构升级是产业重心由第一产业向第二和第三产业、由低端产业向高端产业逐渐演变的过程。以制造业为例，低端制造业的生产过程一般不需要投入很大的资金，而对于高端制造业，不仅需要投入大量的人力，还需要投入大量的物力。此外，与农业相比，工业和服务业的生产也需要更多的资金投入。因此，物质资本积累为产业结构的转型升级奠定了物质基础。由于产业结构升级更多地受到固定资本存量而非流量的影响，本书选取人均固定资本存量作为物质资本积累的代理变量。

(5) 财政分权。改革开放初期，中国的经济基础薄弱，为调动地方政府发展经济的积极性，中央政府赋予地方政府许多经济自主权，官员的晋升与其在地方政府任职期间的经济发展情况密切相关。魏福成等人（2013）指出，在财政分权体制下，地方政府会将其所能获得的资源主要用于基础建设以及对大企业的财政补贴等生产性支出方面，而教育、卫生和健康等方面的支出则严重不足，这不利于人力资本和健康资本的积累，从而阻碍产业结构升级的进程。此外，由于产业结构升级是一个持续的过程，需要长时间的积累，向更高级的产业形态转移可能会降低地方政府的财政收入，这导致地方政府有动力阻止产业结构升级[2]。参考傅勇和张宴（2007）及汪伟等人（2015）的研究[3][4]，本书选取各省份人均财政支出占

---

[1] 张忠根，何凌霄，南永清. 年龄结构变迁、消费结构优化与产业结构升级——基于中国省级面板数据的经验证据 [J]. 浙江大学学报（人文社会科学版），2016，46（3）：81-94.

[2] 魏福成，邹薇，马文涛，等. 税收、价格操控与产业升级的障碍——兼论中国式财政分权的代价 [J]. 经济学（季刊），2013，12（3）：1491-1512.

[3] 傅勇，张宴. 中国式分权与财政支出结构偏向：为增长而竞争的代价 [J]. 管理世界，2007（3）：4-12，22.

[4] 汪伟，刘玉飞，彭冬冬. 人口老龄化的产业结构升级效应研究 [J]. 中国工业经济，2015（11）：47-61.

中央人均财政支出的比重来衡量财政分权。

对于前文构建的中介效应模型，本书采用温忠麟等人（2004）提出的方法对中介效应进行检验，该方法对每一步检验过程都有详细的规定，且在整个过程中加入了 Sobel 检验，使得整个检验过程更加可靠和完整[①]。该方法的检验过程可分为四个步骤：第一步，检验回归系数 α_1 是否显著，若 α_1 显著，则可能存在中介效应，可以进行下一步的检验；若 α_1 不显著，则为遮掩效应，可直接终止。第二步，依次对系数 β_1 和系数 γ_2 进行检验，若这两个系数均通过了显著性检验，则中介效应必然存在，可继续进入下一步；如果至少存在一个系数不显著，则直接进入第四步，对这两个系数进行 Sobel 检验。第三步，根据上一步的检验结果，如果系数 γ_1 不显著，说明中介效应是完全的，即自变量 poe 要影响因变量 ins，必然要经过中介变量 w 才能起作用；如果系数 γ_1 显著，说明存在部分中介效应，即自变量 poe 要影响因变量 ins，有一部分是经过中介变量 w 才起作用的，此时中介效应为 $\beta_1\gamma_2$，效应之间的内在联系可表示为 $\beta_1\gamma_2 = \alpha_1 - \gamma_1$，且中介效应占总效应的比例为 $\beta_1\gamma_2/\alpha_1$。第四步，进行 Sobel 检验，该检验的统计量为 $Z = \beta_1\gamma_2 / \sqrt{\beta_1^2 S_{\gamma_2}^2 + \gamma_2^2 S_{\beta_1}^2}$，其中，$s_{\beta_1}$ 和 s_{γ_2} 分别为系数 β_1 和 γ_2 的标准差，若该统计量通过了显著性检验，则可返回到第三步计算中介效应的大小，反之则说明中介效应不显著。潘彬和金雯雯（2017）认为，对中介效应 $\beta_1\gamma_2$ 的检验，与标准正态分布不同，5%显著性水平下 Sobel 检验统计量的临界值为 0.97 左右[②]。因此，本书在进行 Sobel 检验时也以该临界值为准。

[①] 温忠麟，张雷，侯杰泰，等. 中介效应检验程序及其应用 [J]. 心理学报，2004，36（5）：614-620.
[②] 潘彬，金雯雯. 货币政策对民间借贷利率的作用机制与实施效果 [J]. 经济研究，2017，52（8）：78-93.

第二节 数据来源与变量检验

一、数据来源与描述性统计分析

本书的研究对象为中国的 31 个省、市、自治区,由于重庆市在 1997 年才从四川省划分出来,其在第一年的数据可能存在统计偏误。因此,本书选取的初始年份为 1998 年,样本长度为 1998—2017 年①。所有的原始数据均来源于《中国统计年鉴》《中国人口与就业统计年鉴》《中国工业经济统计年鉴》《中国第三产业统计年鉴》和 EPS 全球统计数据/分析平台,对于原始数据中的部分缺失值,采用插值法进行填充。为了更深入地研究人口老龄化对产业结构升级影响的区域异质性,本书还对全国样本按东、中、西三大区域进行了划分②。本章所用的变量包含四个部分,分别是被解释变量、核心解释变量、中介变量和控制变量。其中,被解释变量为产业结构高级化系数、产业结构合理化系数、制造业结构升级系数和服务业结构升级系数。核心解释变量为人口老龄化程度,本书使用 65 岁及以上的老年人口占总人口的比重来衡量。对于中介变量,劳动力供给采用就业人数来表示;劳动生产率为各省 GDP 与各省就业人数之比③;人力资本积累采用每十万人在校大学生数来衡量;消费支出为各省城乡居民人均消费支出占人均可支配收入的比重;技术创新采用 R&D 经费内部支出占

---

① 鉴于数据的可得性,产业结构整体升级的样本长度为 1998—2017 年,制造业结构内部升级的样本长度为 1999—2016 年,服务业结构内部升级的样本长度为 1998—2016 年。
② 划分标准详见第三章。
③ 为了使得估计结果更加准确,对于劳动力供给和劳动生产率这两个中介变量,在计算人口老龄化对产业结构内部升级的中介效应时,分别使用第二产业和第三产业的劳动力供给和劳动生产率;对于另外三个中介变量,鉴于数据的可得性,无法进行细分,仍使用三次产业的整体数值。

GDP 的比重来衡量，该比重越大，说明政府在科技研发方面的投入越多，技术创新速度越快。对于控制变量，基础设施为每平方千米等级公路里程，即各省等级公路里程与各省的行政面积之比；城镇化率为各省城镇人口与各省总人口之比；外商直接投资为当年实际使用的外商直接投资额，按当年汇率将其折算为人民币；对于人均固定资本存量，首先根据固定资产投资折算指数换算为以 1998 年为基期的固定资产投资实际额，然后根据各年度的全社会固定资产投资实际额采用永续盘存法求得各年度的固定资本存量，参考沈利生和乔红芳（2015）的研究，将折旧率设定为 7.2%，最后根据各省份当年的总人口数求得人均固定资本存量①；财政分权为各省人均财政支出占中央人均财政支出的比重。对上述变量进行初步处理后，各变量的描述性统计结果如表 4.2 所示。虽然本书使用的是面板数据，但通常情况下很少关注组间和组内变量的描述性统计结果，参考蔡海亚等人（2017）和韩永辉等人（2017）的研究②③，本书仅列出总体变量的描述性统计结果。

表 4.2 变量的描述性统计结果

变量类型	经济含义	变量名	变量个数	均值	标准差	最小值	最大值
被解释变量	产业结构高级化系数	SH	620	1.01	0.52	0.32	4.24
	正向化之后的产业结构合理化系数	SR	620	-0.25	0.13	-0.76	-0.00
	制造业结构升级系数	IU	558	2.28	0.24	1.45	2.73
	服务业结构升级系数	SU	589	0.36	0.06	0.13	0.70

---

① 沈利生，乔红芳. 重估中国的资本存量：1952—2012 [J]. 吉林大学社会科学学报，2015, 55（4）：122-133.
② 蔡海亚，徐盈之. 贸易开放是否影响了中国产业结构升级？[J]. 数量经济技术经济研究，2017, 34（10）：3-22.
③ 韩永辉，黄亮雄，王贤彬. 产业政策推动地方产业结构升级了吗？——基于发展型地方政府的理论解释与实证检验 [J]. 经济研究，2017, 52（8）：33-48.

续表

变量类型	经济含义	变量名	变量个数	均值	标准差	最小值	最大值
核心解释变量	老年人口比重	poe	620	0.09	0.02	0.04	0.16
中介变量	就业人数/万人	emp	620	2392.12	1685.12	120.22	7089.70
	劳动生产率/元	lap	620	50327.66	41701.85	4564.00	237133.00
	每十万人在校大学生数/人	stu	620	1904.89	1152.80	194.00	6897.00
	消费支出比重	poc	620	0.39	0.09	0.23	0.77
	研发（R&D）经费支出比重	pot	620	0.01	0.01	0.00	0.06
控制变量	每平方千米等级公路里程/千米	bas	620	1.02	1.16	0.08	6.90
	城镇化率	urb	620	0.48	0.16	0.17	0.90
	外商直接投资额/亿元	fdi	620	327.97	426.76	0.08	2259.34
	人均固定资本存量/亿元	cap	620	34122.33	45633.23	137.35	301384.00
	地方人均财政支出与中央人均财政支出之比	fde	620	0.99	0.62	0.29	3.71

注：均值为0.00并不表示其实际值为0，而是实际值较小，在保留两位小数点的情况下其值为0。

由表4.2可知，对于绝大部分变量，其标准差均小于均值，说明这部分变量的离散程度较小，分布较为集中；而对于每平方千米等级公路里程、外商直接投资额和人均固定资本存量等几个变量，标准差则略大于均值，即这几个变量的波动幅度较大。从控制变量的结果来看，绝大部分变量的最大值均远远大于最小值，有些变量的最大值与最小值之比高达数千倍甚至上万倍，如人均固定资本存量的最大值与最小值之比高达两千多倍，而外商直接投资额的最大值与最小值之比则高达两万多倍，其原因主要有两个：一是这些指标在样本期间取得了巨大的进步；二是中国各省份的经济发展程度存在极大的差异。此外，从被解释变量、核心解释变量以及中介变量的结果来看，最大值和最小值之间也存在较大差异，如正向化之后产业结构合理化的最小值为-0.76，而最大值为0.00；老年人口比重的最小值仅为0.04，而最大值已达到0.16。

以上为全国层面的变量描述性统计分析结果，为了深入了解东、中、西三大区域的人口老龄化和经济发展程度差异，本书进一步列出了如表4.3所示的不同地区变量的描述性统计结果。

表4.3 不同地区变量的描述性统计结果

变量类型	经济含义	变量名	东部地区	中部地区	西部地区
被解释变量	产业结构高级化系数	SH	1.17 (0.73)	0.80 (0.24)	0.99 (0.33)
	正向化之后的产业结构合理化系数	SR	-0.13 (0.08)	-0.25 (0.10)	-0.35 (0.11)
	制造业结构升级系数	IU	2.37 (0.20)	2.25 (0.21)	2.21 (0.26)
	服务业结构升级系数	SU	0.38 (0.04)	0.34 (0.06)	0.35 (0.07)
核心解释变量	老年人口比重	poe	0.10 (0.02)	0.09 (0.02)	0.08 (0.02)
中介变量	就业人数/万人	emp	2712.36 (1918.72)	2955.37 (1497.78)	1723.07 (1316.20)
	劳动生产率/元	lap	73526.68 (51387.95)	38012.33 (25191.48)	37272.10 (29900.14)
	每十万人在校大学生数/人	stu	2462.35 (1482.48)	1818.07 (781.99)	1451.77 (760.22)

续表

变量类型	经济含义	变量名	东部地区	中部地区	西部地区
	消费支出比重	poc	0.36 (0.06)	0.41 (0.08)	0.42 (0.10)
	研发（R&D）经费支出比重	pot	0.02 (0.01)	0.01 (0.00)	0.01 (0.01)
控制变量	每平方千米等级公路里程/千米	bas	1.18 (1.12)	0.64 (0.39)	1.13 (1.45)
	城镇化率	urb	0.61 (0.16)	0.45 (0.10)	0.39 (0.11)
	外商直接投资额/亿元	fdi	653.07 (520.67)	246.86 (241.09)	84.04 (152.22)
	人均固定资本存量/亿元	cap	48625.99 (57857.87)	35359.47 (41672.95)	20002.56 (27851.52)
	地方人均财政支出与中央人均财政支出之比	fde	1.18 (0.71)	0.65 (0.16)	1.04 (0.63)

注：括号内为标准差，限于篇幅，本书未列出各区域最大值和最小值的结果。

由表4.3可知，从被解释变量的结果来看，无论是产业结构高级化系数还是制造业结构升级系数和服务业结构升级系数，东部地区的均值均高于中西部地区，而东部地区正向化之后的产业结构合理化系数均值大于中西部地区，说明东部地区的产业合理化程度高于中西部地区。因此，从总体来看，东部地区的产业结构整体升级和产业结构内部升级程度均高于中西部地区。此外，中部地区和西部地区的产业结构升级程度较为接近，但中部地区的产业结构合理化程度和制造业结构升级程度均优于西部地区，而西部地区的产业结构高级化程度和服务业结构升级程度均优于中部地区。从核心解释变量的结果来看，东部地区、中部地区和西部地区的均值依次递减，说明东部地区的人口老龄化程度最高，西部地区的人口老龄化程度最低。对于中介变量和控制变量，绝大部分变量的均值与核心解释变量类似，呈现东部地区、中部地区和西部地区依次递减的规律。由于就业人数、劳动生产率、每十万人在校大学生数、外商直接投资额和人均固定资本存量等几个指标均为绝对变量，为减缓数据的波动性及模型可能存在的异方差性，在后文的变量检验及实证分析过程中均对这部分变量进行对数化处理。

二、变量的平稳性分析

在进行实证分析之前，需要对各个变量的平稳性进行检验，以确保所有变量均可用于进行实证分析。由于本书中的时间序列长度小于截面单位个数，属于短面板数据，在检验变量的平稳性时，参考陈强（2014）对各种面板单位根检验方法的介绍[①]，本书选择更适合对短面板数据进行单位根检验的 IPS（Levin，Lin and Chu）检验法和 HT（Harris and Tzavalis）检验法这两种方法，检验结果如表 4.4 所示。

表 4.4　各变量的面板单位根检验结果

变量	IPS 检验 原始序列	结论	差分序列	结论	HT 检验 原始序列	结论	差分序列	结论
SH	8.18 (1.00)	不平稳	-3.78*** (0.00)	平稳	0.96 (1.00)	不平稳	0.45*** (0.00)	平稳
SR	3.94 (1.00)	不平稳	-2.77*** (0.00)	平稳	0.94 (1.00)	不平稳	0.39*** (0.00)	平稳
IU	2.46 (0.99)	不平稳	-4.44*** (0.00)	平稳	0.87 (0.86)	不平稳	0.44*** (0.00)	平稳
SU	-1.53* (0.06)	平稳	-3.17*** (0.00)	平稳	0.74*** (0.00)	平稳	0.74*** (0.00)	平稳
poe	1.73 (0.96)	不平稳	-7.40*** (0.00)	平稳	0.83 (0.20)	不平稳	0.80** (0.03)	平稳

[①] 陈强. 高级计量经济学及 Stata 应用 [M]. 第二版. 北京：高等教育出版社，2014：422-431.

续表

变量	IPS 检验 原始序列	结论	IPS 检验 差分序列	结论	HT 检验 原始序列	结论	HT 检验 差分序列	结论
lnemp	11.67 (1.00)	不平稳	-6.83*** (0.00)	平稳	0.99 (1.00)	不平稳	0.04*** (0.00)	平稳
lnlap	3.47 (1.00)	不平稳	-5.00*** (0.00)	平稳	0.98 (1.00)	不平稳	0.10*** (0.00)	平稳
lnstu	-13.62*** (0.00)	平稳	-13.11*** (0.00)	平稳	0.79*** (0.01)	平稳	0.79*** (0.01)	平稳
poc	-0.23 (0.41)	不平稳	-4.22*** (0.00)	平稳	0.87 (0.71)	不平稳	0.15*** (0.00)	平稳
pot	-2.22*** (0.01)	平稳	-4.21*** (0.00)	平稳	0.81** (0.04)	平稳	0.56*** (0.00)	平稳
bas	-3.34*** (0.00)	平稳	-3.79*** (0.00)	平稳	0.73*** (0.00)	平稳	0.71*** (0.00)	平稳
urb	12.12 (1.00)	不平稳	-4.30*** (0.00)	平稳	1.01 (1.00)	不平稳	0.05*** (0.00)	平稳
lnfdi	-0.51 (0.31)	不平稳	-6.48*** (0.00)	平稳	0.83 (0.18)	不平稳	-0.03*** (0.00)	平稳
lncap	7.23 (1.00)	不平稳	-6.89*** (0.00)	平稳	1.00 (1.00)	不平稳	0.06*** (0.00)	平稳
fde	3.69 (1.00)	不平稳	-2.58*** (0.00)	平稳	0.88 (0.77)	不平稳	-0.03*** (0.00)	平稳

注：检验形式均为 c (0, 0, 0)，即均不包含常数项、趋势项和滞后项，括号内为 p 值，***、**、*分别表示在1%、5%、10%的水平下通过显著性检验。

由表4.4可知，在所有变量中，仅有服务业结构升级系数、每十万人在校大学生数、R&D 经费支出比重和每平方千米等级公路里程这几个变量的原始序列通过了 IPS 检验和 HT 检验，说明只有这几个变量均为平稳变量，即零阶单整变量 [I (0)]。其他所有变量的原始序列均未通过 IPS

检验和 HT 检验，但这些变量的一阶差分序列都通过了 IPS 检验和 HT 检验，说明这些变量虽为非平稳变量，但均为一阶单整变量[I（1）]。因此，对于这些非平稳变量，需要进一步检验其是否存在协整关系，只有在存在协整关系的前提下，才可做进一步的实证分析。

三、变量的协整检验

单位根检验的结果表明，被解释变量中的产业结构高级化系数、产业结构合理化系数和制造业结构升级系数均为非平稳变量，核心解释变量人口老龄化程度为非平稳变量，中介变量中的劳动力供给、劳动生产率和消费支出比重均为非平稳变量，控制变量中的城镇化率、外商直接投资额、人均固定资本存量和财政分权均为非平稳变量。由于被解释变量和中介变量并不会出现在所有模型中，而核心解释变量和控制变量会出现在各个模型中。因此，需要根据被解释变量和中介变量的组合对各组变量进行协整检验，总的可分为九组变量，即每组变量中均只含有一个被解释变量和一个中介变量，且每组变量中均包含核心解释变量和控制变量。为保证检验结果的稳健性，文本分别使用了 Kao 检验、Pedroni 检验和 Westerlund 等三种检验方法，检验结果如表 4.5 所示。

表 4.5　非平稳变量的协整检验结果

检验方法	Group 1	Group 2	Group 3	Group 4	Group 5	Group 6	Group 7	Group 8	Group 9
Kao 检验	-1.92 ** (0.03)	-2.08 ** (0.02)	-1.99 ** (0.02)	1.53 * (0.06)	1.78 ** (0.04)	1.74 ** (0.04)	-3.12 *** (0.00)	-3.01 *** (0.00)	-3.09 *** (0.00)
	0.83 (0.20)	-2.02 ** (0.02)	-1.65 ** (0.05)	1.44 * (0.07)	1.87 ** (0.03)	1.71 ** (0.04)	-3.83 *** (0.00)	-3.83 *** (0.00)	-3.84 *** (0.00)
	-1.03 (0.15)	-2.84 *** (0.00)	-2.85 *** (0.00)	0.30 (0.38)	0.51 (0.30)	0.51 (0.31)	-2.90 *** (0.00)	-2.77 *** (0.00)	-2.76 *** (0.00)

续表

检验方法	Group 1	Group 2	Group 3	Group 4	Group 5	Group 6	Group 7	Group 8	Group 9
	-2.08 ** (0.02)	-2.28 *** (0.01)	-2.39 *** (0.01)	1.98 ** (0.02)	2.10 ** (0.02)	1.95 ** (0.03)	-4.38 *** (0.00)	-4.34 *** (0.00)	-4.25 *** (0.00)
	-0.92 (0.18)	-2.12 ** (0.02)	-1.86 ** (0.03)	1.89 ** (0.03)	2.20 *** (0.01)	1.93 ** (0.03)	-4.39 *** (0.00)	-4.43 *** (0.00)	-4.36 *** (0.00)
Pedroni 检验	6.12 *** (0.00)	6.62 *** (0.00)	6.20 *** (0.00)	6.91 *** (0.00)	6.41 *** (0.00)	6.08 *** (0.00)	7.11 *** (0.00)	6.97 *** (0.00)	6.81 *** (0.00)
	-2.56 *** (0.00)	-2.20 *** (0.00)	-2.92 *** (000)	-2.45 *** (0.01)	-3.39 *** (0.00)	-4.38 *** (0.00)	-2.83 *** (0.00)	-4.10 *** (0.00)	-5.07 *** (0.00)
	-3.39 *** (0.00)	-2.77 *** (0.00)	-4.10 *** (0.00)	-3.16 *** (0.00)	-1.93 ** (0.03)	-4.84 *** (0.00)	-2.17 *** (0.00)	-3.94 *** (0.00)	-5.27 *** (0.00)
Westerlund 检验	1.74 ** (0.04)	1.67 ** (0.05)	-1.56 * (0.06)	1.92 ** (0.03)	1.80 ** (0.04)	-1.88 ** (0.03)	2.51 *** (0.01)	1.56 * (0.06)	-1.68 ** (0.05)

注：括号内为 P 值，***、**、* 分别表示在1%、5%、10%的水平下显著，原假设均为变量间不存在协整关系，检验过程所用软件为 Stata 15.0。其中，*Kao* 检验包含五种检验统计量，*Pedroni* 检验包含三种检验统计量，*Westerlund* 检验包含一种检验统计量。

从表 4.5 的检验结果来看，各组变量均通过了 10% 显著性水平下的 Pedroni 检验和 Westerlund 检验。虽然有部分组别的变量未通过 Kao 检验中部分统计量的显著性检验，但多数组别的变量均通过了 Kao 检验中多数统计量的显著性检验。因此，从总体来看，所有组别的变量均通过了三种不同检验方法下的协整检验，可做进一步的实证分析。

第三节　实证结果及分析

一、人口老龄化对产业结构升级的影响分析

从理论分析及数据的描述性统计结果来看，中国的人口老龄化对产业结构升级的影响极有可能存在多种不同的中介效应，且各区域之间可能存在较大的差异。在进行实证分析之前，为避免伪回归导致结果出现偏误，除了需要对变量进行平稳性检验之外，还需要对模型的多重共线性进行检验。因此，对后文的各个模型进行实证分析之前，均对其多重共线性进行了检验，结果表明各变量的方差膨胀因子均小于10，即各模型均不存在多重共线性问题。按照中介效应检验的流程，首先基于全国31个省、市、自治区总体层面的面板数据，根据方程（4.3）的基准模型估计人口老龄化对产业结构整体升级和产业结构内部升级的影响，以判断是否具备中介效应检验的条件，估计结果如表4.6所示①。

表4.6　人口老龄化对产业结构升级影响的估计结果

变量	模型A1 SH	模型A2 SR	模型A3 IU	模型A4 SU
poe	5.914*** (0.968)	0.574** (0.250)	1.071** (0.512)	−0.390** (0.160)
bas	0.048*** (0.017)	0.010** (0.004)	0.020** (0.009)	−0.004* (0.003)
urb	−0.193 (0.392)	0.941*** (0.101)	1.195*** (0.221)	0.029 (0.064)

---

① 由于本书各实证章节的模型较多，为便于区分，全国层面、东部地区、中部地区和西部地区的实证模型分别用A、B、C、D来表示。

续表

变量	模型 A1	模型 A2	模型 A3	模型 A4
	SH	SR	IU	SU
lnfdi	-0.060*** (0.015)	0.007* (0.004)	-0.013* (0.008)	-0.007*** (0.002)
lncap	0.078*** (0.026)	-0.026*** (0.007)	-0.152*** (0.015)	-0.011*** (0.004)
fde	-0.627*** (0.047)	-0.039*** (0.012)	-0.065** (0.026)	0.052*** (0.008)
$cons$	0.674*** (0.083)	-0.503*** (0.021)	3.169*** (0.048)	0.463*** (0.014)
N	620	620	558	589
$\bar{R}^2$	0.260	0.444	0.446	0.213

注：括号内为标准误，＊＊＊、＊＊、＊分别表示在1%、5%、10%的水平下显著。

由于本书所用数据为面板数据，而面板模型可分为随机效应模型和固定效应模型。因此，本书根据豪斯曼检验结果选择合适的面板模型。由表4.6可知，从产业结构整体升级的结果来看，人口老龄化对产业结构高级化和产业结构合理化的影响均显著为正，这与陈莹莹（2017）的研究结论是一致的[①]。人口老龄化之所以会对产业结构高级化和产业结构合理化产生显著的推动作用，其原因在于：一方面，人口老龄化会对医疗保健和老年护理等老龄产业的发展产生巨大的推动作用，而这些老龄产业大都属于第三产业，第三产业的快速发展会进一步推动产业结构的高级化水平；另一方面，人口老龄化程度的提高意味着适龄劳动人口将日益减少，这会在一定程度上减缓中西部地区受过高等教育的高素质人才流向东部地区的速度，进而促进各大区域资源与生产要素的合理配置，推动产业结构的合理化进程。从产业结构内部升级的结果来看，人口老龄化对制造业结构升级

---

① 陈莹莹. 人口老龄化影响产业结构调整的统计研究[D]. 杭州：浙江工商大学，2017.

的影响显著为正，但对服务业结构升级的影响显著为负，这与楚永生等人（2017）和吴飞飞等人（2018）的研究结论是一致的[①][②]。人口老龄化会对制造业结构升级产生显著的积极影响主要是由于人口老龄化改变了劳动力市场的就业结构，第三章的理论分析已经表明，人口老龄化会降低就业人口总数，且主要是降低第二产业的就业人口总数，这就必然导致第二产业的劳动力成本上升，进而推动制造业由劳动密集型向资本和技术密集型转型升级。结合第三章的理论分析来看，人口老龄化将提高第三产业的需求比重和就业比重，然而，由于老年人口的需求主要集中在医疗保健、健康护理和老年食品等生活性服务业方面，而对房地产业和金融业等生产性服务业方面的需求量较小。因此，人口老龄化程度的提高会对服务业结构升级产生一定的消极影响。从估计结果来看，人口老龄化对产业结构整体升级和产业结构内部升级的影响均显著，具备中介效应检验的条件，可以进行下一步的分析。

此外，从控制变量的估计结果来看，基础设施建设对产业结构高级化和产业结构合理化的影响均为正，这是由于基础设施建设水平的提高有利于促进产业在某一区域内形成专业化分工，从而有利于推动产业结构的整体升级，这与汪伟等人（2015）的研究结果相似[③]；基础设施建设对制造业结构升级的影响显著为正，但对服务业结构升级的影响则正好相反，其原因在于，一方面，基础设施建设的完善会极大地增强对外资企业的吸引力，且多数外资企业属于资金雄厚和技术过硬的企业，进而会对制造业结构的升级产生推动作用；另一方面，基础设施建设既会推动交通运输和仓

[①] 楚永生，于贞，王云云.人口老龄化"倒逼"产业结构升级的动态效应——基于中国30个省级制造业面板数据的空间计量分析［J］.产经评论，2017，8（6）：22-33.

[②] 吴飞飞，唐保庆.人口老龄化对中国服务业发展的影响研究［J］.中国人口科学，2018（2）：103-115.

[③] 汪伟，刘玉飞，彭冬冬.人口老龄化的产业结构升级效应研究［J］.中国工业经济，2015（11）：47-61.

储邮政等生产性服务业的发展，又会推动批发和零售业等生活性服务业的发展，且对后者的推动作用相对更大。城镇化率对产业结构合理化的影响显著为正，这是由于城镇化水平的提高使得越来越多的农村劳动者涌入了大城市，从农业转移到非农产业，有利于形成更加合理的就业结构，进而对产业结构合理化产生积极影响；城镇化率对制造业结构升级的影响显著也为正，说明城镇化水平的提高有利于推动制造业由劳动密集型向资本和技术密集型转型升级。外商直接投资对产业结构高级化和产业结构合理化的影响并不一致，外商直接投资会对产业结构高级化产生显著的不利影响主要是由于改革开放以来进入中国的外资主要流向了第二产业，而流向第三产业的比重较小；外商直接投资会对产业结构的合理化产生显著的积极影响则是由于进入中国的外资一般具有较高的管理水平和技术含量，有利于推动中国的产业形成合理的专业分工；外商直接投资对制造业和服务业结构的内部升级均会产生显著的阻碍作用，其原因在于：一方面，由于中国金融市场的国际化程度还处于较低水平，外商直接投资的引入会受到严格的管制，很难进入与中国国民经济命脉密切相关的技术密集型行业以及房地产业和金融业等生产性服务业；另一方面，中国多数企业的创新能力和竞争能力均处于较低水平，外商直接投资进入中国后会对这部分企业产生挤出效应，进而对中国制造业和服务业结构的内部升级产生不利影响。人均固定资本存量对产业结构高级化的影响显著为正，但对产业结构合理化、制造业结构升级和服务业结构升级的影响均显著为负，说明物质资本的积累有利于推动产业结构的高级化进程，却不利于产业结构合理化和产业结构的内部升级。财政分权对产业结构高级化、产业结构合理化和制造业结构升级的影响均显著为负，但对服务业结构升级的影响却显著为正，这可能是由于在中国式财政分权体制下，地方政府更热衷于推动劳动密集型制造业以及房地产业等行业的发展，这些行业不仅可以解决大部分的农业剩余劳动力，还可以创造大量的税收。因此，在地方政府税收最大化的利益导向下，第二产业尤其是劳动密集型制造业的发展比较迅速，第三产业的总体发展比较缓慢，但第三产业中房地产业的发展速度较快，而这在一定程度上会造成社会生产资源的错配，进而阻碍产业结构的合理化。

二、人口老龄化对产业结构升级的中介效应分析

由方程（4.3）的回归结果可知，可继续进行中介效应的检验。根据前文所述的中介效应检验步骤，分别将就业人数代入方程（4.4）中作为被解释变量和代入方程（4.5）中作为解释变量进行回归以检验中介效应是否存在，回归结果如表4.7所示。

表4.7 人口老龄化对产业结构升级的劳动力供给效应

变量	模型A5 lnemp	模型A6 SH	模型A7 SR	模型A8 lniemp	模型A9 IU	模型A10 lnsemp	模型A11 SU
lnemp		0.998*** (0.099)	0.138*** (0.028)				
lniemp					0.125*** (0.037)		
lnsemp							−0.019** (0.009)
poe	−1.728*** (0.373)	7.639*** (0.911)	0.793*** (0.249)	−3.164*** (0.642)	1.382*** (0.515)	−2.450*** (0.891)	−0.427*** (0.160)
bas	0.017*** (0.006)	0.032* (0.016)	0.007* (0.004)	0.015 (0.011)	0.018** (0.009)	0.020 (0.015)	−0.004 (0.003)
urb	−0.366** (0.151)	0.172 (0.364)	0.967*** (0.099)	2.260*** (0.260)	0.925*** (0.233)	−1.591*** (0.361)	0.009 (0.064)
lnfdi	−0.013** (0.006)	−0.047*** (0.013)	0.009** (0.004)	0.007 (0.010)	−0.015* (0.008)	0.023* (0.013)	−0.007*** (0.002)

续表

变量	模型 A5 lnemp	模型 A6 SH	模型 A7 SR	模型 A8 lniemp	模型 A9 IU	模型 A10 lnsemp	模型 A11 SU
lncap	0.146 *** (0.010)	-0.067 ** (0.028)	-0.045 *** (0.008)	0.113 *** (0.017)	-0.168 *** (0.015)	0.285 *** (0.024)	-0.006 (0.005)
fde	-0.080 *** (0.018)	-0.547 *** (0.044)	-0.027 ** (0.012)	0.147 *** (0.031)	-0.078 *** (0.026)	-0.070 (0.043)	0.050 *** (0.008)
cons	6.493 *** (0.032)	-5.804 *** (0.650)	-1.400 *** (0.185)	3.855 *** (0.055)	2.706 *** (0.143)	4.519 *** (0.076)	0.548 *** (0.041)
N	620	620	620	620	558	620	589
$\bar{R}^2$	0.675	0.369	0.466	0.794	0.457	0.559	0.219
Sobel 检验	—	—	—	—	—		
中介效应是否显著	—	是	是	是	是		
中介效应大小	—	-1.725	-0.238	-0.396	0.047		
中介效应/总效应	—	29.17%	41.46%	36.97%	12.05%		

注：括号内为标准误，***、**、*分别表示在1%、5%、10%的水平下显著，lniemp 为第二产业就业人员数的对数值，lnsemp 为第三产业就业人员数的对数值。

从表4.7的估计结果来看，由模型 A5、模型 A8 和模型 A10 可知，人口老龄化对就业人数的影响显著为负，这与王多云（2014）得出的结论一致[1]，即人口老龄化程度的提高会对就业人数产生不利影响。从估计系数

---

[1] 王多云. 人口老龄化对劳动供给、人力资本与产出影响预测[J]. 人口与经济, 2014（3）：69-75.

来看，人口老龄化对制造业结构升级产生的不利影响要大于其对服务业结构升级产生的不利影响，这与第三章的理论分析也是一致的。模型 A6 和模型 A7 的估计结果显示，就业人数既会对产业结构的高级化产生显著的推动作用，又会对产业结构的合理化产生显著的积极影响。因此，根据中介效应检验的流程，结合模型 A5 和模型 A6 的结果来看，人口老龄化对产业结构高级化的劳动力供给效应显著为负，即人口老龄化会通过减少就业人数对产业结构高级化产生显著的不利影响。结合模型 A5 和模型 A7 的结果来看，人口老龄化对产业结构合理化的劳动力供给效应也显著为负，即人口老龄化会通过劳动力供给效应对产业结构合理化产生显著的消极影响。模型 A9 的结果表明，就业人数对制造业结构内部升级的影响也显著为正，即就业人数的减少会阻碍制造业由劳动密集型向资本和技术密集型产业转型升级，这可能是由于当前中国劳动力的总体受教育水平还较低，劳动力在各种类型的产业之间转换的能力还不强，就业人数减少在对劳动密集型产业产生不利影响的同时，也会对资本和技术密集型产业产生不利影响，且对后者的影响要大于前者。结合模型 A8 和模型 A9 的结果来看，人口老龄化对制造业结构升级的劳动力供给效应显著为负，即人口老龄化会通过减少劳动力供给对制造业结构升级产生显著的不利影响。从模型 A11 的结果来看，就业人数对服务业结构内部升级的影响显著为负，说明就业人数的减少有利于推动服务业结构升级，这是因为就业人数减少会导致劳动力成本上升，生活性服务业的利润相对较小，生产性服务业的利润相对较大，利润最大化的需求导向会推动企业从生活性服务业向生产性服务业转型升级。结合模型 A10 和模型 A11 的结果可知，人口老龄化对制造业结构内部升级的劳动力供给效应是显著为正的，即人口老龄化会通过减少劳动力供给推动服务业结构升级。

将劳动生产率分别代入方程（4.4）和方程（4.5），可得表 4.8 所示的估计结果。

表 4.8 人口老龄化对产业结构升级的劳动生产率效应

变量	模型 A12 lnlap	模型 A13 SH	模型 A14 SR	模型 A15 lnilap	模型 A16 IU	模型 A17 lnslap	模型 A18 SU
lnlap		−0.204*** (0.068)	−0.055*** (0.018)				
lnilap					0.045* (0.026)		
lnslap							0.003 (0.009)
poe	−2.179*** (0.583)	5.469*** (0.973)	0.447* (0.251)	−3.860*** (0.878)	1.232** (0.520)	1.279 (0.872)	−0.393** (0.160)
bas	0.032*** (0.010)	0.055*** (0.017)	0.011*** (0.004)	0.009 (0.015)	0.020** (0.009)	0.038** (0.015)	−0.005* (0.003)
urb	0.617*** (0.236)	−0.067 (0.392)	0.965*** (0.101)	−2.087*** (0.356)	1.283*** (0.227)	1.775*** (0.353)	0.025 (0.065)
lnfdi	0.033*** (0.009)	−0.054*** (0.015)	0.008** (0.004)	0.044*** (0.013)	−0.015* (0.008)	−0.028** (0.013)	−0.007*** (0.003)
lncap	0.542*** (0.016)	0.189*** (0.045)	0.004 (0.012)	0.585*** (0.024)	−0.178*** (0.021)	0.462*** (0.024)	−0.012* (0.006)
fde	−0.056** (0.028)	−0.639*** (0.047)	−0.042*** (0.012)	0.014 (0.043)	−0.068*** (0.026)	−0.238*** (0.042)	0.052*** (0.008)
cons	5.089*** (0.050)	1.715*** (0.357)	−0.224** (0.092)	6.714*** (0.075)	2.866*** (0.180)	5.658*** (0.074)	0.446*** (0.051)
N	620	620	620	620	558	620	589

续表

变量	模型 A12	模型 A13	模型 A14	模型 A15	模型 A16	模型 A17	模型 A18
	ln*lap*	*SH*	*SR*	ln*ilap*	*IU*	ln*slap*	*SU*
$\bar{R}^2$	0.966	0.270	0.453	0.888	0.448	0.917	0.212
Sobel 检验	—	—	—	—	Z=0.33		
中介效应是否显著	—	是	是	是	否		
中介效应大小	—	0.445	0.120	−0.174	—		
中介效应/总效应	—	7.52%	20.91%	16.25%	—		

注：括号内为标准误，***、**、*分别表示在1%、5%、10%的水平下显著，ln*ilap*为第二产业劳动生产率的对数值，ln*slap*为第三产业劳动生产率的对数值。

由表4.8可知，模型A12和模型A15的结果表明，人口老龄化程度的提高会对三次产业总体的劳动生产率和第二产业的劳动生产率产生显著的不利影响，郭瑜（2013）的研究结果也表明，人口老龄化程度的提高会导致劳动生产率的下降①。然而，人口老龄化对第三产业劳动生产率的影响却是正的，但并不显著，说明人口老龄化尚未对第三产业的劳动生产率产生显著影响。从模型A13和模型A14的结果来看，劳动生产率对产业结构高级化和产业结构合理化的影响均显著为负。因此，人口老龄化对产业结构高级化和产业结构合理化的劳动生产率效应均显著为正，即人口老龄化不仅会通过劳动生产率效应对产业结构高级化产生显著的推动作用，同时也会通过劳动生产率效应促进产业结构合理化。其原因在于，一方面，人口老龄化的提高降低了劳动生产率，这会加快农业剩余人口向非农产业转移以及第二产业就业人口向第三产业转移的进程，进而推动产业结构高级

---

① 郭瑜. 人口老龄化对中国劳动力供给的影响[J]. 经济理论与经济管理，2013(11)：49-58.

化的进程；另一方面，当前中国各地区的人力资本存在较大的差距，多数受过高等教育的高素质人才从中西部地区流向了东部地区，劳动生产率的下降可能会在一定程度上缩小各地区的人力资本差距，进而缓解中西部地区人力资源匮乏的困境，形成更加合理的产业分工，推动产业结构合理化。从模型A16的结果来看，劳动生产率对制造业结构内部升级的影响显著为正，结合模型A15和模型A16的结果可知，人口老龄化对制造业结构升级的劳动生产率效应显著为负，即人口老龄化会通过降低劳动生产率对制造业结构升级产生显著的不利影响，这主要是由于劳动生产率的下降不利于技术密集型制造业的发展。从模型A18的结果来看，劳动生产率对服务业结构内部升级的影响也为正，但并不显著。根据中介效应检验的流程，当核心解释变量和中介变量均不显著时，需进行 $Sobel$ 检验，$Sobel$ 检验的统计量为0.33，小于0.97的临界值，未通过5%水平下的显著性检验。因此，人口老龄化对服务业结构升级的劳动生产率效应并不显著，说明人口老龄化还不能通过劳动生产率对服务业结构升级产生显著影响。

将每十万人在校大学生数分别代入方程（4.4）和方程（4.5），可得表4.9所示的估计结果。

表4.9 人口老龄化对产业结构升级的人力资本积累效应

变量	模型A19 lnstu	模型A20 SH	模型A21 SR	模型A22 IU	模型A23 SU
lnstu		-0.156 *** (0.028)	-0.042 *** (0.007)	0.132 *** (0.019)	-0.003 (0.005)
poe	4.004 *** (1.408)	6.539 *** (0.950)	0.743 *** (0.245)	0.488 (0.499)	-0.369** (0.162)
bas	-0.162 *** (0.024)	0.023 (0.017)	0.003 (0.004)	0.035 *** (0.009)	-0.005* (0.003)

续表

变量	模型 A19 ln*stu*	模型 A20 SH	模型 A21 SR	模型 A22 IU	模型 A23 SU
urb	0.824 (0.571)	-0.065 (0.383)	0.976*** (0.099)	1.058*** (0.213)	0.032 (0.064)
ln*fdi*	0.063*** (0.021)	-0.050*** (0.014)	0.009** (0.004)	-0.021*** (0.008)	-0.007*** (0.002)
ln*cap*	0.328*** (0.038)	0.130*** (0.027)	-0.012* (0.007)	-0.187*** (0.015)	-0.009** (0.005)
fde	0.021 (0.068)	-0.624*** (0.046)	-0.038*** (0.012)	-0.075*** (0.025)	0.052*** (0.008)
cons	3.320*** (0.120)	1.192*** (0.122)	-0.363*** (0.032)	2.674*** (0.086)	0.473*** (0.020)
N	620	620	620	558	589
$\bar{R}^2$	0.710	0.297	0.475	0.490	0.213
Sobel 检验	—	—	—	—	Z=-0.59
中介效应是否显著	—	是	是	是	否
中介效应大小	—	-0.625	-0.168	0.529	—
中介效应/总效应	—	10.57%	29.27%	49.39%	—

注：括号内为标准误，***、**、*分别表示在1%、5%、10%的水平下显著。

从表 4.9 的结果来看，由模型 A19 可知，人口老龄化程度对人力资本积累的影响显著为正，刘文和张琪（2017）的研究结果表明，人口老龄化与人力资本投资呈"倒 U 型",转折的临界点在 10% 左右[①],说明样本期间中国的人口老龄化程度对人力资本投资的影响还处于"倒 U 型"的上升阶段。人力资本积累对产业结构高级化的影响显著为负,其原因可能在于,中国当前的第二产业无论在产值还是在就业人数方面所占的比重均还处于较高水平,且第二产业中含有大量的资本和技术密集型产业,人力资本积累水平的提高促进了这部分产业的发展,但对第三产业的影响相对较小。因此,人力资本积累对产业结构高级化的影响显著为负。结合模型 A19 和模型 A20 的结果可知,人口老龄化对产业结构高级化的人力资本积累效应显著为负,即人口老龄化会通过提高人力资本积累水平对产业结构高级化产生不利影响。模型 A21 的结果显示,人力资本积累会对产业结构合理化产生显著的消极影响,说明人口老龄化对产业结构合理化的人力资本积累效应也显著为负,这可能是由于人力资本积累水平的提高导致大量受过高等教育的年轻人从小城市流向了大城市、从中西部地区流向了东部地区,加剧了区域经济发展的不平衡以及产业分工不合理的程度,进而对产业结构合理化产生不利影响。因此,人口老龄化会通过提高人力资本积累水平阻碍产业结构合理化。模型 A22 的结果表明,人力资本积累对制造业结构升级的影响显著为正,这是由于人力资本积累水平的提高有利于制造业中技术密集型产业的发展,进而推动制造业结构升级。因此,人口老龄化对制造业结构升级的人力资本积累效应显著为正,即人口老龄化会通过提高人力资本积累水平推动制造业结构由劳动密集型向资本密集型和技术密集型升级。人力资本积累对服务业结构升级的影响为负,但并不显著,Sobel 检验的统计量未通过 5% 水平下的显著性检验。因此,人口老龄化对服务业结构升级的人力资本积累效应并不显著。

将消费支出比重分别代入方程(4.4)和方程(4.5),可得表 4.10 所示的结果。

[①] 刘文,张琪. 人口老龄化对人力资本投资的倒"U"影响效应——理论机制与中日韩比较研究[J]. 中国人口·资源与环境,2017,27(11):39-51.

表 4.10　人口老龄化对产业结构升级的消费支出效应

变量	模型 A24 *poc*	模型 A25 *SH*	模型 A26 *SR*	模型 A27 *IU*	模型 A28 *SU*
poc		2.464＊＊＊ (0.172)	0.152＊＊＊ (0.051)	－0.211＊ (0.108)	0.086＊＊＊ (0.023)
poe	－0.102 (0.101)	6.165＊＊＊ (0.833)	0.590＊＊ (0.248)	0.999＊ (0.512)	－0.353＊＊ (0.159)
bas	0.005 (0.003)	0.036＊＊ (0.014)	0.009＊＊ (0.004)	0.021＊＊ (0.009)	－0.005＊ (0.003)
urb	0.304＊＊＊ (0.081)	－0.942＊＊＊ (0.341)	0.895＊＊＊ (0.102)	1.254＊＊＊ (0.223)	0.003 (0.064)
ln*fdi*	－0.019＊＊＊ (0.003)	－0.014 (0.013)	0.010＊＊ (0.004)	－0.017＊＊ (0.008)	－0.006＊＊＊ (0.002)
ln*cap*	－0.039＊＊＊ (0.005)	0.174＊＊＊ (0.024)	－0.020＊＊＊ (0.007)	－0.161＊＊＊ (0.015)	－0.007 (0.005)
fde	－0.070＊＊＊ (0.010)	－0.454＊＊＊ (0.042)	－0.028＊＊ (0.013)	－0.080＊＊＊ (0.027)	0.057＊＊＊ (0.008)
cons	0.781＊＊＊ (0.017)	－1.249＊＊＊ (0.152)	－0.621＊＊＊ (0.045)	3.339＊＊＊ (0.099)	0.392＊＊＊ (0.030)
N	620	620	620	558	589
$\bar{R}^2$	0.538	0.453	0.452	0.449	0.222
Sobel 检验	—	Z＝－1.01	Z＝－0.97	Z＝0.90	Z＝－0.97
中介效应 是否显著	—	是	是	否	是
中介效应 大小	—	－0.251	－0.016	—	－0.009
中介效应/ 总效应	—	4.24%	2.79%	—	2.49%

注：括号内为标准误，＊＊＊、＊＊、＊分别表示在1%、5%、10%的水平下显著。

由表 4.10 可知，模型 A24 的结果表明，人口老龄化对消费支出的影响为负，但并不显著，人口老龄化之所以会对消费支出产生负向影响，其原因主要是当前中国的经济发展程度还不高，社会养老保障体系还不够完善，老年群体的消费能力还不强，人口老龄化程度的提高还不能促进消费水平的提升。吴飞飞和唐保庆（2018）的研究结果也表明，受限于伴随人口老龄化而来的劳动力成本上升、中国养老保障体系尚未健全以及适应人口老龄化趋势的中国现代服务业产业体系的构建仍处于初级阶段，人口老龄化的不断加剧将阻碍现阶段中国服务业的发展[①]。然而，消费支出对产业结构整体升级和产业结构内部升级的影响均显著，且消费支出对产业结构高级化、产业结构合理化和服务业结构升级的影响均为正，这是由于消费支出主要集中在第三产业，且随着经济发展程度的提高，人们对生产性服务业的消费需求也会随之增加，这在推动产业结构高级化和服务业结构升级的同时，还会对产业结构合理化产生显著的促进作用。然而，消费支出对制造业结构升级的影响为负，说明消费支出的增加不利于制造业结构内部的转型升级。因此，无论是对产业结构的整体升级还是产业结构的内部升级，均需要进行 Sobel 检验，从检验结果来看，仅有制造业结构升级未通过 5% 水平下的显著性检验。因此，人口老龄化对产业结构高级化和产业结构合理化的消费支出效应均显著为负，即人口老龄化会通过降低消费支出水平对产业结构高级化和产业结构合理化产生不利影响。此外，人口老龄化对服务结构内部升级的消费支出效应也显著为负，即人口老龄化还会通过降低消费支出水平对服务业结构升级产生阻碍作用。

将 R&D 经费内部支出比重分别代入方程（4.4）和方程（4.5），可得表 4.11 所示的估计结果。

[①] 吴飞飞，唐保庆. 人口老龄化对中国服务业发展的影响研究 [J]. 中国人口科学，2018（2）：103-115.

表 4.11　人口老龄化对产业结构升级的技术创新效应

变量	模型 A29 pot	模型 A30 SH	模型 A31 SR	模型 A32 IU	模型 A33 SU
poc		−9.514*** (2.609)	−0.313 (0.681)	10.291*** (1.826)	−0.121 (0.570)
poe	−0.080*** (0.015)	5.156*** (0.980)	0.549** (0.256)	1.506*** (0.504)	−0.394** (0.161)
bas	0.001*** (0.000)	0.056*** (0.017)	0.010** (0.004)	0.010 (0.009)	−0.004 (0.003)
urb	0.029*** (0.006)	0.083 (0.396)	0.950*** (0.103)	0.977*** (0.219)	0.032 (0.065)
lnfdi	0.000** (0.000)	−0.056*** (0.014)	0.007* (0.004)	−0.009 (0.008)	−0.007*** (0.002)
lncap	0.001** (0.000)	0.088*** (0.026)	−0.026*** (0.007)	−0.173*** (0.015)	−0.010** (0.004)
fde	−0.006*** (0.001)	−0.681*** (0.049)	−0.041*** (0.013)	0.001 (0.028)	0.051*** (0.009)
cons	−0.003* (0.001)	0.650*** (0.082)	−0.504*** (0.021)	3.241*** (0.048)	0.462*** (0.014)
N	620	620	620	558	589
$\bar{R}^2$	0.397	0.276	0.444	0.477	0.212
Sobel 检验	—	—	Z=0.46	—	Z=0.21
中介效应 是否显著	—	是	否	是	否
中介效应 大小	—	0.761	—	−0.823	—
中介效应/ 总效应	—	12.87%	—	76.84%	—

注：括号内为标准误，***、**、*分别表示在1%、5%、10%的水平下显著。

由表4.11可知，人口老龄化对技术创新的影响显著为负，说明人口老龄化程度的提高会对社会的整体创新水平产生不利影响。姚东旻等人（2017）的研究结果也表明，人口老龄化会通过人力资本积累对科技创新水平产生显著的负向影响[1]。模型A30和模型A31的结果表明，技术创新对产业结构高级化和产业结构合理化的影响均为负，但技术创新仅会对产业结构高级化产生显著的影响，这可能是由于样本期间中国的产业结构重心还处于第二产业，技术创新主要集中在制造业方面，在服务业方面的技术创新力度还比较欠缺，导致技术创新力度的加大反而不利于产业结构高级化。因此，结合模型A29和模型A30的结果来看，人口老龄化对产业结构高级化的技术创新效应显著为正。结合模型A29和模型A31的结果来看，$Sobel$检验的Z值未能通过5%水平下的显著性检验，说明人口老龄化对产业结构合理化的技术创新效应并不显著。技术创新对制造业结构升级的影响显著为正，说明技术创新水平的提高有利于技术密集型产业的发展。然而，由于人口老龄化对技术创新的影响显著为负，所以人口老龄化对制造业结构升级的技术创新效应显著为负，即人口老龄化会通过降低技术创新水平对制造业结构升级产生不利影响。此外，技术创新对服务业结构升级的影响不显著，$Sobel$检验的统计量未通过5%水平下的显著性检验，说明人口老龄化对服务业结构升级的技术创新效应不显著。

三、人口老龄化对产业结构升级中介效应的区域差异性分析

由于中国的地区经济发展程度存在极大的不平衡性，不仅不同区域之间的产业结构升级程度存在差异，而且不同地区的人口老龄化程度也并不一致。因此，人口老龄化对各地区产业结构升级的影响可能也会存在差异。将全国31个省、市、自治区按东、中、西划分为三类不同的样本，进一步深入分析人口老龄化对产业结构升级中介效应的区域差异。根据方程

---

[1] 姚东旻，宁静，韦诗言. 老龄化如何影响科技创新［J］. 世界经济，2017，40（4）：105-128.

(4.3),首先估计人口老龄化对东部地区产业结构升级的影响,以判断是否具备中介效应检验的条件,估计结果如表4.12所示。

表4.12 人口老龄化对东部地区产业结构升级影响的估计结果

变量	模型B1 SH	模型B2 SR	模型B3 IU	模型B4 SU
poe	3.707 * * (1.691)	-0.300 (0.190)	1.399 * * (0.652)	-0.209 (0.174)
bas	0.101 * * * (0.032)	0.016 * * * (0.004)	0.001 (0.012)	0.000 (0.003)
urb	-0.703 (0.815)	0.635 * * * (0.092)	1.583 * * * (0.335)	-0.232 * * * (0.082)
lnfdi	-0.033 (0.047)	-0.005 (0.005)	0.059 * * * (0.018)	-0.008 * (0.005)
lncap	0.135 * * (0.056)	-0.004 (0.006)	-0.172 * * * (0.023)	0.009 (0.006)
fde	-0.563 * * * (0.088)	-0.016 (0.010)	-0.041 (0.036)	0.069 * * * (0.009)
cons	0.620 * * * (0.236)	-0.425 * * * (0.026)	2.694 * * * (0.090)	0.416 * * * (0.023)
N	220	220	198	209
$\bar{R}^2$	0.334	0.659	0.260	0.316

注:括号内为标准误,* * *、* *、*分别表示在1%、5%、10%的水平下显著。

由表4.12可知,对于东部地区,人口老龄化对产业结构升级的影响与全国层面的结果有所差异。与全国层面的结果相同的是,人口老龄化对产业结构高级化和制造业结构升级的影响均显著为正;但与全国层面的结果不同的是,人口老龄化对东部地区产业结构合理化和服务业结构升级的影响均不显著,且人口老龄化对产业结构合理化的影响由正数变为负数。因此，人口老龄化会推动东部地区产业结构高级化和制造业结构升级的进程。根据中介效应检验的流程，对于产业结构高级化和制造业结构升级这两个变量，可以做进一步的中介效应检验。此外，从控制变量的结果来看，基础设施建设仅对产业结构高级化和产业结构合理化具有显著的正向影响；城镇化率对产业结构合理化和制造业结构升级的影响均显著为正，但对服务业结构升级的影响显著为负；外商直接投资对制造业结构升级的影响显著为正，对服务业结构升级的影响显著为负；人均固定资本存量会对产业结构高级化产生显著的积极影响，但会对制造业结构升级产生显著的消极影响；财政分权对产业结构高级化的影响显著为负，但对服务业结构升级的影响显著为正。

将各个中介变量分别代入方程（4.4）和方程（4.5），可得表4.13所示的中介效应检验结果。

表4.13 人口老龄化对东部地区产业结构升级的中介效应检验结果

变量	劳动力供给效应							
	模型 B5	模型 B6	模型 B7	模型 B8	模型 B9	模型 B10	模型 B11
	lnemp	SH	SR	lniemp	IU	lnsimp	SU
lnemp		1.234*** (0.136)	0.052*** (0.020)				
lniemp					0.160** (0.066)		
lnsemp							−0.034*** (0.008)
poe	−1.492** (0.738)	5.549*** (1.442)	−0.248 (0.188)	−3.103*** (0.766)	1.730*** (0.657)	−4.669** (1.864)	−0.302* (0.167)

续表

变量	模型 C5	模型 C6	模型 C7	模型 C8	模型 C9	模型 C10	模型 C11
	ln*emp*	*SH*	*SR*	ln*iemp*	*IU*	ln*simp*	*SU*
Sobel 检验	—	—	—	—			
是否存在中介效应	—	是	否	是	否		
中介效应大小	—	-1.841	—	-0.496	—		
中介效应/总效应		49.66%		35.45%			

劳动生产率效应

变量	模型 B12	模型 B13	模型 B14	模型 B15	模型 B16	模型 B17	模型 B18
	ln*lap*	*SH*	*SR*	ln*ilap*	*IU*	ln*slap*	*SU*
ln*lap*		-0.105 (0.145)	-0.023 (0.016)				
ln*ilap*					0.090** (0.044)		
ln*slap*							0.021** (0.010)
poe	-2.237*** (0.818)	3.473** (1.724)	-0.363* (0.194)	-2.496** (1.165)	1.656** (0.658)	1.858 (1.634)	-0.212 (0.172)
Sobel 检验	—	Z=0.70	—	—	—		
是否存在中介效应	—	否	—	是	否		
中介效应大小	—	—	—	-0.225	—		
中介效应/总效应	—	—	—	16.08%	—		

续表

人力资本积累效应						
变量	模型 B19	模型 B20	模型 B21	模型 B22	模型 B23
	ln*stu*	SH	SR	IU	SU
ln*stu*		−0.255 *** (0.046)	−0.012 ** (0.006)	0.139 *** (0.024)	0.001 (0.005)
poe	2.436 (2.402)	4.329 *** (1.584)	−0.272 (0.189)	1.108 * (0.603)	−0.213 (0.176)
Sobel 检验	—	Z=−1.00	—	Z=1.00	—
是否存在中介效应	—	是	否	是	否
中介效应大小	—	−0.621	—	0.339	—
中介效应/总效应	—	16.75%	—	24.23%	—

消费支出效应						
变量	模型 B24	模型 B25	模型 B26	模型 B27	模型 B28
	poc	SH	SR	IU	SU
poc		3.723 *** (0.384)	0.088 * (0.052)	−0.412 *** (0.187)	0.060 (0.047)
poe	0.655 ** (0.256)	1.268 (1.423)	−0.358 * (0.192)	1.550 ** (0.649)	−0.227 (0.174)
Sobel 检验	—	—	—	—	—
是否存在中介效应	—	是	否	是	否
中介效应大小		2.439	—	−0.270	—
中介效应/总效应		65.79%	—	19.30%	—

续表

变量	技术创新效应				
	模型 B29 *pot*	模型 B30 *SH*	模型 B31 *SR*	模型 B32 *IU*	模型 B33 *SU*
pot		−23.628 * * * (3.890)	1.309 * * * (0.466)	6.586 * * * (2.405)	−1.474 * * * (0.415)
poe	−0.097 * * * (0.028)	1.427 (1.603)	−0.174 (0.192)	1.739 * * * (0.653)	−0.327 * (0.170)
Sobel 检验	—				
是否存在中介效应	—	是	否	是	否
中介效应大小	—	2.292	—	−0.639	—
中介效应/总效应	—	61.63%		45.68%	

注：括号内为标准误，* * *、* *、* 分别表示在 1%、5%、10% 的水平下显著，虽然产业结构合理化和服务业结构升级并不具备中介效应检验的条件，为了进行对比分析，本书仍列出完整的检验结果。所有模型均包含控制变量，限于篇幅，本书仅列出核心解释变量和中介变量的估计结果。

由表 4.13 可知，从劳动力供给效应的结果来看，人口老龄化对东部地区就业总人数以及第二产业和第三产业就业人数的影响均显著为负，且就业人数对产业结构高级化、产业结构合理化和制造业结构升级的影响均显著为正，但就业人数对服务业结构升级的影响则显著为负。因此，根据中介效应检验的流程可知，人口老龄化对产业结构高级化和制造业结构升级的劳动力供给效应均显著为负，即人口老龄化会通过降低劳动力供给人数对产业结构高级化和制造业结构升级产生不利影响。

从劳动生产率效应的结果来看，人口老龄化对东部地区总体劳动生产率和第二产业劳动生产率的影响均显著为负，且劳动生产率对制造业结构升级和服务业结构升级的影响均显著为正。Sobel 检验的结果显示，人口老龄化对产业结构高级化的劳动生产率效应未通过5%水平下的显著性检验。因此，人口老龄化仅对制造业结构升级具有显著的劳动生产率效应，且该效应为负，即人口老龄化会通过降低劳动生产率对制造业结构升级产生阻碍作用。

从人力资本积累效应的结果来看，人口老龄化对东部地区人力资本积累的影响为正，但并不显著，且人力资本积累对产业结构高级化和产业结构合理化的影响均显著为负，但对制造业结构升级的影响则显著为正。估计结果显示，人口老龄化对产业结构高级化和制造业结构升级的人力资本积累效应均通过了5%水平下的 Sobel 检验，且该效应分别显著为负和显著为正，即人口老龄化会通过影响人力资本积累水平阻碍产业结构高级化，与此同时，人口老龄化还会通过影响人力资本积累水平推动制造业结构升级。

从消费支出效应的结果来看，人口老龄化有利于提高东部地区的消费支出水平，且消费支出对产业结构高级化和产业结构合理化的影响均显著为正，但对制造业结构升级的影响显著为负。因此，人口老龄化对产业结构高级化的消费支出效应为正，即人口老龄化会通过提高消费支出水平推动产业结构高级化；与此同时，人口老龄化对制造业结构升级的消费支出效应为负，即人口老龄化会通过提高消费支出水平对制造业结构升级产生不利影响。

从技术创新效应的结果来看，人口老龄化对东部地区技术创新的影响显著为负，技术创新对产业结构高级化和服务业结构升级的影响也显著为负，但技术创新对产业结构合理化和制造业结构升级的影响显著为正。因此，人口老龄化对产业结构高级化的技术创新效应显著为正，但人口老龄化对制造业结构升级的技术创新效应显著为负，即人口老龄化在通过降低技术创新水平阻碍制造业结构升级进程的同时也会推动产业结构高级化。

表 4.14 人口老龄化对中部地区产业结构升级影响的估计结果

变量	模型 C1 SH	模型 C2 SR	模型 C3 IU	模型 C4 SU
poe	13.791 * * * (2.076)	3.300 * * * (0.676)	3.385 * * (1.322)	-0.320 (0.353)
bas	-0.037 (0.100)	0.143 * * * (0.033)	0.015 (0.066)	0.062 * * * (0.016)
urb	0.930 (0.660)	0.574 * * * (0.215)	1.786 * * * (0.434)	0.189 * (0.110)
lnfdi	-0.041 (0.030)	0.008 (0.010)	0.018 (0.027)	-0.011 (0.007)
lncap	-0.026 (0.050)	-0.049 * * * (0.016)	-0.260 * * * (0.033)	-0.026 * * * (0.008)
fde	-1.272 * * * (0.297)	-0.157 (0.097)	0.096 (0.189)	-0.153 * * * (0.051)
cons	0.508 * * * (0.193)	-0.345 * * * (0.063)	3.530 * * * (0.150)	0.654 * * * (0.035)
N	160	160	144	152
$\bar{R}^2$	0.393	0.578	0.629	0.566

注：括号内为标准误，* * *、* *、* 分别表示在1%、5%、10%的水平下显著。

表4.14为人口老龄化对中部地区产业结构升级影响的估计结果，由表4.14可知，人口老龄化对中部地区产业结构高级化、产业结构合理化和制造业结构升级的影响均显著为正，这与全国层面的估计结果是一致的。此外，人口老龄化对中部地区服务业结构升级的影响为负，但并不显著。因此，对于产业结构高级化、产业结构合理化和制造业结构升级，均可进行下一步的中介效应检验。此外，从控制变量的估计结果来看，基础设施建设仅对产业结构合理化和服务业结构升级会产生显著的积极影响；城镇化率对产业结构合理化、制造业结构升级和服务业结构升级的影响均显著为

正；外商直接投资对产业结构整体升级和产业结构内部升级的影响均不显著；人均固定资本存量对产业结构合理化、制造业结构升级和服务业结构升级的影响均显著为负；财政分权对产业结构高级化和服务业结构升级的影响均显著为负。

将各个中介变量分别代入方程（4.4）和方程（4.5），可得表4.15所示的中介效应检验结果。

表4.15 人口老龄化对中部地区产业结构升级的中介效应检验结果

变量	模型 C5 lnemp	模型 C6 SH	模型 C7 SR	模型 C8 lniemp	模型 C9 IU	模型 C10 lnsimp	模型 C11 SU
劳动力供给效应							
lnemp		0.456 (0.275)	0.404*** (0.084)				
lniemp					0.176** (0.074)		
lnsemp							0.144*** (0.028)
poe	0.615 (0.420)	13.511*** (2.071)	3.052*** (0.632)	−0.285 (1.613)	3.130** (1.303)	3.071*** (0.919)	−0.617* (0.329)
Sobel 检验	—	Z=1.10	Z=1.40	Z=−0.18	—		
是否存在中介效应	—	是	是	否			
中介效应大小	—	0.280	0.249	—			
中介效应/总效应	—	2.03%	7.55%	—			

续表

劳动生产率效应

变量	模型 C12 lnlap	模型 C13 SH	模型 C14 SR	模型 C15 ln$ilap$	模型 C16 IU	模型 C17 ln$slap$	模型 C18 SU
lnlap		−0.322** (0.149)	−0.101** (0.049)				
ln$ilap$					−0.024 (0.059)		
ln$slap$							−0.075*** (0.018)
poe	−0.440 (1.139)	13.649*** (2.052)	3.256*** (0.669)	−7.225*** (1.940)	3.226** (1.383)	4.340*** (1.463)	0.169 (0.353)
Sobel 检验	—	Z=0.38	Z=0.38	Z=0.40	—		
是否存在中介效应	—	否	否	否	—		
中介效应大小	—	—	—	—			
中介效应/总效应	—	—	—	—			

人力资本积累效应

变量	模型 C19 lnstu	模型 C20 SH	模型 C21 SR	模型 C22 IU	模型 C23 SU
lnstu		−0.148*** (0.052)	−0.105*** (0.015)	0.204*** (0.042)	−0.038*** (0.008)
poe	9.584*** (3.201)	15.211*** (2.090)	4.303*** (0.607)	1.148 (1.307)	0.178 (0.342)
Sobel 检验	—	—			

续表

变量	模型 C19	模型 C20	模型 C21	模型 C22	模型 C23
	ln*stu*	*SH*	*SR*	*IU*	*SU*
是否存在中介效应	—	是	是	是	—
中介效应大小	—	-1.418	-1.006	1.955	—
中介效应/总效应	—	10.28%	30.48%	57.75%	—

消费支出效应

变量	模型 C24	模型 C25	模型 C26	模型 C27	模型 C28
	poc	*SH*	*SR*	*IU*	*SU*
poc		2.786*** (0.303)	3.460*** (0.598)	-0.975*** (0.229)	0.331*** (0.057)
poe	-0.226 (0.452)	14.421*** (1.658)	0.705*** (0.109)	2.544*** (1.259)	-0.048 (0.320)
Sobel 检验	—	Z=-0.50	Z=-0.50	Z=0.50	—
是否存在中介效应	—	否	否	否	—
中介效应大小	—	—	—	—	—
中介效应/总效应	—	—	—	—	—

技术创新效应

变量	模型 C29	模型 C30	模型 C31	模型 C32	模型 C33
	pot	*SH*	*SR*	*IU*	*SU*
pot		-17.959** (9.048)	-4.205 (2.964)	9.645 (6.383)	2.009 (1.620)

续表

变量	模型 C29 *pot*	模型 C30 *SH*	模型 C31 *SR*	模型 C32 *IU*	模型 C33 *SU*
poe	-0.013 (0.019)	13.563 * * * (2.059)	3.247 * * * (0.675)	3.132 * * (1.326)	-0.374 (0.355)
Sobel 检验	—	Z=0.65	Z=0.62	Z=-0.62	—
是否存在 中介效应	—	否	否	否	—
中介效应 大小	—	—	—	—	—
中介效应/ 总效应	—	—	—	—	—

注：括号内为标准误，＊＊＊、＊＊、＊分别表示在1%、5%、10%的水平下显著，虽然服务业结构升级并不具备中介效应检验的条件，为了进行对比分析，本书仍列出完整的检验结果。所有模型均包含控制变量，限于篇幅，本书仅列出核心解释变量和中介变量的估计结果。

由表4.15可知，从劳动力供给效应的结果来看，人口老龄化对中部地区就业总人数及第二产业就业人数的影响均不显著，但人口老龄化对中部地区第三产业就业人数的影响显著为正。这与全国层面的估计结果并不一致，这可能是由于中部地区还存在较多的农业剩余人口，人口老龄化程度的加剧正好可以加快农业剩余人口向非农产业转移的进程。就业人数对产业结构高级化的影响是正向的，但并不显著，而就业人数对产业结构合理化、制造业结构升级和服务业结构升级的影响均显著为正。因此，根据Sobel检验的结果可知，人口老龄化对产业结构高级化和产业结构合理化的劳动力供给效应显著为正，即人口老龄化会通过提高就业人数推动中部地区的产业结构高级化进程，同时也会通过提高就业人数对中部地区的产业结构合理化产生积极影响。

从劳动生产率效应的结果来看，人口老龄化对中部地区整体劳动生产率和第二产业劳动生产率的影响均是负向的，但对第三产业劳动生产率的影响则显著为正。劳动生产率对产业结构高级化、产业结构合理化和服务业结构升级的影响均显著为负。根据 Sobel 检验的结果可知，人口老龄化对产业结构高级化、产业结构合理化和制造业结构升级的劳动生产率效应均未通过 5% 水平下的显著性检验，即人口老龄化对中部地区产业结构升级的劳动生产率效应均不显著。

从人力资本积累效应的结果来看，人口老龄化会对中部地区的人力资本积累水平产生显著的积极影响，人力资本积累水平对产业结构高级化、产业结构合理化和服务业结构升级的影响均显著为负，但对制造业结构升级的影响显著为正。因此，人口老龄化对中部地区产业结构高级化和产业结构合理化的人力资本积累效应显著为负，对制造业结构升级的人力资本积累效应显著为正，即人口老龄化虽然会通过影响人力资本积累水平阻碍产业结构高级化和产业结构合理化，但同时也会通过影响人力资本积累水平推动制造业结构升级。

从消费支出效应的结果来看，人口老龄化对中部地区消费支出的影响为负，但并不显著。消费支出对产业结构高级化、产业结构合理化和服务业结构升级的影响均显著为正，但对制造业结构升级的影响显著为负。Sobel 检验的结果表明，人口老龄化对产业结构升级的消费支出效应均未通过 5% 水平下的显著性检验，说明人口老龄化对中部地区产业结构升级的消费支出效应均不显著。

从技术创新效应的检验结果来看，人口老龄化对技术创新的影响为负，但并不显著，且技术创新仅会对产业结构高级化产生显著的负向影响。与消费支出效应类似，人口老龄化对产业结构升级的技术创新效应也均未通过 Sobel 检验，即人口老龄化对中部地区产业结构升级的技术创新效应也均不显著。

表 4.16 人口老龄化对西部地区产业结构升级影响的估计结果

变量	模型 D1 SH	模型 D2 SR	模型 D3 IU	模型 D4 SU
poe	7.018＊＊＊ (1.641)	−1.558＊＊＊ (0.586)	1.911＊ (1.103)	−0.783＊＊ (0.393)
bas	−0.005 (0.018)	0.000 (0.006)	0.028＊＊ (0.013)	−0.010＊＊ (0.004)
urb	0.955 (0.649)	2.186＊＊＊ (0.232)	−0.397 (0.478)	−0.031 (0.154)
lnfdi	−0.040＊＊＊ (0.015)	0.010＊ (0.005)	−0.018 (0.011)	−0.003 (0.004)
lncap	−0.059 (0.042)	−0.087＊＊＊ (0.015)	−0.065＊＊ (0.031)	−0.002 (0.010)
fde	−0.271＊＊＊ (0.073)	0.008 (0.026)	−0.103＊ (0.053)	0.040＊＊ (0.018)
cons	0.990＊＊＊ (0.134)	−0.329＊＊＊ (0.048)	2.924＊＊＊ (0.107)	0.415＊＊＊ (0.033)
N	240	240	216	228
$\bar{R}^2$	0.193	0.488	0.492	0.077

注：括号内为标准误，＊＊＊、＊＊、＊分别表示在1%、5%、10%的水平下显著。

从表4.16的结果来看，人口老龄化对西部地区产业结构整体升级和产业结构内部升级的影响均显著，且人口老龄化对产业结构高级化和制造业结构升级的影响为正，人口老龄化对产业结构合理化和服务业结构升级的影响为负，这与全国层面的估计结果大致相同。但不同的是，与全国层面的结果相比，人口老龄化对西部地区产业结构合理化的影响显著为负，说明人口老龄化程度的加剧会阻碍西部地区的产业结构合理化进程。因此，可以做进一步的中介效应检验。从控制变量的结果来看，基础设施建设对制造业结构升级的影响显著为正，但对服务业结构升级的影响显著为负；城镇化率对产业结构合理化的影响显著为正；外商直接投资对产业结构高级化和制造业结构升级的影响均显著为负,但对产业结构合理化的影响显著为正;人均固定资本存量对产业结构合理化和制造业结构升级均会产生显著的消极影响;财政分权对产业结构高级化和制造业结构升级的影响均显著为负,但对服务业结构升级的影响显著为正。

将各个中介变量分别代入方程(4.4)和方程(4.5),可得表4.17所示的中介效应检验结果。

表 4.17 人口老龄化对西部地区产业结构升级的中介效应检验结果

变量	劳动力供给效应						
	模型 D5	模型 D6	模型 D7	模型 D8	模型 D9	模型 D10	模型 D11
	lnemp	SH	SR	ln$iemp$	IU	ln$simp$	SU
lnemp		0.144 (0.243)	0.540*** (0.079)				
ln$iemp$					0.098 (0.059)		
ln$semp$							-0.048** (0.020)
poe	-1.754*** (0.454)	7.270*** (1.698)	-0.611 (0.551)	-4.616*** (1.441)	2.175* (1.109)	0.086 (1.336)	-0.745* (0.389)
Sobel 检验	—	Z=-0.59	—	Z=-1.47	Z=-0.06		
是否存在中介效应	—	否	是	是	否		
中介效应大小	—	—	-0.947	-0.452			
中介效应/总效应	—	—	60.78%	23.65%			

续表

劳动生产率效应

变量	模型 D12 ln*lap*	模型 D13 SH	模型 D14 SR	模型 D15 ln*ilap*	模型 D16 IU	模型 D17 ln*slap*	模型 D18 SU
ln*lap*		−0.633*** (0.094)	−0.137*** (0.036)				
ln*ilap*					−0.014 (0.045)		
ln*slap*							0.008 (0.021)
poe	2.266** (1.071)	8.452*** (1.513)	−1.247** (0.574)	3.411* (1.860)	1.943* (1.110)	3.797*** (1.290)	−0.808** (0.399)
Sobel 检验	—			Z=−0.31	Z=0.38		
是否存在中介效应	—	是	是	否	否		
中介效应大小	—	−1.434	−0.310	—	—		
中介效应/总效应		20.43%	19.90%	—	—		

人力资本积累效应

变量	模型 D19 ln*stu*	模型 D20 SH	模型 D21 SR	模型 D22 IU	模型 D23 SU
ln*stu*		−0.039 (0.042)	−0.042*** (0.015)	0.026 (0.019)	0.010 (0.010)
poe	6.795*** (2.607)	7.282*** (1.666)	−1.271** (0.585)	1.723 (1.138)	−0.866** (0.401)
Sobel 检验	—	Z=−0.87	—	Z=1.21	Z=0.93

续表

变量	模型 D19	模型 D20	模型 D21	模型 D22	模型 D23
	ln*stu*	*SH*	*SR*	*IU*	*SU*
是否存在中介效应	—	否	是	是	否
中介效应大小	—	—	-0.285	0.177	—
中介效应/总效应	—	—	18.29%	9.26%	—

消费支出效应

变量	模型 D24	模型 D25	模型 D26	模型 D27	模型 D28
	poc	*SH*	*SR*	*IU*	*SU*
poc		1.784 *** (0.206)	0.072 (0.085)	0.133 (0.168)	-0.014 (0.060)
poe	-1.032 ** (0.463)	8.859 *** (1.436)	-1.484 ** (0.593)	2.058 * (1.119)	-0.800 ** (0.400)
Sobel 检验	—	—	Z=-0.79	Z=-0.75	Z=0.23
是否存在中介效应	—	是	否	否	否
中介效应大小	—	-1.841	—	—	—
中介效应/总效应	—	26.23%	—	—	—

技术创新效应

变量	模型 D29	模型 D30	模型 D31	模型 D32	模型 D33
	pot	*SH*	*SR*	*IU*	*SU*
pot		0.498 (5.622)	-6.455 *** (1.960)	13.273 *** (4.850)	2.208 (1.717)

续表

变量	模型 D29	模型 D30	模型 D31	模型 D32	模型 D33
	pot	*SH*	*SR*	*IU*	*SU*
poe	0.009 (0.020)	7.014＊＊＊ (1.645)	－1.500＊＊＊ (0.573)	1.887＊ (1.085)	－0.801＊＊ (0.392)
Sobel 检验	—	Z＝0.09	Z＝－0.45	Z＝0.45	Z＝0.42
是否存在 中介效应	—	否	否	否	否
中介效应 大小	—	—	—	—	—
中介效应/ 总效应	—	—	—	—	—

注：括号内为标准误，＊＊＊、＊＊、＊分别表示在1%、5%、10%的水平下显著。所有模型均包含控制变量，限于篇幅，本书仅列出核心解释变量和中介变量的估计结果。

由表4.17可知，从劳动力供给效应的结果来看，人口老龄化对西部地区就业总人数和第二产业就业人数的影响均显著为负，对第三产业就业人数的影响则不显著。就业人数对产业结构合理化的影响显著为正，对服务业结构升级的影响显著为负，但对产业结构高级化和制造业结构升级的影响均不显著。因此，人口老龄化对西部地区产业结构合理化的劳动力供给效应显著为负，即人口老龄化会通过降低就业人数阻碍西部地区的产业结构合理化。经Sobel检验可知，人口老龄化对西部地区制造业结构升级的劳动力供给效应显著为负，即人口老龄化会通过降低就业人数对制造业结构升级产生不利影响。

从劳动生产率效应的结果来看，人口老龄化对西部地区总体劳动生产率及第二产业和第三产业劳动生产率的影响均显著为正，其原因在于，西部地区存在大量的农业就业人口，人口老龄化程度的提高有利于推动农业就业人口向生产率更高的非农产业转移。劳动生产率对产业结构高级化和产业结构合理化的影响均显著为负，但对制造业结构升级和服务业结构升级的影响均不显著。因此，人口老龄化对西部地区产业结构高级化和产业结构合理化的劳动生产率效应均显著为负，即人口老龄化既会通过影响劳动生产率阻碍西部地区的产业结构高级化，也会阻碍西部地区的产业结构合理化。

从人力资本积累效应的结果来看，人口老龄化有利于提高西部地区的人力资本积累水平，但人力资本积累水平仅会对产业结构合理化产生显著的负向影响，这可能是由于人力资本积累水平的提高会使得西部地区更多受过高等教育的年轻人流向条件更好的东部沿海城市，进而阻碍当地的产业结构合理化进程。因此，人口老龄化对西部地区产业结构合理化的人力资本积累效应显著为负，即人口老龄化会通过影响西部地区的人力资本积累水平阻碍产业结构合理化。此外，经 Sobel 检验可知，人口老龄化对西部地区制造业结构升级的人力资本积累效应显著为正，即人口老龄化会通过提高人力资本积累水平推动西部地区的制造业结构升级。

从消费支出效应的结果来看，人口老龄化会对西部地区的消费支出产生显著的不利影响，且消费支出仅会对产业结构的高级化产生显著的推动作用。因此，人口老龄化对西部地区产业结构高级化的消费支出效应显著为负，即人口老龄化会通过降低消费支出水平阻碍西部地区的产业结构高级化进程。此外，人口老龄化对西部地区产业结构合理化、制造业结构升级和服务业结构升级的消费支出效应均未通过 Sobel 检验。

从技术创新效应的结果来看，人口老龄化对西部地区技术创新的影响并不显著，技术创新会对西部地区的产业结构合理化产生显著的消极影响，同时也会对西部地区的制造业结构升级产生显著的积极影响。因此，无论是对产业结构的整体升级，还是对产业结构的内部升级，均需进行 Sobel 检验。检验结果表明，人口老龄化对西部地区产业结构整体升级和产业结构内部升级的技术创新效应均未通过 Sobel 检验，即人口老龄化不会通过技术创新对西部地区的产业结构升级产生显著影响。

结合表4.12、表4.14和表4.16的结果来看，人口老龄化会对东部地区的产业结构高级化和制造业结构升级产生显著影响，会对中部地区的产业结构高级化、产业结构合理化和制造业结构升级产生显著影响，但对西部地区的产业结构高级化、产业结构合理化、制造业结构升级和服务业结构升级均会产生显著影响。因此，从总体来看，人口老龄化对东部地区、中部地区和西部地区产业结构升级影响的显著性依次增强，这与汪伟等人（2015）的研究结果是一致的[1]。从估计系数的大小来看，人口老龄化对中部地区产业结构升级的影响最大，这可能是由于与东部和西部地区相比，中部地区的产业结构层次最低，产业结构还存在较大的升级空间。张忠根等人（2016）的研究结果也表明，老年抚养比对中部地区产业结构升级的影响程度最大[2]。

因此，从以上的估计结果来看，人口老龄化会通过劳动力供给、劳动生产率、人力资本积累、消费支出和技术创新等多种中介效应对产业结构的整体升级和产业结构的内部升级产生显著的影响。以全国样本为例，人口老龄化对产业结构高级化、产业结构合理化和制造业结构升级的总效应为正，人口老龄化对服务业结构升级的总效应为负。然而，人口老龄化通过各种途径对产业结构升级产生的中介效应之和却并不等于总效应。因此，从这个角度来看，本书仅仅是对人口老龄化影响产业结构整体升级和产业结构内部升级的作用机制进行了初步探索。无论是产业结构的整体升级还是产业结构的内部升级均是十分复杂的过程，受到众多相关经济因素的影响，除了这几种中介效应之外，人口老龄化还极有可能通过其他的途径对产业结构的整体升级和产业结构的内部升级产生影响，这是本书的不

---

[1] 汪伟，刘玉飞，彭冬冬. 人口老龄化的产业结构升级效应研究 [J]. 中国工业经济，2015（11）：47-61.

[2] 张忠根，何凌霄，南永清. 年龄结构变迁、消费结构优化与产业结构升级——基于中国省级面板数据的经验证据 [J]. 浙江大学学报（人文社会科学版），2016，46（3）：81-94.

四、稳健性分析

以上模型所得估计结果的核心解释变量均为老年人口比重，为了进一步验证以上的估计结果是否稳健，本书将衡量人口老龄化程度的核心解释变量老年人口比重替换为老年人口抚养比，并以全国省级层面的总体样本为例，再次检验人口老龄化对产业结构升级的影响，估计结果如表 4.18 所示。

表 4.18 替换核心解释变量后人口老龄化对产业结构升级影响的估计结果

变量	模型 A34 SH	模型 A35 SR	模型 A36 IU	模型 A37 SU
rde	3.910 * * * (0.630)	0.362 * * (0.166)	0.476 (0.343)	-0.281 * * * (0.106)
bas	0.047 * * * (0.017)	0.009 * * (0.004)	0.019 * * (0.009)	-0.004 * (0.003)
urb	-0.330 (0.390)	0.939 * * * (0.101)	1.190 * * * (0.219)	0.043 (0.063)
lnfdi	-0.059 * * * (0.014)	0.007 (0.004)	-0.013 (0.008)	-0.007 * * * (0.002)
lncap	0.099 * * * (0.026)	-0.025 * * * (0.007)	-0.148 * * * (0.015)	-0.012 * * * (0.004)
fde	-0.629 * * * (0.047)	-0.039 * * * (0.012)	-0.062 * * (0.026)	0.050 * * * (0.008)
cons	0.590 * * * (0.085)	-0.509 * * * (0.022)	3.166 * * * (0.050)	0.470 * * * (0.014)
N	620	620	558	589
$\bar{R}^2$	0.262	0.409	0.443	0.212

注：括号内为标准误，* * *、* *、* 分别表示在 1%、5%、10% 的水平下显著，rde 为老年抚养比。

由表 4.18 可知，老年人口抚养比对产业结构高级化和产业结构合理化的影响均显著为正，老年人口抚养比对制造业结构升级的影响为正，但并不显著，老年人口抚养比对服务业结构升级的影响显著为负。通过将其与表 4.6 进行对比可知，人口老龄化对产业结构整体升级和产业结构内部升级的影响方向完全一致，且在显著性方面仅有制造业结构升级这一系数存在差异。因此，从总体来看，人口老龄化对产业结构升级影响的估计结果是稳健的，以上所得的结论是可信的。

第四节　本章小结

本章基于中国 31 个省、市、自治区 1998—2017 年的面板数据，首先构造了产业结构升级系数，在此基础上，采用中介效应模型验证了人口老龄化对产业结构升级产生影响的作用机制。结果表明，人口老龄化虽然会推动产业结构高级化、产业结构合理化和制造业结构升级，但同时也会阻碍服务业结构升级；虽然人口老龄化对产业结构的整体升级和产业结构的内部升级均存在显著的中介效应，但人口老龄化通过各种中介变量影响产业结构整体升级和产业结构内部升级的作用机制并不一致。此外，人口老龄化对产业结构升级的影响还存在显著的区域异质性，人口老龄化对东部地区、中部地区和西部地区产业结构升级影响的显著性依次递增，且人口老龄化对东、中、西三大区域产业结构升级产生影响的作用机制也存在较大差异。虽然本章还存在一些不足之处，如未对农业结构升级进行研究、产业结构升级的分效应之和不等于总效应等，但本章对这一领域进行了系统探索，不仅研究了人口老龄化对产业结构整体升级和产业结构内部升级的影响差异，还充分考虑了区域异质性，对这一研究领域进行了深入拓展，对于我们更好地了解人口老龄化影响产业结构升级的作用机制具有较强的现实意义。

第五章　人口老龄化对产业结构升级的门槛效应

本书在第四章已系统研究了人口老龄化对产业结构整体升级和产业结构内部升级影响的作用机制，且得出了较为丰富的研究结论。然而，在第四章中本书仅考虑了人口老龄化对产业结构升级的线性影响，社会经济活动往往错综复杂，经济变量之间很可能存在非线性关系，即在不同的情况下，人口老龄化对产业结构升级的影响可能并不一致，门槛模型是解决这一问题的有效方法。因此，本章将构建面板门槛模型从非线性角度研究人口老龄化对产业结构升级的影响。

第一节　理论分析

西蒙·库兹涅茨（1957）指出，随着时间的推移，产业的增加值和就业比重在各个部门之间将重新分配[1]。其中，农业的增加值和就业比重会系统地下降，服务业的增加值和就业比重稳步上升，而工业的增加值和就业比重则呈驼峰形，即早期工业部门的产值和就业份额会上升，后期则会

---

[1] KUZNETS S. Quantitative Aspects of the Economic Growth of Nations: II. Industrial Distribution of Product and Labor Force [J]. Economic Development and Cultural Change, 1957, 5 (7): 1-111.

下降，这一关于经济结构转型的事实被称为"库兹涅茨"特征事实。从西方各发达国家的发展历程来看，在产业结构转型升级的同时几乎都伴随着人口年龄结构的老化，即人口老龄化程度越来越严重。霍利斯·钱纳里（1986）的"经济发展六阶段理论"指出，任何国家和地区都会规律性地经过六个阶段：农业社会、工业化初期、工业化中期、工业化后期、后工业化社会和现代化社会。工业化初期、中期和后期合称为工业化社会，后工业化社会和现代化社会合称为发达经济社会[1]。在农业社会阶段，人口呈几何级数增长，实物呈自然指数增长，人口的快速增长使人均实物拥有量维持在生产水平，导致人口减少，恶性循环不断加剧，经济始终处于低收入水平阶段，不断陷入所谓的马尔萨斯陷阱。在这个阶段，人口年龄结构较为年轻，不存在人口老龄化的现象，产业结构的重心集中在农业方面。在工业社会阶段，一旦摆脱马尔萨斯陷阱，许多国家便开始重视经济发展，进行体制改革，不断提高资本积累率，最终实现了经济起飞，跨越了低收入阶段，进入一个二元经济发展时期。这一时期，经济存在两个部门，一是传统的农业部门，存在大量剩余劳动力，边际劳动生产率非常低；二是非农业部门，该部门的快速发展需要大量劳动力，由于社会剩余劳动力取之不尽、用之不竭，因此该部门在很长时间内可以依靠固定的制度性工资从农业部门吸收大量的劳动力。这一时期称为二元发展阶段，也称刘易斯发展阶段。在这个阶段，人口年龄结构迅速老化，老年人口日益增多，产业结构的重心集中在工业方面，并逐渐向服务业转移。在发达经济社会，一个经济体经历刘易斯拐点之后，一般来说因进入人口转变的新阶段，人口红利也逐渐消失，以往支撑经济增长的源泉，即劳动力增长、资本形成和劳动力转移带来的资源配置效率都逐渐趋于减弱，最终经济增长进入新古典阶段。这个经济发展阶段的特征是，劳动力是短缺的，资本报酬递减，因此，单纯依靠劳动力和资本等要素投入，不再能够保持经济

---

[1] CHENERY H, ROBINSON S, SYRQUIN M. Industrialization and Growth: A Comparative Study [M]. Oxford: Oxford University Press, 1986: 27-28.

增长的可持续性，经济发展只能依靠技术进步与劳动生产率的提高来维持，否则经济将出现停滞，这一阶段也称为索洛阶段。在这个阶段，人口年龄结构高度老化，老年人口占据极大的比重，产业结构的重心集中在服务业方面。由于人口年龄结构、经济增长与产业结构转型之间的关系是错综复杂的，人口老龄化通过改变就业结构和消费结构影响产业结构转型升级的过程也与经济增长密切相关，在不同的经济发展阶段，人口老龄化对产业结构升级产生的影响也可能存在阶段性差异。因此，本章将结合经济发展阶段理论分析人口老龄化对产业结构升级的作用机制。

在农业社会阶段，经济发展程度较低，人口结构较为年轻，老年人口比重较少，尚未进入人口老龄化社会，不存在人口老龄化问题，老年人口比重对产业结构升级的影响尚未显现。当一个国家摆脱马尔萨斯陷阱，进入工业化阶段后，经济开始迅速发展。在工业化初期阶段，逐渐步入人口老龄化社会，人口老龄化从就业和需求方面对产业结构产生影响。一方面，人口老龄化会对产业的就业结构产生较大影响，随着人口老龄化程度的提高，大量农业剩余劳动力逐渐向非农产业转移，产业的就业结构得到优化；另一方面，人口老龄化在对产业的就业结构产生影响的同时，还会对产业的产值结构产生影响，人口老龄化程度的提高必然伴随着老年人口规模的急剧扩大，这将极大地推动老龄产业的发展，而老龄产业大都属于服务业，服务业的迅速发展使得产业的产值结构得到优化。因此，在这一阶段，人口老龄化对产业结构升级的影响程度迅速扩大。随后，农业剩余劳动人口继续向非农产业转移，但转移速度明显放缓，老年人口规模继续扩大，人口老龄化程度较为严重，国家开始进入工业化中期社会，虽然人口老龄化仍然会对产业结构升级产生影响，但影响程度开始减弱。随着经济的进一步增长，国家开始进入工业化后期阶段，此时的人口老龄化程度进一步加深，但由于农业剩余人口已转移完毕，且老年人口的消费需求已充分释放，人口老龄化对产业结构升级的影响进一步减弱。最后，国家相继进入后工业化阶段和现代化阶段，人口老龄化程度已极为严重，但此时的就业结构和消费结构已基本处于稳定状态，人口老龄化不再对产业结构升级产生影响。

经过近四十多年的改革开放，中国的经济增长取得了举世瞩目的成就。在此期间，中国的人均 GDP 由 1978 年的 385 美元逐渐增长到 2018 年的 9630 美元，经济社会的发展阶段也逐渐由工业化初期过渡到了工业化中后期阶段。李建伟（2018）认为，自 1978 年以来，从经济发展的历程来看，改革开放贯穿于中国经济发展的整个过程，随着改革开放的不断深化，中国经济的市场化程度不断提高，经济增长表现出明显的阶段性特征[1]。具体来看，可划分为四个阶段，1978—1990 年为产业结构的调整优化阶段；1990—2000 年为新型轻工业化阶段；2000—2010 年为新型重工业化阶段；2010 年以后为工业化后期向后工业化时期转化阶段。从经济增长要素投入的转变方式来看，1978—1990 年是劳动力要素投入驱动为主阶段；1990—2000 年是劳动力与资本要素共同驱动阶段；2000—2010 年是资本要素投入驱动为主阶段；2010 年以后是资本要素与自主创新共同驱动阶段。杨宇等人（2012）认为，从全国层面来看，中国自 2003 年开始进入工业化初期阶段，2007 年进入工业化中期阶段；从省级层面来看，中国所有省、市、自治区均在 2010 年进入工业化初期阶段；从地级市层面来看，在 2000 年部分沿海城市已进入了工业化后期阶段，2010 年，大部分城市都进入了工业化初期和中期阶段，且部分城市已率先进入了工业化后期阶段和发达经济阶段[2]。虽然学者们从不同的角度对中国的经济发展阶段进行了分析，得出的研究结论也并不一致，但是普遍认为中国当前总体上已进入了工业化后期阶段，距离基本实现工业化的目标已为期不远（迟福林，2015[3]；

---

[1] 李建伟.中国经济增长四十年回顾与展望［J］.管理世界，2018，34（10）：11-23.
[2] 杨宇，刘毅，齐元静.基于不同区域尺度的中国经济发展阶段判断［J］.经济问题探索，2012（12）：1-6.
[3] 迟福林.转型抉择 2020：中国经济转型升级的趋势与挑战［M］.北京：中国经济出版社，2015：27.

刘伟等人，2017[①]）。

中国早在 2000 年就已进入了人口老龄化社会，当前已进入人口老龄化的加速期，且经济发展也经历了不同的阶段。在不同的经济发展阶段，人口老龄化对产业结构升级的影响是否存在差异？以上仅为理论层面的分析，本章将在此基础上通过构建面板门槛模型对其做进一步的深入研究。

第二节 模型构建与数据说明

一、模型构建

门槛效应模型是非线性计量模型中的一种，其最早由汉森（1999）提出[②]。门槛效应模型被认为是分组检验的扩展，即假设 φ 为门槛变量，该变量存在一个门槛值 λ，使得当 $\varphi > \lambda$ 或 $\varphi \leq \lambda$ 时，自变量对因变量的影响存在基于门槛变量 φ 的显著阶段性差异。该模型由样本数据内生决定了门槛数量和门槛值，不需要设定模型的非线性形式，并且依据 Bootstrap 自抽样法对门槛值的显著性进行检验，最后通过渐进分布理论得到模型参数的置信区间，克服了传统模型无法得到门槛置信区间和进行显著性检验的缺点。虽然门槛效应模型提出的时间并不长，但是由于其可以很好地用于研究变量之间的非线性关系而被学者们广为认可和接受，且在国内也逐渐得到了广泛的应用［如唐荣和顾乃华（2017）[③]，吴

[①] 刘伟，张辉，黄昊. 改革开放以来中国产业结构转型与经济增长［M］. 北京：中国计划出版社，2017：36.

[②] HANSEN B E. Threshold Effects in Non-dynamic Panels: Estimation, Testing, and Inference［J］. Journal of Econometrics，1999，93（2）：345-368.

[③] 唐荣，顾乃华. 人口老龄化将降低服务业生产效率吗？——基于 1993—2014 年我国省际人均 GDP 的门限模型［J］. 现代经济探讨，2017（9）：58-67.

飞飞和唐保庆（2018）[①]，赵春燕（2018）[②]]。

为了研究人口老龄化对产业结构升级的门槛效应，本书首先设定以下基准模型：

$$ins_{it} = \alpha + \beta poe_{it} + \delta X_{it} + \mu_i + \nu_t + \varepsilon_{it} \quad (5.1)$$

式（5.1）是研究人口老龄化对产业结构升级影响时的常用模型，其中，ins 为产业结构升级系数，分别包括产业结构高级化系数 SH、正向化之后的产业结构合理化系数 SR、制造业结构升级系数 IU 和服务业结构升级系数 SU，其构造方法如第四章所述。poe 为本书的核心解释变量人口老龄化程度，采用 65 岁及以上的老年人口比重来衡量，α 为截距项，β、δ 为参数，X 为控制变量，为了与第四章保持一致，本章的控制变量也包括基础设施水平 bas、城镇化率 urb、外商直接投资额 fdi、人均固定资本存量 cap 和财政分权 fde 等变量，μ、ν 分别为个体固定效应和时间固定效应，ε 为随机扰动项。

根据前面的理论分析，由于在不同的经济发展阶段，各个地区的人口老龄化程度对产业结构升级的影响可能因经济发展阶段的不同而存在较大差异，即两者之间存在非线性关系。为了避免人为划分区间带来的误差，本书采用汉森（1999）提出的面板门槛模型验证这一问题[③]。面板门槛模型可以根据数据的自身特点内生地划分经济发展阶段，从而可以研究不同经济发展水平下人口老龄化与产业结构升级之间的关系。与一般的线性效应不同，在门槛效应中，自变量对因变量的影响往往存在区间性变化，即在某个时点上当自变量达到某一特定的临界值时，自变量的斜率就会发生某种改变，自变量与因变量之间存在非线性关系。因此，本书以经济发展

---

① 吴飞飞，唐保庆. 人口老龄化对中国服务业发展的影响研究 [J]. 中国人口科学，2018（2）：103-115.

② 赵春燕. 人口老龄化对区域产业结构升级的影响——基于面板门槛回归模型的研究 [J]. 人口研究，2018，42（5）：78-89.

③ HANSEN B E. Threshold Effects in Non-dynamic Panels：Estimation，Testing，and Inference [J]. Journal of Econometrics，1999，93（2）：345-368.

程度作为门槛变量，在式（5.1）的基础上进行扩展，构建人口老龄化影响中国产业结构升级的三区制双门槛模型：

$$ins_{it} = \alpha + \beta_1 odr_{it} \times I(gdp_{it} < \gamma_1) + \beta_2 odr_{it} \times I(\gamma_1 < gdp_{it} < \gamma_2) + \beta_3 odr_{it} \times I(gdp_{it} > \gamma_2) + \delta X_{it} + \varepsilon_{it} \quad (5.2)$$

其中，gdp 为门槛变量，代表一个地区的经济发展水平，参考刘伟等人（2017）的研究，本书采用人均实际 GDP 来表示。γ_1、γ_2 分别表示两个不同的门槛值，$I(\cdot)$ 为示性函数，当满足条件时取值为 1，否则取值为 0。

二、数据说明

本章所选取的被解释变量、核心解释变量和控制变量与第四章完全一致，但与第四章不同的是，第四章中包含了中介变量，而本章的目的在于研究人口老龄化对产业结构升级的门槛效应。因此，本章并不包含中介变量，但包含门槛变量。对于本章的门槛变量，以 1998 年为基期，根据历年各省份的人均 GDP 指数，求得各省份历年的人均实际 GDP。1998 年的人均 GDP 及历年的人均 GDP 指数均来源于《中国统计年鉴》。对于其他变量的来源与数据的描述性统计分析，与第四章完全一致。由于在第四章中已对各变量进行过描述性统计分析和变量的平稳性分析，本章不再重复。对于本章中新增的门槛变量人均实际 GDP，从该变量的描述性统计结果来看，在样本期间内，全国层面的人均实际 GDP 均值为 21202 元，从分区域的描述性统计结果来看，东部地区、中部地区和西部地区三大区域的人均实际 GDP 均值分别为 32605 元、16677 元和 13765 元。因此，从以上结果来看，东部地区的人均实际 GDP 均值远远大于全国的人均实际 GDP 均值，东部地区、中部地区和西部地区的经济发展程度依次递减。

第三节　实证结果及分析

一、人口老龄化对产业结构升级的门槛效应分析

本书选取的人均实际 GDP 为绝对变量，在将其用于实证分析时对其进行对数化处理。对于本书中选取的其他变量，其处理方法与第四章完全一致。由于本书采用的是面板门槛模型，在使用这一模型进行实证分析之前，需要先对研究对象的门槛效应进行检验，只有在存在门槛效应的前提下，才可使用该模型进行实证分析；若不存在门槛效应，则只需使用普通面板模型。本书首先基于全国 31 个省、市、自治区总体层面的面板数据，以人均实际 GDP 为门槛变量，采用汉森（1999）提出的自助法（bootstrap 方法）对人口老龄化在影响产业结构升级的过程中是否存在门槛效应进行检验[①]，检验结果如表 5.1 所示。

表 5.1　人口老龄化对产业结构升级门槛效应的检验结果及门槛值估计结果

变量	模型	F 统计量	P 值	BS 次数	临界值 10%	临界值 5%	临界值 1%	门槛值	95%置信区间
SH	单一门槛	48.36	0.08	500	43.63	58.02	78.24	9.01	[9.00, 9.03]
	双重门槛	37.21	0.07	500	32.56	45.23	72.45	10.95	[10.90, 10.96]
	三重门槛	16.67	0.66	500	41.23	48.11	72.38	—	—

[①] HANSEN B E. Threshold Effects in Non-dynamic Panels: Estimation, Testing, and Inference [J]. Journal of Econometrics, 1999, 93 (2): 345-368.

续表

变量	模型	F统计量	P值	BS次数	临界值 10%	临界值 5%	临界值 1%	门槛值	95%置信区间
SR	单一门槛	9.58	0.70	500	37.16	50.39	115.85	—	—
SR	双重门槛	2.04	0.99	500	19.36	26.12	42.89	—	—
SR	三重门槛	6.58	0.46	500	12.78	16.27	25.10	—	—
IU	单一门槛	8.27	0.97	500	48.40	56.82	81.32	—	—
IU	双重门槛	10.58	0.50	500	23.53	28.20	37.49	—	—
IU	三重门槛	5.58	0.89	500	24.78	28.82	35.78	—	—
SU	单一门槛	48.37	0.04	500	36.66	46.17	57.97	9.97	[9.91, 9.98]
SU	双重门槛	17.54	0.31	500	30.37	37.77	51.67	—	—
SU	三重门槛	10.84	0.63	500	26.63	33.98	45.04	—	—

由表 5.1 可知，对于产业结构的整体升级，仅有产业结构高级化系数的单一门槛和双重门槛均通过了 10% 水平下的显著性检验，产业结构合理化系数则未通过 10% 水平下的门槛检验。因此，人口老龄化与产业结构高级化之间存在显著的非线性关系，即人口老龄化程度对产业结构高级化的影响与经济发展水平密切相关，但人口老龄化与产业结构合理化之间并不存在显著的非线性关系。人口老龄化对产业结构高级化门槛效应的门槛值分别为 9.01 和 10.95[①]（还原后分别为 8185 和 56954），结合六阶段发展理论及中国的经济发展进程来看，将这两个门槛值划分为三个区间后大致分别与工业化初期阶段、工业化中后期阶段和后工业化阶段相对应。对于产业结构的内部升级，人口老龄化仅对服务业结构升级存在单一门槛效应，对制造业结构升级不存在显著的门槛效应。人口老龄化对服务业结构

---

① 为便于理解，在结果分析时将其还原为非对数形式，后文同。

升级门槛效应的门槛值为 9.97（还原后为 21375），将这一门槛值划分为两个区间后大致与工业化中期阶段和工业化后期阶段相对应。对于产业结构高级化的双重门槛值，其 95% 的置信区间分别为［9.00，9.03］和［10.90，10.96］；对于服务业结构升级的单一门槛值，其 95% 的置信区间为［9.91，9.98］。图 5.1 和图 5.2 分别给出了以产业结构高级化和服务业结构内部升级作为被解释变量，以人均实际 GDP 作为门槛变量，似然比函数（LR 统计量）作为门槛参数时的趋势图，其中虚线以下部分即为相应门槛值对应的 95% 的置信区间，从这两幅图中可直观地看出门槛值和置信区间的确定过程。

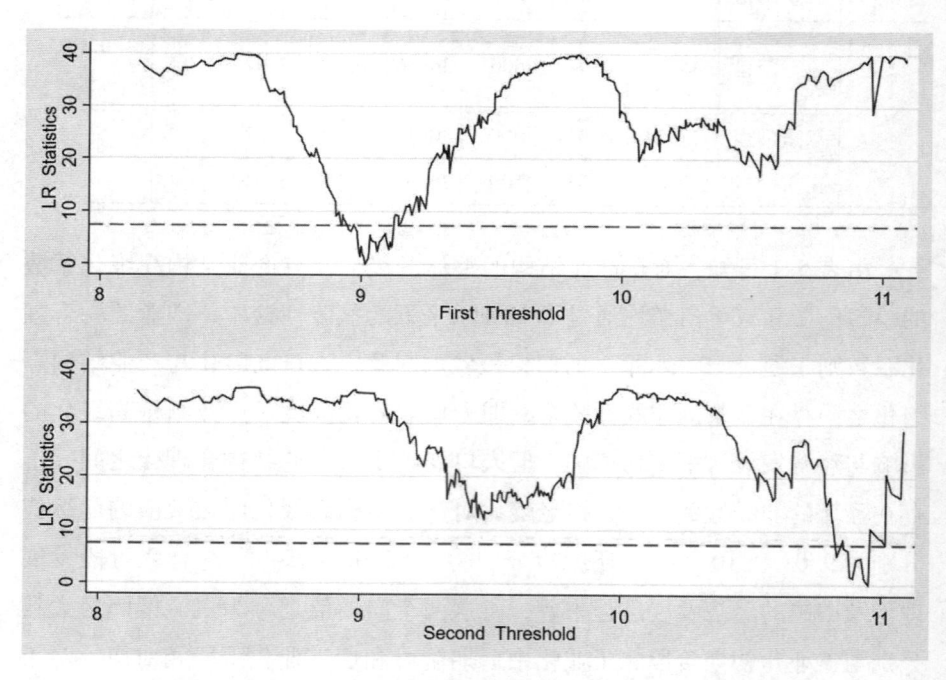

图 5.1　人口老龄化对产业结构高级化门槛值的 LR 统计量

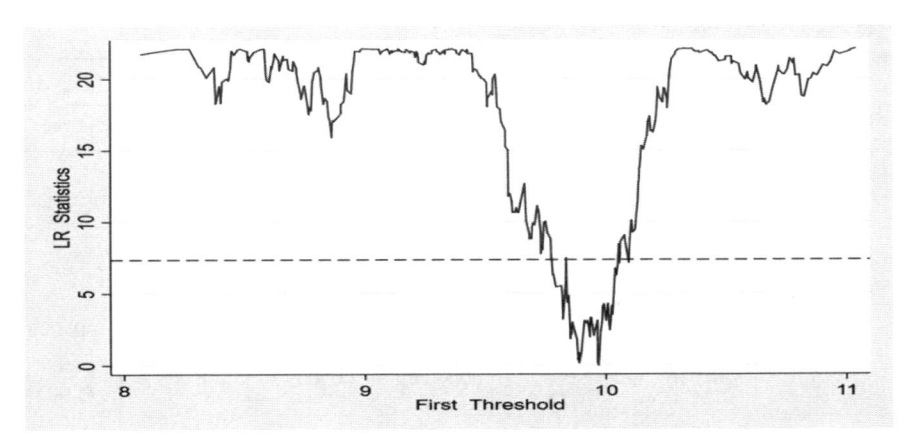

图 5.2　人口老龄化对服务业结构内部升级门槛值的 LR 统计量

由以上门槛效应检验的结果可知，对于产业结构高级化和服务业结构内部升级，可采用面板门槛模型进行下一步的分析；而对于产业结构合理化和制造业结构的内部升级，由于不存在显著的门槛效应，只需采用普通的面板模型进行分析，实证分析的结果如表 5.2 所示。

表 5.2　人口老龄化对产业结构升级的门槛效应估计结果

变量	模型 A1 门槛效应 SH	模型 A2 固定效应 SR	模型 A3 随机效应 SR	模型 A4 固定效应 IU	模型 A5 随机效应 IU	模型 A6 门槛效应 SU
$poe\_\ln gdp_1$	9.877*** (1.056)					−0.605*** (0.152)
$poe\_\ln gdp_2$	7.207*** (0.924)					−0.289* (0.149)
$poe\_\ln gdp_3$	5.933*** (0.885)					
poe		0.544** (0.249)	0.694*** (0.244)	0.945* (0.494)	1.452*** (0.502)	

续表

变量	模型 A1 门槛效应 SH	模型 A2 固定效应 SR	模型 A3 随机效应 SR	模型 A4 固定效应 IU	模型 A5 随机效应 IU	模型 A6 门槛效应 SU
ln*gdp*		0.069** (0.032)	0.020 (0.023)	0.219*** (0.066)	-0.062 (0.051)	
bas	0.031** (0.016)	0.009** (0.004)	0.009** (0.004)	0.016* (0.009)	0.011 (0.009)	-0.006** (0.003)
urb	0.282 (0.370)	0.930*** (0.101)	0.679*** (0.076)	1.136*** (0.217)	1.142*** (0.171)	0.002 (0.061)
ln*fdi*	-0.024* (0.014)	0.006 (0.004)	0.008*** (0.003)	-0.014* (0.008)	-0.001 (0.008)	-0.005** (0.002)
ln*cap*	0.082*** (0.025)	-0.060*** (0.017)	-0.023** (0.010)	-0.260*** (0.036)	-0.121*** (0.023)	-0.017*** (0.004)
fde	-0.484*** (0.046)	-0.033*** (0.012)	-0.043*** (0.011)	-0.048* (0.026)	-0.109*** (0.024)	0.053*** (0.007)
cons	0.030 (0.134)	-0.842*** (0.156)	-0.618*** (0.116)	2.109*** (0.324)	3.453*** (0.258)	0.532*** (0.017)
Hausman 检验	—	26.25*** (0.00)	24.18*** (0.00)	—		
N	620	620	620	558	558	589
$\bar{R}^2$	0.361	0.448	0.440	0.456	0.256	0.272

注：括号内为标准误，＊＊＊、＊＊、＊分别表示在1%、5%、10%的水平下通过显著性检验。虽然在第四章中已使用普遍面板模型估计了人口老龄化对产业结构合理化和服务业结构升级的影响，但为了进行对比分析，在此仍列出加入人均实际GDP作为控制变量后对这两个被解释变量影响的估计结果。

从表5.2的估计结果来看，对于产业结构高级化，无论在哪个区间，人口老龄化对产业结构高级化的影响均显著为正。当人均实际GDP低于8185元时，人口老龄化对产业结构高级化的影响最大；当人均实际GDP处于8185元到56954元时，人口老龄化对产业结构高级化的影响有所减弱；而当人均实际GDP高于56954元时，人口老龄化对产业结构高级化的影响进一步减弱。结合中国的实际情况来看，当人均实际GDP低于8185元时，中国已进入人口老龄化社会，且处于工业化初期阶段，人口老龄化速度日益加快，老年人口规模迅速扩大，一方面，农业剩余劳动人口大量向非农产业转移，极大地推动了产业就业结构的优化进程；另一方面，老年人口规模的扩大为老龄产业的发展奠定了基础，而老龄产业的发展又会进一步推动服务业的发展，进而促进产业产值结构的优化进程。因此，在这一阶段，人口老龄化对产业的产值结构和就业结构均会产生较大的影响，最终对产业结构高级化产生巨大的推动作用。当人均实际GDP处于8185元到56954元之间时，中国已进入工业化中后期阶段，虽然人口老龄化仍然会促进产业结构的高级化，但这种促进作用会逐渐减小。随着人均实际GDP突破56954元的门槛，人口老龄化对产业结构高级化的促进作用进一步减弱。对于产业结构合理化，根据Hausman检验的结果，选择了固定效应模型，从估计结果来看，人口老龄化对产业结构合理化的影响显著为正，这与第四章所得的结果是一致的。此外，人均实际GDP对产业结构合理化的影响显著为正，说明经济发展程度的提高有利于推动产业结构的合理化。对于制造业结构升级，与产业结构合理化类似，也选择了固定效应模型，结果显示，人口老龄化对制造业结构升级的影响也显著为正，这也与第四章的估计结果一致，这进一步说明了前文所得的估计结果是稳健的。人均实际GDP对制造业结构升级的影响显著为正，说明经济发展程度的提高除了有助于推动产业结构合理化，还有利于推动制造业结构升级。对于服务业结构升级，当人均实际GDP低于21375元时，人口老龄化对服务业结构升级的负向影响较大，这是由于此时人口老龄化正处于加速期，对金融业和房地产业等生产性服务业的消极影响正逐渐增强，进而会对服务业结构的内部升级产生较大的不利影响。当人均实际 GDP 跨过 21375 元的门槛时，虽然人口老龄化仍然会对服务业结构升级产生消极影响，但影响程度会逐渐减弱。

二、人口老龄化对产业结构升级门槛效应的区域差异性分析

以上为全国层面的实证分析，结果表明人口老龄化对产业结构整体升级和产业结构内部升级的门槛效应存在显著差异。考虑到中国东、中、西三大区域的人口老龄化程度、经济发展阶段以及产业结构升级状况也存在类似的特征，将全国层面的面板数据细分为东、中、西三大区域后，进一步深入分析人口老龄化对产业结构升级门槛效应的区域差异性，对区域层面的门槛效应检验结果如表 5.3 所示。

表 5.3　人口老龄化对不同地区产业结构升级的门槛效应检验结果及门槛值估计结果

区域	变量	模型	F 统计量	P 值	BS 次数	临界值 10%	临界值 5%	临界值 1%	门槛值	95%置信区间
东部地区	SH	单一门槛	22.91	0.50	500	49.73	63.97	89.34	—	—
		双重门槛	9.74	0.63	500	29.77	39.43	67.68	—	—
		三重门槛	9.42	0.84	500	36.46	44.44	60.53	—	—
	SR	单一门槛	6.87	0.74	500	25.32	31.07	41.62	—	—
		双重门槛	7.19	0.48	500	16.46	22.82	31.26	—	—
		三重门槛	4.00	0.69	500	12.40	17.19	30.12	—	—
	IU	单一门槛	35.32	0.07	500	33.24	37.99	50.83	8.90	[8.84, 8.95]
		双重门槛	23.26	0.26	500	46.18	67.12	101.19	—	—
		三重门槛	7.25	0.90	500	38.08	49.26	65.53	—	—
	SU	单一门槛	10.79	0.52	500	24.32	29.80	45.38	—	—
		双重门槛	4.64	0.86	500	16.05	18.95	26.60	—	—
		三重门槛	2.16	0.98	500	13.41	15.93	21.92	—	—

续表

区域	变量	模型	F统计量	P值	BS次数	临界值 10%	临界值 5%	临界值 1%	门槛值	95%置信区间
中部地区	SH	单一门槛	57.09	0.01	500	29.94	37.01	51.74	10.58	[10.55, 10.62]
		双重门槛	12.76	0.31	500	33.32	62.12	94.26	—	—
		三重门槛	6.26	0.60	500	21.78	45.20	101.78	—	—
	SR	单一门槛	36.87	0.03	500	23.31	28.89	44.86	10.36	[10.34, 10.39]
		双重门槛	6.06	0.63	500	20.30	26.27	44.60	—	—
		三重门槛	1.42	0.97	500	11.18	14.95	24.10	—	—
	IU	单一门槛	25.53	0.13	500	27.60	31.48	49.56	—	—
		双重门槛	10.20	0.46	500	22.17	27.24	39.21	—	—
		三重门槛	4.87	0.72	500	16.74	21.64	28.61	—	—
	SU	单一门槛	60.28	0.01	500	34.49	46.58	59.52	9.03	[9.01, 9.06]
		双重门槛	15.92	0.12	500	16.61	19.91	29.59	—	—
		三重门槛	13.69	0.48	500	26.78	32.77	46.62	—	—
西部地区	SH	单一门槛	18.48	0.30	500	29.81	36.52	51.87	—	—
		双重门槛	13.58	0.38	500	23.39	29.07	43.56	—	—
		三重门槛	5.82	0.90	500	23.85	30.23	43.29	—	—
	SR	单一门槛	35.04	0.07	500	32.22	41.14	57.74	10.28	[10.25, 10.31]
		双重门槛	10.60	0.50	500	28.01	33.93	46.07	—	—
		三重门槛	5.16	0.84	500	17.40	20.36	34.66	—	—
	IU	单一门槛	11.99	0.60	500	29.75	35.12	51.51	—	—
		双重门槛	7.84	0.68	500	24.49	29.02	44.04	—	—
		三重门槛	8.25	0.52	500	23.92	28.53	36.88	—	—
	SU	单一门槛	27.79	0.09	500	26.89	31.11	40.20	9.97	[9.84, 9.98]
		双重门槛	7.90	0.78	500	21.22	25.71	33.12	—	—
		三重门槛	8.17	0.75	500	26.83	32.15	45.63	—	—

从表5.3的结果来看，对于东部地区，人口老龄化仅对制造业结构内部升级存在单一的门槛效应，其门槛值为8.90（还原后为7332）；对于中部地区，人口老龄化对产业结构高级化、产业结构合理化和服务业结构升级均存在单一的门槛效应，其门槛值分别为10.58、10.36和9.03（还原

后分别为 39340、31571 和 8350);对于西部地区,人口老龄化对产业结构合理化和服务业结构升级均存在单一的门槛效应,其门槛值分别为 10.28 和 9.97(还原后分别为 29144 和 21375)。因此,人口老龄化对产业结构升级的门槛效应不仅存在整体和内部差异,还存在显著的区域差异性。人口老龄化对东部地区、中部地区和西部地区三大区域的产业结构升级均存在显著的门槛效应,东部地区的门槛效应模型估计结果如表 5.4 所示。

表 5.4 人口老龄化对东部地区产业结构升级的门槛模型估计结果

变量	模型 B1 固定效应 SH	模型 B2 随机效应 SH	模型 B3 固定效应 SR	模型 B4 随机效应 SR	模型 B5 门槛效应 IU	模型 B6 固定效应 SU	模型 B7 随机效应 SU
$poe\_\ln gdp_1$					0.414 (0.688)		
$poe\_\ln gdp_2$					1.418** (0.632)		
poe	4.137** (1.670)	3.895** (1.744)	−0.277 (0.189)	−0.265 (0.187)		−0.319* (0.168)	−0.320* (0.166)
$\ln gdp$	−0.646*** (0.236)	−0.190 (0.221)	0.049* (0.027)	0.026 (0.023)		−0.091*** (0.024)	−0.058*** (0.019)
bas	0.105*** (0.032)	0.114*** (0.033)	0.016*** (0.004)	0.016*** (0.004)	−0.006 (0.011)	0.001 (0.003)	0.000 (0.003)
urb	−0.281 (0.814)	1.128 (0.790)	0.604*** (0.093)	0.510*** (0.083)	1.406*** (0.326)	−0.131 (0.081)	−0.094 (0.069)
$\ln fdi$	−0.017 (0.046)	−0.031 (0.048)	−0.006 (0.005)	−0.007 (0.005)	0.054*** (0.017)	−0.007 (0.005)	−0.007* (0.004)
$\ln cap$	0.446*** (0.128)	0.121 (0.110)	−0.028* (0.015)	−0.010 (0.011)	−0.184*** (0.022)	0.052*** (0.013)	0.032*** (0.008)

续表

变量	模型 B1 固定效应 SH	模型 B2 随机效应 SH	模型 B3 固定效应 SR	模型 B4 随机效应 SR	模型 B5 门槛效应 IU	模型 B6 固定效应 SU	模型 B7 随机效应 SU
fde	−0.658 *** (0.091)	−0.562 *** (0.094)	−0.009 (0.010)	−0.013 (0.010)	−0.064 * (0.034)	0.055 *** (0.009)	0.060 *** (0.009)
$cons$	3.770 *** (1.189)	1.534 (1.137)	−0.668 *** (0.135)	−0.551 *** (0.118)	3.004 *** (0.123)	0.865 *** (0.118)	0.702 *** (0.096)
$Hausman$ 检验	26.07 *** (0.00)	6.18 ** (0.52)	—	10.67 (0.15)			
N	220	220	220	220	198	209	209
$\bar{R}^2$	0.362	0.285	0.664	0.661	0.310	0.356	0.227

注：括号内为标准误，***、**、*分别表示在1%、5%、10%的水平下通过显著性检验。

由于人口老龄化仅对东部地区的制造业结构升级存在门槛效应，因此，对于产业结构高级化、产业结构合理化和服务业结构升级，仍使用普通面板模型进行估计，并根据 $Hausman$ 检验的结果进行模型选择。表5.4的结果显示，对于产业结构高级化和产业结构合理化，分别选择了固定效应模型和随机效应模型。由模型B1和模型B4的结果可知，人口老龄化对产业结构高级化的影响显著为正，人口老龄化对产业结构合理化的影响为负，但并不显著，这与第四章的结果是完全一致的，说明即使加入了人均实际GDP作为控制变量，第四章的结果仍是稳健的，即人口老龄化会显著促进东部地区的产业结构高级化进程，但对产业结构合理化的影响并不显著。此外，人均实际GDP会对产业结构高级化产生显著的负向影响，对产业结构合理化的影响则并不显著。对于产业结构的内部升级，当人均实际

GDP 低于 7332 元时，人口老龄化对制造业结构升级的影响并不显著；当人均实际 GDP 高于 7332 元时，人口老龄化对制造业结构升级的影响显著为正。其原因在于，当经济发展水平较低时，东部地区的劳动力较为充足，制造业以劳动密集型为主，只有当经济发展水平跨越一定的门槛之后，劳动力短缺的情况才会出现，制造业劳动力成本的上升才能推动制造业由劳动密集型向资本密集型和技术密集型升级。对于服务业结构升级，Hausman 检验的结果选择了随机效应模型，从随机效应的结果来看，人口老龄化对服务业结构升级的影响显著为负，即人口老龄化程度的提高会阻碍东部地区服务业结构的内部升级，这是由于在东、中、西三大区域中，东部地区的金融业和房地产业等生产性服务业最为发达，人口老龄化程度的上升将对这类生产性服务业产生不利影响，进而阻碍东部地区的服务业结构升级进程。

表 5.5　人口老龄化对中部地区产业结构升级的门槛模型估计结果

变量	模型 C1 门槛效应 SH	模型 C2 门槛效应 SR	模型 C3 固定效应 IU	模型 C4 随机效应 IU	模型 C5 门槛效应 SU
$poe\_\ln gdp_1$	6.443*** (1.815)	5.207*** (0.674)			0.702** (0.295)
$poe\_\ln gdp_2$	12.281*** (1.674)	3.878*** (0.609)			-0.037 (0.267)
poe			1.306 (1.334)	5.161*** (1.181)	
$\ln gdp$			0.477*** (0.174)	-0.258** (0.108)	

续表

变量	模型 C1 门槛效应 SH	模型 C2 门槛效应 SR	模型 C3 固定效应 IU	模型 C4 随机效应 IU	模型 C5 门槛效应 SU
bas	0.013 (0.086)	0.138 ＊＊＊ (0.029)	-0.073 (0.072)	0.309 ＊＊＊ (0.047)	0.060 ＊＊＊ (0.013)
urb	0.752 (0.556)	0.758 ＊＊＊ (0.193)	2.296 ＊＊＊ (0.465)	0.741＊＊ (0.358)	0.248 ＊＊＊ (0.088)
$\ln fdi$	-0.012 (0.026)	0.025 ＊＊＊ (0.009)	0.008 (0.026)	0.118 ＊＊＊ (0.022)	0.000 (0.006)
$\ln cap$	0.039 (0.041)	-0.056 ＊＊＊ (0.014)	-0.462 ＊＊＊ (0.082)	-0.274 ＊＊＊ (0.045)	-0.031 ＊＊＊ (0.007)
fde	-1.825 ＊＊＊ (0.262)	-0.063 (0.087)	-0.066 (0.193)	0.449＊＊ (0.177)	-0.073＊ (0.042)
$cons$	0.763 ＊＊＊ (0.169)	-0.579 ＊＊＊ (0.067)	1.115 (0.901)	5.515 ＊＊＊ (0.538)	0.527 ＊＊＊ (0.032)
Hausman 检验	—	—	57.80 ＊＊＊ (0.00)	—	—
N	160	160	144	144	152
$\bar{R}^2$	0.547	0.636	0.645	0.683	0.699

注：括号内为标准误，＊＊＊、＊＊、＊分别表示在1%、5%、10%的水平下通过显著性检验。

表 5.5 是人口老龄化对中部地区产业结构升级门槛效应的估计结果，对于产业结构的整体升级，人口老龄化对产业结构高级化和产业结构合理化均存在显著的单一门槛效应。当人均实际 GDP 低于 39340 元时，人口老龄化对产业结构高级化的影响显著为正；当人均实际 GDP 高于 39340 元时，人口老龄化对产业结构高级化的影响仍然显著为正，且影响程度逐渐增大。当人均实际 GDP 低于 31571 元时，人口老龄化对产业结构合理化的影响显著为正；当人均实际 GDP 高于 31571 元时，人口老龄化对产业结构合理化的影响仍然为正，但影响程度逐渐下降。其原因在于，一方面，中部地区地处内陆，地理位置不及东部地区，自然资源不及西部地区，经济发展受到很大的限制，在经济发展程度较低时，大量受过高等教育的人才外流到东部地区，随着经济发展程度的提高，人才外流的情况会得到缓解，这会极大地促进第三产业的发展，使得人口老龄化对产业结构高级化的推动作用逐渐增强；另一方面，随着经济发展程度的进一步提高，中部地区的生产要素被充分利用，人力资本也被充分挖掘，人口老龄化对产业结构升级合理化的促进作用将趋于下降。对于产业结构的内部升级，人口老龄化对制造业结构升级不存在显著的门槛效应，且人口老龄化对制造业结构升级的影响为正。此外，人均实际 GDP 的提高有利于推动中部地区制造业结构的转型升级。人口老龄化对中部地区的服务业结构升级存在单一门槛效应，当人均实际 GDP 低于 8350 元时，人口老龄化对中部地区服务业结构升级的影响显著为正；当人均实际 GDP 高于 8350 元时，人口老龄化对中部地区服务业结构升级的影响不再显著。这是由于当人均实际 GDP 在 8350 元左右时，中部地区正处于工业化初期阶段，人口老龄化会推动大量农业剩余劳动人口转移到非农产业，房地产业和交通运输业等生产性服务业迎来快速上升期，进而推动服务业结构的转型升级。随着经济的进一步发展，中部地区进入工业化中后期，人口老龄化程度逐渐提高，由此将推动与老龄产业相关的生活性服务业的发展，人口老龄化对服务业结构升级的影响将由正向变为负向。

表5.6 人口老龄化对西部地区产业结构升级的门槛模型估计结果

变量	模型D1 固定效应 SH	模型D2 随机效应 SH	模型D3 门槛效应 SR	模型D4 固定效应 IU	模型D5 随机效应 IU	模型D6 门槛效应 SU
$poe\_\ln gdp_1$			−2.635*** (0.656)			−0.654* (0.343)
$poe\_\ln gdp_2$			−1.912*** (0.582)			−0.161 (0.351)
poe	7.311*** (1.517)	6.751*** (1.522)		3.013*** (1.013)	2.697*** (0.936)	
$\ln gdp$	−1.108*** (0.217)	0.035 (0.163)		−0.611*** (0.153)	−0.517*** (0.111)	
bas	−0.002 (0.017)	−0.027 (0.018)	0.005 (0.006)	0.029** (0.012)	0.031*** (0.012)	−0.012*** (0.004)
urb	1.750*** (0.635)	0.035 (0.585)	2.343*** (0.231)	−0.094 (0.457)	0.394 (0.401)	−0.247* (0.150)
$\ln fdi$	−0.019 (0.015)	−0.050*** (0.016)	0.010* (0.005)	−0.008 (0.011)	−0.006 (0.010)	−0.004 (0.004)
$\ln cap$	0.417*** (0.098)	−0.059 (0.057)	−0.102*** (0.015)	0.201*** (0.072)	0.128*** (0.045)	0.002 (0.010)
fde	−0.171** (0.074)	0.058 (0.080)	0.011 (0.025)	−0.039 (0.053)	−0.054 (0.050)	0.039** (0.017)

续表

变量	模型 D1 固定效应 SH	模型 D2 随机效应 SH	模型 D3 门槛效应 SR	模型 D4 固定效应 IU	模型 D5 随机效应 IU	模型 D6 门槛效应 SU
cons	6.535*** (1.096)	0.747 (0.875)	−0.229*** (0.055)	5.931*** (0.762)	5.553*** (0.582)	0.449*** (0.033)
Hausman 检验	69.98*** (0.00)	—	212.57*** (0.00)	—		
N	240	240	240	216	216	228
$\bar{R}^2$	0.244	0.308	0.473	0.529	0.552	0.173

注：括号内为标准误，＊＊＊、＊＊、＊分别表示在1%、5%、10%的水平下通过显著性检验。

表5.6是西部地区人口老龄化对产业结构升级门槛效应的估计结果，对于不存在门槛效应的产业结构高级化和制造业结构升级，Hausman 检验的结果均选择了固定效应模型。从估计结果来看，人口老龄化对产业结构高级化与制造业结构升级的影响均显著为正，这与第四章的结果相一致，说明加入人均实际 GDP 作为控制变量后所得结果仍是稳健的。人均实际 GDP 对西部地区产业结构高级化和制造业结构升级的影响均显著为负，其原因在于，一方面，西部地区还存在较多的农业剩余劳动力，其农业从业人口比重远远高于东部和中部地区，与东部地区和中部相比，其劳动力成本相对较低，随着东部地区和中部地区已不具备发展优势的劳动密集型产业和低端制造业逐渐转移到西部地区，这会在一定程度上加快西部地区农业就业人口向非农产业转移的进程，对西部地区经济发展水平的提高产生促进作用，但这主要会对第二产业产生较大的推动作用，对第三产业的影响相对较小，进而对产业结构高级化产生一定的不利影响；另一方面，受地理环境和经济发展水平的限制，西部地区的第二产业主要以劳动密集型

产业为主，其资本密集型和技术密集型产业占比较小，随着东部地区和中部地区的劳动密集型产业和低端制造业逐渐转移到西部地区，这会在一定程度上推动西部地区经济发展水平的提高，但同时也会使得西部地区资本密集型和技术密集型制造业的比重进一步下降，进而对西部地区的制造业结构升级产生不利影响。对于存在门槛效应的产业结构合理化和服务业结构升级，当人均实际 GDP 低于 29144 元时，人口老龄化对产业结构合理化的影响显著为负；当人均实际 GDP 高于 29144 元时，人口老龄化对产业结构合理化的影响仍然显著为负，但影响程度逐渐下降。这是由于在经济发展程度较低时，西部地区的劳动力供给较为充足，且人才大量流向东部沿海地区，造成生产资源配置的不合理，使得人口老龄化对西部地区的产业结构合理化产生阻碍作用；随着经济发展程度的提高，人才大量外流的困境会得到缓解，人口老龄化对西部地区产业结构的合理化的消极影响也逐渐减弱。当人均实际 GDP 低于 21375 元时，人口老龄化对服务业结构升级的影响显著为负；当人均实际 GDP 高于 21375 元时，人口老龄化对服务业结构升级的影响不再显著。其原因在于，与东部地区和中部地区相比，西部地区的经济发展程度最低，当人均 GDP 达到 21375 元时，西部地区处于工业化中期阶段，从工业化初期阶段到工业化中期阶段是西部地区人口老龄化的加速期，在此期间，与老龄产业相关的生活性服务业迅速发展，进而对服务业结构升级产生显著的消极影响；随着西部地区进入工业化后期，即使人口老龄化程度进一步提高，服务业的消费市场已较为稳定，人口老龄化对服务业结构升级的影响不再显著。

三、稳健性检验

由以上结果可知，人口老龄化对产业结构升级的门槛效应不仅存在整体和内部之间的差异，还存在全国和区域之间的差异。为了使结果更具说服力，本书以全国省级层面总体样本的面板数据为例，将用于衡量人口老龄化程度的核心解释变量由 65 岁及以上的老年人口比重替换为老年抚养比进行稳健性检验，门槛效应的检验结果及门槛值估计结果如表5.7所示。

表5.7 替换核心解释变量后的门槛效应检验结果及门槛值估计结果

变量	模型	F统计量	P值	BS次数	临界值 10%	临界值 5%	临界值 1%	门槛值	95%置信区间
SH	单一门槛	47.41	0.07	500	42.73	53.11	79.59	9.01	[8.99, 9.03]
	双重门槛	35.38	0.10	500	34.75	48.03	69.92	10.95	[10.90, 10.99]
	三重门槛	16.68	0.65	500	42.59	49.17	66.62	—	—
SR	单一门槛	8.69	0.84	500	48.04	66.13	120.09	—	—
	双重门槛	8.52	0.58	500	18.71	23.80	36.02	—	—
	三重门槛	3.47	0.95	500	19.33	24.12	37.92	—	—
IU	单一门槛	8.59	0.97	500	59.71	68.41	94.57	—	—
	双重门槛	10.79	0.52	500	24.28	29.69	39.87	—	—
	三重门槛	5.20	0.92	500	23.34	28.27	38.21	—	—
SU	单一门槛	50.93	0.02	500	34.46	40.53	53.46	9.97	[9.91, 9.98]
	双重门槛	13.81	0.48	500	29.78	36.99	52.31	—	—
	三重门槛	12.25	0.56	500	29.46	36.07	47.78	—	—

由表5.7可知，对于产业结构的整体升级，人口老龄化仅对产业结构高级化存在显著的双重门槛效应，对应的门槛值分别为9.01和10.95，对产业结构合理化则不存在显著的门槛效应。对于产业结构的内部升级，人口老龄化仅对服务业结构升级存在单一门槛效应，门槛值为9.97；但对制造业结构升级则不存在显著的门槛效应。从该估计结果来看，将核心解释变量由65岁及以上的老年人口比重替换为老年抚养比之后，无论是人口老龄化对产业结构整体和产业结构内部升级存在的门槛效应还是门槛值，与表5.1的估计结果均完全一致，说明前文所得的结果是稳健的，即人口老

龄化对产业结构高级化和服务业结构升级均存在显著的门槛效应。因此，可进一步得出表5.8所示的门槛效应估计结果。

表5.8 替换核心解释变量后的门槛效应估计结果

变量	模型A7 门槛效应 SH	模型A8 固定效应 SR	模型A9 随机效应 SR	模型A10 固定效应 IU	模型A11 随机效应 IU	模型A12 门槛效应 SU
$rde\_\ln gdp_1$	5.532*** (0.984)					−0.443*** (0.104)
$rde\_\ln gdp_2$	6.582*** (0.780)					−0.204** (0.102)
$rde\_\ln gdp_2$	4.366*** (0.640)					
rde		0.383** (0.166)	0.497*** (0.163)	0.514 (0.339)	0.819** (0.345)	
$\ln gdp$		0.077** (0.032)	0.028 (0.023)	0.228*** (0.066)	−0.056 (0.051)	
bas	0.035** (0.016)	0.008* (0.004)	0.009** (0.004)	0.016* (0.009)	0.010 (0.009)	−0.006** (0.003)
urb	0.084 (0.386)	0.925*** (0.101)	0.673*** (0.076)	1.141*** (0.217)	1.157*** (0.170)	−0.008 (0.061)

续表

变量	模型 A7 门槛效应 SH	模型 A8 固定效应 SR	模型 A9 随机效应 SR	模型 A10 固定效应 IU	模型 A11 随机效应 IU	模型 A12 门槛效应 SU
lnfdi	−0.025 * (0.015)	0.006 * (0.004)	0.008 * * (0.003)	−0.013 * (0.008)	0.000 (0.008)	−0.005 * * (0.002)
lncap	0.103 * * * (0.027)	−0.063 * * * (0.017)	−0.025 * * (0.010)	−0.262 * * * (0.036)	−0.120 * * * (0.024)	−0.017 * * * (0.004)
fde	−0.594 * * * (0.046)	−0.033 * * * (0.012)	−0.044 * * * (0.011)	−0.047 * (0.026)	−0.110 * * * (0.024)	0.054 * * * (0.007)
$cons$	0.080 (0.161)	−0.887 * * * (0.157)	−0.663 * * * (0.117)	2.058 * * * (0.325)	3.418 * * * (0.261)	0.542 * * * (0.017)
Hausman 检验	—	26.00 * * * (0.00)	56.58 * * * (0.00)	—	—	—
N	620	620	620	558	558	589
$\bar{R}^2$	0.316	0.449	0.440	0.454	0.264	0.275

注：括号内为标准误，* * *、* *、* 分别表示在1%、5%、10%的水平下通过显著性检验，rde 为老年抚养比。

由表 5.8 可知，对于产业结构高级化系数，无论人均实际 GDP 介于任何一个期间，人口老龄化对产业结构高级化的影响均显著为正，这与表 5.2 的结果是一致的。然而，有所不同的是，表 5.2 中人口老龄化对产业结构高级化的影响是随人均实际 GDP 的提高而逐渐减弱，表 5.8 中人口老龄化对产业结构高级化的影响则是先递增后递减，但最终的趋势是一致的。对于产业结构合理化系数，Hausman 检验选择了固定效应模型，说明人口老龄化对产业结构合理化的影响显著为正，即人口老龄化程度的提高会推动产业结构合理化。对于制造业结构升级系数，人口老龄化会对其产生积极影响，但并不显著。对于服务业结构升级系数，人口老龄化对其影响显著为负，且随着人均实际 GDP 的提高，人口老龄化对其影响逐渐减弱，这与表 5.2 的结果完全一致。因此，虽然表 5.8 的结果与表 5.2 的结果有所差异，但从总体来看，前文所得的结果是稳健的，即人口老龄化对产业结构高级化存在双重门槛效应，且人口老龄化会推动产业结构高级化；人口老龄化对服务业结构升级存在单一门槛效应，人口老龄化对服务业结构升级的消极影响会随着人均实际 GDP 的提高而逐渐减弱。

第四节　本章小结

基于不同的经济发展水平，人口老龄化对产业结构升级的影响可能存在阶段性差异这一设想，本章以人均实际 GDP 作为门槛变量，实证研究了人口老龄化与产业结构升级之间的非线性关系。结果表明：人口老龄化对产业结构升级的影响存在门槛效应，且人口老龄化对产业结构整体和内部升级的门槛效应存在显著差异。从产业结构整体升级来看，人口老龄化仅对产业结构高级化存在双重门槛效应；从产业结构内部升级来看，人口老龄化仅对服务业结构升级存在单一门槛效应。此外，人口老龄化对产业结构升级的门槛效应还存在显著的区域差异性，人口老龄化仅对东部地区的制造业结构升级存在显著的单一门槛效应；人口老龄化对中部地区的产业结构高级化、产业结构合理化和服务业结构升级均存在显著的单一门槛效应；人口老龄化仅对西部地区的产业结构合理化和服务业结构升级存在单一门槛效应。在中国人口老龄化程度日益严峻及经济发展进入新常态的背景下，上述研究结论有助于我们更好地认识人口老龄化对产业结构升级影响存在的阶段性差异问题，从而为相关产业发展规划的制订提供理论依据。

第六章　人口老龄化对产业结构升级的空间溢出效应

本书的第四章和第五章分别从中介效应和门槛效应研究了人口老龄化对产业结构升级的影响，考虑到中国是一个经济发展极不平衡的大国，各个地区的产业结构升级极有可能存在空间相关性，即一个地区的产业结构升级可能受到邻近区域的影响。因此，本书将从空间相关的角度研究人口老龄化对产业结构升级的溢出效应。

第一节　理论分析

人既是经济活动的参与者和社会财富的创造者，同时也是产品市场的消费者。通常情况下，0-14岁的少儿人口和65岁及以上的老年人口不具有劳动能力，只参与物质产品的消费活动；15-64岁的适龄劳动人口则同时参与物质产品的生产活动和消费活动。一个国家或地区的产业结构升级主要受到劳动力供给和消费需求两方面的影响，而人口老龄化既会对劳动力供给产生影响，又会对消费需求产生影响。因此，人口老龄化是影响产业结构升级的重要因素。考虑到区域经济活动往往存在空间依赖性，一个地区的产业结构升级除了受到自身经济要素的影响之外，还可能受到邻近区域的影响。因此，本书将从劳动力流动和产业集聚的视角分析产业结构升级的空间相关性。

其一，从劳动力流动的角度来看。1978年，中国开始实行改革开放的政策，在改革开放浪潮的推动下，中国的生产要素尤其是人力资本要素开始实现自由流动。1980年，中国正式设立深圳、珠海、汕头和厦门四个经济特区。得益于经济特区的设立带来的发展机遇，大量的适龄劳动人口逐渐从全国各地流向这些经济特区，这也成为中国大规模人口流动的开端。随后，中国又实施了东部优先发展战略，在经济扶持政策上优先向东部沿海地区倾斜。此外，东部地区具有优越的地理位置，为对外开放奠定了良好的基础，促使东部沿海地区在经济、社会和文化等各个方面的发展速度均明显快于中西部地区，这进一步加剧了人口流动的规模和速度。从流动人口的发展规模来看，段成荣等人（2008）的研究结果表明，1982年中国的流动人口仅有657万人，仅占总人口的0.7%；2000年中国的流动人口数量则达到了1.02亿人，占总人口的比重则达到了7.90%[①]。《2010年全国第六次人口普查主要数据公报》显示，2010年中国的流动人口高达2.21亿人，占总人口的比重达到16.53%。据国家卫计委发布的系列《中国流动人口发展报告》数据显示，中国的流动人口总量在2011—2014年间持续增长，由2011年的2.30亿人增长至2014年的2.53亿人。而流动人口总量自2015年开始下降，但仍保持较大比重，2017年的流动人口总量仍高达2.44亿人。国民经济与社会发展统计公报显示，2018年年末全国就业人口为7.76亿，而流动人口占就业人口总数的比重超过30%，流动人口对流入地产业的就业结构和产值结构均具有举足轻重的作用。从流动人口的分布状况来看，段成荣等人（2008）和梁艳梅（2018）的研究结

[①] 段成荣，杨舸，张斐，等. 改革开放以来我国流动人口变动的九大趋势［J］. 人口研究，2008，32（6）：30-43.

果表明①②，改革开放以来，中国流动人口的流入地分布经历了一个明显的集中化过程，流动人口越来越多地向沿海城市集中。1982年，北部、东部和南部沿海城市的流动人口占比仅为34.05%；到2000年，这一比例则高达53.90%。随着西部大开发、中部崛起和东北振兴等政策措施的出台，沿海地区产业逐渐向内地转移，中部和西部地区的发展速度加快，对人口和劳动力的吸引力不断增强，中国流动人口分布逐渐呈现出分散化的趋势。但直到2010年，北部、东部和南部沿海城市的流动人口占比仍高达53.99%。由于流动人口具有明显的成年化特征，即15-64岁的适龄劳动人口占据绝大多数，其中又以20-50岁之间的青壮年群体为主，随着这部分流动人口由中西部地区流向东部地区，不仅会对各地区的就业结构产生影响，还会对各地区的人口老龄化程度产生影响，进而改变各地区的产业结构。

其二，从产业空间集聚的角度来看。杜俊涛（2017）指出，由于专业化劳动、共享市场和共享劳动力等情况的存在，为了降低生产成本，产业部门往往会形成空间集聚的现象③。空间集聚概念最早由马歇尔（1890）提出，马歇尔认为产业的空间集聚会带来服务的专业化、工人技能的专业化和技术的空间溢出④。由于人口老龄化主要通过劳动力供给和消费需求影响产业结构，产业在转型升级的过程中不仅需要考虑劳动力老龄化之后的劳动力市场和消费市场，还需要共享基础设施、地方服务和交易成本以降低生产成本，这就导致产业的转型升级可能存在空间相关性。首先，从产业空间集聚的产业化程度来看，在规模报酬递增效应的引导下，产业活

---

① 段成荣，杨舸，张斐，等. 改革开放以来我国流动人口变动的九大趋势 [J]. 人口研究，2008，32（6）：30-43.
② 梁海艳. 中国流动人口生存与发展状况研究 [M]. 北京：经济管理出版社，2018：15.
③ 杜俊涛. 老龄化对产业结构升级影响的空间计量分析 [D]. 蚌埠：安徽财经大学，2017：23.
④ 马歇尔. 经济学原理（上下卷）[M]. 朱志泰，译，北京：商务印书馆，1964：68.

动在空间区位选择时往往倾向于选择具有相同类型产业的区域。在规模报酬递增效应的影响下，虽然人口老龄化为本地区创造了相关产业发展的劳动力和市场条件，但是企业依然会选择类似产业集中的区域进行产业布局。其次，从产业空间集聚的产业链角度来看，产业结构升级既会发生在产业之间，又会发生在产业内部之中。一个地区的产业链通常是垂直关联的，地方经济由交易网络组织成一个完整的垂直分工体系，市场的不确定性和技术水平的不断提高会极大地削弱内部规模经济和范围经济，从而导致产业的垂直分离与生产的外部化，企业因此获得更广阔的市场，对于市场变化也具有更强的灵活性，地理布局不再是产业获得劳动力和产品市场的主要限制，经济的外部性和空间集聚效应同时发生。产业的布局与升级更多的是依赖于本地区或邻近地区的产业发展状况，产业只需要获得足够的劳动力与产品市场就可以依赖集聚效应降低生产成本，而不必将产业布局在劳动力和产品市场所在地。最后，从产业集聚的空间扩散效应角度来看，在产业集聚不经济的情况下，产业布局趋向于空间扩散。所谓空间集聚不经济是指当经济达到一定的规模，超过了劳动力或产品市场的承载力时，产业集聚所带来的规模收益递减，企业的生产面临很多的负面约束，如劳动力成本提高、交通拥堵、环境污染和地价上涨等，迫使企业主动去邻近地区建立新的分支机构或者新的发展据点以降低生产成本。地方政府为了特定的目的也会对产业布局进行调控，引导有利于本地区发展的产业入驻，淘汰落后产业，诱导和鼓励地区资源和要素在部门之间流动或在区域之间扩散。改革开放之初，中国东部地区、中部地区和西部地区之间的发展差距较小，各地区的产业结构基本相同。随着改革开放的不断推进，在大量外来人口流入东部地区的同时，东部地区的工业化进程也明显加快，东部地区率先迎来了工业发展的黄金期。进入21世纪后，东部地区部分省份的产业结构重心开始由工业转移到服务业，截至2017年底，东部地区的第三产业增加值占比已高达54%，而中西部地区的第三产业增加值占比仍不足50%。从总体来看，东部地区的服务业最为发达，产业结构升级的进程也最快,中西部地区的产业结构较为相似,中国的产业结构在各区域之间存在明显的空间集聚性。

从以上分析来看,无论从劳动力流动的视角还是从产业空间集聚的视角来看,产业结构升级均存在空间相关性。然而,以上仅为理论层面的分析,需要通过实证研究做进一步的检验。因此,本书将基于中国31个省、市、自治区的面板数据,实证检验人口老龄化对产业结构升级的空间溢出效应。

第二节 模型构建与数据说明

一、模型构建

陈强(2014)指出,许多经济数据都涉及一定的空间位置,比如全国各省的国内生产总值、投资、贸易和研发等数据[1]。普通面板模型通常假设各省的变量相互独立,但常识告诉我们,各省经济有着广泛的联系,而且距离越近的省份联系越密切,即各省份之间存在空间溢出效应。空间面板模型的最大特色在于充分考虑了横截面之间的空间依赖性,可以很好地研究经济活动之间的空间溢出效应,目前已得到了广泛的应用。

为研究人口老龄化对产业结构升级的影响,与第五章类似,本章仍首先构建如下基准模型:

$$ins_{it} = \alpha + \beta poe_{it} + \delta X_{it} + \mu_i + \nu_t + \varepsilon_{it} \tag{6.1}$$

其中,ins 为产业结构升级系数,即本书的被解释变量,包括产业结构高级化系数 SH、正向化之后的产业结构合理化系数 SR、制造业结构升级系数 IU 和服务业结构升级系数 SU,其构造方法如第四章所述;poe 为 65 岁及以上的老年人口比重,即本书的核心解释变量。α、β、δ 为参数,μ 为

---

[1] 陈强. 高级计量经济学及 Stata 应用 [M]. 第二版. 北京:高等教育出版社,2014:575.

个体固定效应，ν 为时间固定效应，i 为省份，t 为年份，ε 为随机干扰项。此外，X 为本章的控制变量，为了与第四章和第五章相一致，本章的控制变量仍选取基础设施水平 bas、城镇化率 urb、外商直接投资额 fdi、人均固定资本存量 cap 和财政分权 fde 等几个变量。

考虑到中国的国土面积辽阔，各省份经济活动之间的空间集聚现象日益凸显，而式（6.1）并未考虑空间因素对产业结构升级的影响。因此，在式（6.1）的基础上，加入空间权重矩阵，构建空间杜宾模型。选择空间杜宾模型的优势主要在于：余易华等人（2013）认为，空间杜宾模型允许将解释变量与控制变量同时纳入空间分析体系中，能够更有效地控制可能存在空间溢出行为的变量，从而提高了估计结果的稳健性[1]；艾霍斯特（Elhorst，2014）证实空间杜宾模型更具综合性，空间分析应以该模型为基础[2]。因此，将式（6.1）由普通面板模型扩展为空间面板模型，构建如下形式的空间杜宾模型：

$$ins_{it} = \rho wins_{it} + \beta_j x_{it} + \gamma_j wx_{it} + \mu_i + \nu_t + \varepsilon_{it} \qquad (6.2)$$

其中，ρ 为空间自回归系数，表示邻近区域因变量对当地产业结构升级的影响；γ_j 为空间解释变量的系数，表示邻近区域自变量对当地产业结构升级的影响，w 为空间权重矩阵。一方面，得益于交通运输技术的快速发展，我国区域之间的经济活动不仅发生在邻省之间，而且即使是不相邻的省份也越来越多地建立了经济合作关系，邻接距离矩阵显然不太适合研究中国当前的区域经济问题；另一方面，当前部分学者在做空间计量方面的研究时所采用的经济距离矩阵或人力资本距离矩阵与所选样本长度密切相关，会对模型的稳健性产生较大的影响。鉴于以上两方面的原因，地理距离矩阵因具有不随时间变化的特性而被广泛使用。因此，本书中选用省会

---

[1] YU Y H, ZHANG L, ZHENG F H. Strategic Interaction and the Determinants of Public Health Expenditures in China: A Spatial Panel Perspective [J]. Annals of Regional Science, 2013, 50 (1): 203-221.

[2] ELHORST J P. Spatial Econometrics from Cross-sectional Data to Spatial Panel [M]. Heidelberg: Springer, 2014: 126.

城市之间的地理距离构建空间权重矩阵①。

虽然式（6.2）考虑了空间因素对产业结构升级的影响，但并未考虑前一期产业结构升级对当期产业结构升级的影响，而产业结构升级通常是一个连续的过程，具有惯性特征。陶长琪（2017）指出②，空间动态面板模型由安瑟林（1988）提出的空间静态面板模型发展而来③，这类模型具有截面和空间相关性。当经济单元中的数据同时具有截面和动态关联性时，使用空间动态面板模型进行分析是最直接和最有效的方法。因此，进一步对式（6.2）进行扩展，可得到如下空间动态杜宾模型：

$$ins_{it} = \tau ins_{i,t-1} + \psi wins_{i,t-1} + \rho wins_{it} + \beta_j x_{it} + \gamma_j w x_{it} + \mu_i + v_t + \varepsilon_{it}$$
(6.3)

与式（6.1）和式（6.2）相比，式（6.3）既考虑了空间效应，又考虑了产业结构升级的动态效应，用于衡量人口老龄化对产业结构升级的影响将更加合理，不仅可以得出人口老龄化对当地及邻近区域产业结构升级的影响，还可得出前一期产业结构升级对当期产业结构升级的影响。其中，当 $\tau = 0$ 且 $\psi = 0$ 时，式（6.3）为静态空间模型；当 $\tau = 0$ 且 $\psi \neq 0$ 时，式（6.3）为动态空间滞后模型；当 $\tau \neq 0$ 且 $\psi = 0$ 时，式（6.3）为动态时间滞后模型；当 $\tau \neq 0$ 且 $\psi \neq 0$ 时，式（6.3）为动态时空滞后模型。

二、数据说明

本章产业结构高级化和产业结构合理化的样本长度为 1998—2017 年，制造业结构升级的样本长度为 1999—2016 年，服务业结构升级的样本长度为 1998—2016 年。此外，本章用到的所有变量均与第四章相一致，变量的

---

① 考虑到空间溢出效应会随着地理距离的扩大而加速衰减，本书采用地理距离平方和的倒数来构建地理距离矩阵。
② 陶长琪. 空间计量经济学的前沿理论及应用 [M]. 第二版. 北京：科学出版社，2017：67.
③ ANSELIN L. Spatial Econometrics: Methods and Models [M]. The Netherlands: Kluwer Academic Press, 1988: 36.

选取、数据的描述性统计分析、变量的平稳性检验和协整检验等均如第四章所述。

第三节 实证结果及分析

一、空间相关性分析

在使用空间杜宾模型进行实证分析之前，首先需要检验被解释变量和核心解释变量的空间相关性，以判断是否有必要使用空间计量模型。参考陶长琪和彭永樟（2017）的研究①，本书采用莫兰（Moran's I）指数对老年人口比重和产业结构升级系数的空间相关性进行检验，结果如表6.1所示。

表6.1 人口老龄化和产业结构升级的空间相关性检验结果

year	poe	SH	SR	IU	SU
1998	0.306＊＊＊ （3.854）	0.013 （0.559）	−0.054 （−0.221）	—	0.044 （0.874）
1999	0.299＊＊＊ （3.756）	0.015 （0.584）	−0.067 （−0.360）	0.028 （0.656）	0.019 （0.577）
2000	0.359＊＊＊ （4.429）	0.011 （0.531）	−0.055 （−0.235）	0.008 （0.443）	−0.010 （0.283）
2001	0.341＊＊＊ （4.373）	0.022 （0.646）	−0.050 （−0.180）	−0.005 （0.306）	0.004 （0.461）
2002	0.415＊＊＊ （4.900）	0.024 （0.691）	−0.090 （−0.612）	0.051 （0.929）	0.052 （0.981）
2003	0.298＊＊＊ （3.902）	0.012 （0.555）	0.032 （0.729）	0.003 （0.393）	0.100 （1.436）

---

① 陶长琪，彭永樟．经济集聚下技术创新强度对产业结构升级的空间效应分析［J］．产业经济研究，2017（3）：91-103．

续表

year	poe	SH	SR	IU	SU
2004	0.313 * * * (3.970)	-0.001 (0.398)	-0.012 (0.233)	0.011 (0.491)	0.128 * (1.748)
2005	0.305 * * * (3.618)	-0.045 (0.893)	0.041 (0.419)	0.019 (0.559)	0.149 * * (2.032)
2006	0.254 * * * (3.126)	-0.093 (-0.769)	0.080 (1.238)	0.039 (0.812)	0.193 * * * (2.538)
2007	0.274 * * * (3.329)	-0.087 (-0.725)	0.131 * (1.872)	0.083 (1.311)	0.216 * * * (2.745)
2008	0.278 * * * (3.332)	-0.106 (-1.033)	0.160 * * (2.255)	0.075 (1.224)	0.272 * * * (3.252)
2009	0.240 * * * (2.967)	-0.071 (-0.530)	0.107 * (1.843)	0.086 (1.327)	0.188 * * (2.391)
2010	0.196 * * * (2.497)	-0.034 (-0.013)	0.134 * * (2.147)	0.071 (1.152)	0.149 * * (1.960)
2011	0.120 * (1.658)	-0.032 (0.021)	0.144 * * (2.243)	0.066 (1.117)	0.074 (1.160)
2012	0.142 * (1.910)	-0.038 (-0.070)	0.126 * * (2.037)	0.035 (0.765)	0.058 (0.999)
2013	0.154 * * (2.033)	-0.039 (-0.089)	0.115 * (1.836)	0.048 (0.888)	0.037 (0.764)
2014	0.113 * (1.602)	-0.062 (-0.408)	0.099 * (1.604)	0.049 (0.903)	0.025 (0.637)
2015	0.219 * * * (2.702)	-0.090 (-0.815)	0.063 (1.179)	0.085 (1.291)	-0.012 (0.226)
2016	0.197 * * * (2.493)	-0.063 (-0.412)	0.041 (0.875)	0.088 (1.320)	-0.013 (0.218)
2017	0.237 * * * (2.893)	-0.036 (-0.035)	0.030 (0.696)	—	—

注：括号内为 Z 统计量，＊＊＊、＊＊、＊分别表示在 1%、5%、10%的水平下显著。

由表 6.1 可知，对于本章的核心解释变量老年人口比重，所有年份的 Moran's I 指数均通过了 10%水平下的显著性检验，且所有年份的 Moran's I 指数均为正数，说明中国的人口老龄化程度存在明显的正向空间相关性。从被解释变量的结果来看，产业结构合理化系数和服务业结构升级系数的 Moran's I 指数在部分年份通过了空间相关性检验，说明中国的产业结构合理化和服务业结构升级也存在明显的正向空间相关性。然而，产业结构高级化系数和制造业结构升级系数在所有年份均未通过 Moran's I 指数，对于这两个系数，本书再次采用吉尔里 C 数（Geary's C 指数）对其空间相关性进行验证，发现虽然这两个系数未通过 Moran's I 检验，但在多数年份均通过了 Geary's C 检验，可以认为产业结构高级化系数和制造业结构升级系数也存在显著的空间相关性[①]。此外，本章的主要目的在于检验人口老龄化对邻近区域产业结构升级的空间溢出效应，只要核心解释变量人口老龄化程度存在空间相关性即可使用空间杜宾模型。因此，空间相关性的检验结果显示，核心解释变量和被解释变量均存在显著的空间相关性，有必要使用空间计量模型估计人口老龄化对产业结构升级的溢出效应。

二、静态空间面板模型结果及分析

为了进行对比分析，首先基于前文所述的地理距离空间权重矩阵，构建空间静态杜宾模型研究人口老龄化对产业结构整体升级和产业结构内部升级的影响及其溢出效应。对于每种不同的产业结构升级系数，均分别给出了固定效应和随机效应模型的结果，在对模型结果进行分析时，以空间 *Hausman* 检验选择的模型为准，空间静态杜宾模型的结果如表 6.2 所示。

[①] 限于篇幅，本书并未列出 Geary's C 指数的检验结果。

表 6.2　人口老龄化对产业结构升级影响的空间静态杜宾模型估计结果

变量	模型 A1 SH 固定效应	模型 A2 SH 随机效应	模型 A3 SR 固定效应	模型 A4 SR 随机效应	模型 A5 IU 固定效应	模型 A6 IU 随机效应	模型 A7 IS 固定效应	模型 A8 IS 随机效应
poe	4.263*** (0.943)	3.915*** (1.026)	0.812*** (0.280)	0.861*** (0.294)	0.031 (0.468)	0.494 (0.521)	0.061 (0.171)	0.130 (0.179)
bas	0.013 (0.014)	0.016 (0.015)	−0.002 (0.004)	0.002 (0.004)	0.029*** (0.007)	0.021*** (0.007)	−0.004* (0.002)	−0.003 (0.002)
urb	0.383 (0.352)	1.011*** (0.361)	0.904*** (0.097)	0.711*** (0.091)	1.190*** (0.184)	1.031*** (0.183)	0.027 (0.063)	0.063 (0.054)
lnfdi	0.008 (0.012)	−0.001 (0.013)	0.012*** (0.003)	0.013*** (0.004)	−0.017*** (0.006)	−0.011* (0.007)	−0.002 (0.002)	−0.003 (0.002)
lncab	−0.462*** (0.048)	−0.509*** (0.046)	−0.118*** (0.013)	−0.079*** (0.012)	−0.201*** (0.025)	−0.122*** (0.026)	−0.011 (0.009)	0.002 (0.007)
fde	−0.289*** (0.044)	−0.286*** (0.044)	−0.004 (0.012)	−0.026** (0.012)	0.029 (0.023)	−0.053** (0.025)	0.045*** (0.008)	0.031*** (0.008)
wpoe	0.862 (2.378)	2.610 (1.673)	2.036*** (0.683)	−0.265 (0.461)	−4.726*** (1.207)	0.157 (0.855)	−1.055** (0.443)	−0.898*** (0.297)
wbas	0.015 (0.043)	−0.020 (0.040)	−0.016 (0.012)	0.003 (0.011)	0.022 (0.020)	−0.002 (0.020)	−0.013* (0.007)	−0.013* (0.007)
wurb	−3.373*** (0.747)	−1.916*** (0.731)	0.309 (0.223)	−0.263 (0.177)	−1.176*** (0.424)	−0.561 (0.386)	0.084 (0.138)	−0.058 (0.110)
wlnfdi	−0.053 (0.036)	−0.143*** (0.029)	−0.010 (0.010)	−0.014* (0.007)	−0.041** (0.018)	−0.006 (0.017)	0.001 (0.006)	−0.007 (0.006)
wlncab	0.310*** (0.118)	0.682*** (0.056)	0.080*** (0.031)	0.070*** (0.015)	−0.159** (0.062)	0.069** (0.033)	0.012 (0.022)	0.004 (0.009)

184

续表

变量	模型 A1 SH 固定效应	模型 A2 SH 随机效应	模型 A3 SR 固定效应	模型 A4 SR 随机效应	模型 A5 IU 固定效应	模型 A6 IU 随机效应	模型 A7 IS 固定效应	模型 A8 IS 随机效应
$wfde$	-0.282** (0.119)	-0.308*** (0.106)	-0.062* (0.032)	0.016 (0.025)	0.172*** (0.060)	-0.027 (0.050)	-0.033 (0.022)	-0.028* (0.016)
ρ	-0.191*** (0.069)	0.222*** (0.055)	0.092 (0.074)	0.462*** (0.053)	0.080 (0.080)	0.622*** (0.045)	-0.063 (0.082)	0.355*** (0.059)
Hausman 检验	2.36 (0.88)		15.61** (0.03)		3.16 (0.79)		4.03 (0.67)	
N	620	620	620	620	558	558	589	589
$\bar{R}^2$	0.020	0.027	0.443	0.508	0.061	0.068	0.105	0.025
Log Likelihood	247.31	94.98	872.30	352.96	660.45	488.96	1271.58	1153.18

注：系数估计值的括号内为标准误，Hausman 检验值的括号内为 P 值，***、**、* 分别表示在 1%、5%、10%的水平下显著。

由表 6.2 可知，对于产业结构的整体升级和产业结构的内部升级系数，空间 Hausman 检验的结果显示，仅有产业结构合理化系数选择了固定效应模型，其他产业结构升级系数均选择了随机效应模型。从模型 A2 和模型 A3 的估计结果来看，人口老龄化对产业结构高级化和产业结构合理化的影响均显著为正，即人口老龄化不仅会显著推动产业结构高级化，还会显著推动产业结构合理化，这与第四章的结论是一致的。从模型 A6 和模型 A8 的估计结果来看，人口老龄化对制造业结构升级和服务业结构升级的影响均不显著，但人口老龄化对制造业结构升级的影响方向与第四章的估计结果是一致的。此外，从空间溢出效应的估计结果来看，人口老龄化对产业结构高级化和制造业结构升级的溢出效应均不显著，但人口老龄化对产业结构合理化的空间溢出效应显著为正，对服务业结构升级的空间溢出效应显著为负，即一个地区的人口老龄化程度不仅会对邻近区域的产业结构合理化产生显著的积极影响，而且还会对邻近区域的服务业结构升级产生显著的不利影响。然而，以上结论均是在未考虑产业结构升级动态效应的情况下得出的，并不能准确地反映人口老龄化对产业结构升级的真实影响，需要做进一步的检验。

三、动态空间面板模型结果及分析

由于产业结构升级是一个动态连续的过程，前一期的产业结构升级可能会对后一期的产业结构升级产生显著影响。因此，静态空间模型得出的结果可能是有偏的。为验证产业结构升级的这种动态效应是否存在，在空间静态模型的基础上加入产业结构升级的一期滞后项，分别构建时间滞后、空间滞后和时空滞后等三种不同类型的空间动态面板模型，并通过赤池信息准则（AIC）和贝叶斯信息准则（BIC）筛选出最优的模型对结果进行分析。首先，使用极大似然法（MLE）估计人口老龄化对产业结构整体升级的空间溢出效应，结果如表 6.3 所示。

表 6.3　人口老龄化对产业结构整体升级影响的空间动态杜宾模型估计结果

变量	模型 A9 SH 时间滞后	模型 A10 SH 空间滞后	模型 A11 SH 时空滞后	模型 A12 SR 时间滞后	模型 A13 SR 空间滞后	模型 A14 SR 时空滞后
$l.SH$	0.909 *** (0.023)		0.908 *** (0.023)			
$wl.SH$		-0.296 ** (0.121)	-0.040 (0.080)			
$l.SR$				0.854 *** (0.027)		0.857 *** (0.027)

续表

变量	模型 A9 SH 时间滞后	模型 A10 SH 空间滞后	模型 A11 SH 时空滞后	模型 A12 SR 时间滞后	模型 A13 SR 空间滞后	模型 A14 SR 时空滞后
$wl.SR$					0.146 (0.136)	−0.120 (0.096)
poe	1.038** (0.526)	4.518*** (0.926)	1.052** (0.526)	0.423** (0.184)	0.869*** (0.281)	0.439** (0.184)
bas	0.008 (0.008)	0.015 (0.014)	0.008 (0.008)	0.001 (0.003)	−0.001 (0.004)	0.001 (0.003)
urb	0.006 (0.209)	0.398 (0.372)	−0.005 (0.209)	−0.049 (0.075)	0.894*** (0.106)	−0.057 (0.075)
$lnfdi$	−0.008 (0.007)	−0.003 (0.012)	−0.008 (0.007)	0.002 (0.002)	0.012*** (0.003)	0.002 (0.002)
$lncab$	−0.058* (0.030)	−0.460*** (0.049)	−0.056* (0.030)	0.009 (0.010)	−0.109*** (0.014)	0.010 (0.010)
fde	−0.042* (0.025)	−0.308*** (0.044)	−0.042* (0.025)	−0.009 (0.008)	−0.009 (0.012)	−0.010 (0.008)
$wpoe$	0.035 (1.308)	0.441 (2.347)	0.123 (1.314)	−0.523 (0.453)	1.472** (0.686)	−0.497 (0.452)
$wbas$	−0.010 (0.024)	−0.013 (0.042)	−0.011 (0.023)	−0.007 (0.008)	−0.018 (0.012)	−0.006 (0.008)
$wurb$	−0.907** (0.447)	−3.813*** (0.787)	−0.897** (0.447)	−0.076 (0.160)	−0.028 (0.268)	0.032 (0.175)

续表

变量	模型 A9 SH 时间滞后	模型 A10 SH 空间滞后	模型 A11 SH 时空滞后	模型 A12 SR 时间滞后	模型 A13 SR 空间滞后	模型 A14 SR 时空滞后
$wlnfdi$	0.004 (0.020)	−0.032 (0.035)	0.003 (0.020)	−0.008 (0.007)	−0.017* (0.010)	−0.008 (0.007)
$wlncap$	0.114* (0.069)	0.246* (0.127)	0.100 (0.071)	0.049** (0.021)	0.111*** (0.033)	0.042* (0.022)
$wfde$	−0.056 (0.068)	−0.300** (0.123)	−0.066 (0.069)	0.023 (0.022)	−0.034 (0.033)	0.022 (0.022)
ρ	0.082*** (0.039)	0.047*** (0.009)	0.015*** (0.002)	0.045** (0.021)	0.057*** (0.018)	0.083 (0.075)
AIC	−1177.12	−494.78	−1175.52	−1981.03	−2482.26	−2481.27
BIC	−1111.45	−429.10	−1105.46	−1915.35	−2416.58	−2411.22
$\bar{R}^2$	0.901	0.007	0.891	0.490	0.864	0.869
N	620	620	620	620	620	620
Log Likelihood	477.04	−3611.45	444.28	754.65	780.02	838.94

注：括号内为标准误，***、**、*分别表示在1%、5%、10%的水平下显著。

由表6.3可知，从总体来看，空间动态模型的拟合优度明显高于空间静态模型，说明与空间静态模型相比，空间动态模型更适合用于研究人口老龄化对产业结构升级的溢出效应问题。对于产业结构高级化，AIC和BIC信息准则筛选出的最优模型为时间滞后模型，从模型的估计结果来看，人口老龄化对产业结构高级化的影响显著为正，但人口老龄化对邻近区域产业结构高级化的影响并不显著，说明人口老龄化仅会推动当地产业结构的高级化，对邻近区域的产业结构高级化不会产生显著的空间溢出效应。

此外，产业结构高级化的滞后项系数显著为正，说明前一期的产业结构高级化会显著推动后一期的产业结构高级化。对于产业结构合理化，AIC和BIC信息准则筛选出的最优模型为空间滞后模型，从模型的估计结果来看，人口老龄化对产业结构合理化的影响显著为正，且人口老龄化对邻近区域的产业结构合理化存在显著的正向空间溢出效应，即人口老龄化不仅会推动当地的产业结构合理化，还会对邻近区域的产业结构合理化产生显著的积极影响。但与产业结构高级化的结果不同的是，产业结构合理化的滞后项系数虽然为正，但并不显著。因此，结合产业结构高级化和产业结构合理化的结果来看，人口老龄化仅对产业结构合理化存在显著的正向空间溢出效应，且产业结构高级化存在显著的动态效应。此外，从控制变量的结果来看，基础设施水平和财政分权对产业结构的整体升级不存在显著的空间溢出效应，但城镇化率、外商直接投资和人均固定资本存量均对产业结构的整体升级存在显著的空间溢出效应。然后，估计人口老龄化对产业结构内部升级的影响，结果如表6.4所示。

表6.4　人口老龄化对产业结构内部升级影响的空间动态杜宾模型估计结果

变量	模型A15 IU 时间滞后	模型A16 IU 空间滞后	模型A17 IU 时空滞后	模型A18 SU 时间滞后	模型A19 SU 空间滞后	模型A20 SU 时空滞后
$l.IU$	0.887 *** (0.027)		0.900 *** (0.026)			
$wl.IU$		0.063 (0.142)	-0.362 *** (0.094)			
$l.SU$				0.781 *** (0.028)		0.784 *** (0.028)

续表

变量	模型 A15 IU 时间滞后	模型 A16 IU 空间滞后	模型 A17 IU 时空滞后	模型 A18 SU 时间滞后	模型 A19 SU 空间滞后	模型 A20 SU 时空滞后
wl.SU					-0.084 (0.155)	0.197* (0.116)
poe	0.029 (0.293)	0.034** (0.016)	0.145*** (0.071)	-0.050*** (0.018)	0.022 (0.172)	-0.058 (0.118)
bas	0.001 (0.004)	0.024*** (0.007)	0.000 (0.004)	-0.001 (0.002)	-0.004 (0.002)	-0.001 (0.002)
urb	-0.068 (0.131)	1.105*** (0.206)	-0.111 (0.130)	0.008 (0.046)	0.046 (0.067)	0.013 (0.046)
lnfdi	-0.002 (0.004)	-0.015** (0.006)	-0.004 (0.004)	-0.000 (0.002)	-0.003 (0.002)	-0.000 (0.002)
lncab	0.002 (0.017)	-0.191*** (0.027)	-0.000 (0.017)	-0.014** (0.006)	-0.010 (0.009)	-0.014** (0.006)
fde	-0.007 (0.015)	0.025 (0.024)	-0.010 (0.014)	0.023*** (0.006)	0.042*** (0.009)	0.025*** (0.006)
wpoe	1.311* (0.772)	-4.585*** (1.229)	1.118*** (0.065)	-0.303 (0.306)	-1.068** (0.443)	-0.308*** (0.105)
wbas	0.031** (0.013)	0.029 (0.021)	0.027** (0.013)	-0.002 (0.005)	-0.010 (0.008)	0.000 (0.005)

续表

变量	模型 A15 IU 时间滞后	模型 A16 IU 空间滞后	模型 A17 IU 时空滞后	模型 A18 SU 时间滞后	模型 A19 SU 空间滞后	模型 A20 SU 时空滞后
$wurb$	-0.108 (0.292)	-1.255** (0.505)	0.477 (0.311)	-0.019 (0.103)	0.033 (0.159)	-0.093 (0.109)
$wlnfdi$	-0.011 (0.011)	-0.039** (0.018)	-0.012 (0.011)	0.001 (0.004)	0.001 (0.006)	0.001 (0.004)
$wlncap$	0.015 (0.040)	-0.132** (0.067)	-0.029 (0.041)	0.013 (0.015)	0.022 (0.022)	0.014 (0.015)
$wfde$	-0.008 (0.038)	0.169*** (0.063)	-0.032 (0.038)	0.004 (0.015)	-0.029 (0.022)	0.004 (0.015)
ρ	0.122* (0.063)	0.059 (0.093)	0.224*** (0.076)	0.074** (0.031)	0.066*** (0.017)	0.138*** (0.008)
AIC	-1749.55	-1234.95	-1757.04	-2827.79	-2411.00	-2827.97
BIC	-1685.54	-1170.94	-1688.77	-2762.93	-2346.14	-2768.78
$\bar{R}^2$	527	527	527	558	558	558
N	0.875	0.064	0.901	0.664	0.004	0.667
Log Likelihood	518.42	510.31	675.38	1295.31	965.25	1298.43

注：括号内为标准误，＊＊＊、＊＊、＊分别表示在1%、5%、10%的水平下显著。

由表6.4可知，对于制造业结构升级和服务业结构升级，AIC和BIC准则筛选出的最优模型均为时空滞后模型。从制造业结构升级的估计结果来看，人口老龄化对制造业结构升级的影响显著为正，且人口老龄化对制造业结构升级的空间溢出效应也显著为正，说明人口老龄化不仅会对当地的制造业结构升级产生显著的推动作用，还会对邻近区域的制造业结构升级产生显著的正向空间溢出效应。从服务业结构升级的估计结果来看，人口老龄化对服务业结构升级的影响为负，却并不显著，但人口老龄化对邻近区域服务业结构升级的影响显著为负，即人口老龄化虽然不会对当地制造业结构升级产生显著影响，但会对邻近区域的制造业结构升级产生显著的消极影响。此外，与产业结构高级化的结果类似，前一期的产业结构内部升级也会对后一期的产业结构内部升级产生显著的推动作用，即产业结构的内部升级也存在显著的动态效应。控制变量的结果显示，仅有基础设施水平会对产业结构内部升级产生显著的空间溢出效应，城镇化率、外商直接给投资、人均固定资本存量和财政分权等变量对产业结构内部升级的空间溢出效应均不显著。

在空间计量模型中加权解释变量的系数除包含直接影响外，还包含了反馈效应，由此得出的结果可能是有偏的。因此，本书将反馈效应剔除，进一步把溢出效应分解为直接效应和间接效应。其中，空间静态模型可分解为长期直接效应和长期间接效应，而空间动态模型不仅包含长期溢出效应，还包含短期溢出效应。参考赵凯等人（2017）的研究，得出如表6.5所示的直接效应和间接效应的计算公式[①]。

表6.5　直接效应和间接效应的计算公式

类型	短期	长期
直接效应	$[(1-\rho w)^{-1}(\beta_K I_N)]^{\bar{d}}$	$[[(1-\tau)I-(\rho+\psi)w]^{-1}(\beta_K I_N)]^{\bar{d}}$
间接效应	$[(1-\rho w)^{-1}(\beta_K I_N)]^{\overline{rsum}}$	$[[(1-\tau)I-(\rho+\psi)w]^{-1}(\beta_K I_N)]^{\overline{rsum}}$

注：I 为单位矩阵，$\bar{d}$ 表示对该矩阵的主对角线元素求平均值，$\overline{rsum}$ 表示对该矩阵的所有非主对角线元素求平均值，β_K 表示各影响因素对应的系数向量，ψ、τ、ρ 分别为时间滞后系数、空间滞后系数和时空滞后系数。

---

① 赵凯，吴莞姝，王理想．政企R&D投入、财政分权与技术进步——基于空间动态面板杜宾模型[J]．研究与发展管理，2017，29（5）：137-146．

<<< 第六章 人口老龄化对产业结构升级的空间溢出效应

其中，直接效应为本地效应，表示解释变量对本地区产业结构升级的影响；间接效应为溢出效应，表示解释变量对邻近区域产业结构升级的影响。根据表6.5所示的公式，进一步得出空间动态模型的短期溢出效应和长期溢出效应，结果分别如表6.6和表6.7所示。

表6.6 空间动态杜宾模型的短期溢出效应估计结果

溢出效应	变量	模型A9 SH	模型A13 SR	模型A17 IU	模型A20 SU
直接效应	poe	1.012** (0.510)	0.872*** (0.272)	0.072*** (0.025)	-0.076 (0.115)
	bas	0.009 (0.007)	-0.001 (0.004)	0.001 (0.004)	-0.001 (0.002)
	urb	0.007 (0.204)	0.896*** (0.102)	-0.097 (0.120)	0.014 (0.046)
	lnfdi	-0.008 (0.007)	0.012*** (0.003)	-0.004 (0.004)	-0.000 (0.002)
	lncab	-0.055* (0.030)	-0.108*** (0.014)	-0.002 (0.018)	-0.015** (0.006)
	fde	-0.043 (0.026)	-0.010 (0.013)	-0.012 (0.014)	0.025*** (0.006)
间接效应	poe	-0.018 (1.227)	1.586** (0.712)	1.414*** (0.031)	-0.269*** (0.027)
	bas	-0.008 (0.023)	-0.018 (0.012)	0.034** (0.016)	0.000 (0.005)
	urb	-0.903** (0.452)	0.026 (0.306)	0.569 (0.372)	-0.083 (0.100)
	lnfdi	0.003 (0.019)	-0.017* (0.010)	-0.015 (0.014)	0.001 (0.004)

续表

溢出效应	变量	模型 A9 SH	模型 A13 SR	模型 A17 IU	模型 A20 SU
	lncab	0.121 (0.074)	0.113*** (0.037)	-0.039 (0.051)	0.013 (0.013)
	fde	-0.060 (0.067)	-0.040 (0.035)	-0.041 (0.049)	0.001 (0.014)
效应	poe	0.994 (1.167)	2.459*** (0.685)	1.486*** (0.350)	-0.345** (0.160)
	bas	0.001 (0.024)	-0.019 (0.013)	0.036** (0.018)	-0.000 (0.005)
	urb	-0.896** (0.396)	0.922*** (0.288)	0.471 (0.359)	-0.069 (0.088)
	lnfdi	-0.005 (0.020)	-0.005 (0.011)	-0.020 (0.015)	0.001 (0.004)
	lncab	0.066 (0.078)	0.005 (0.040)	-0.041 (0.057)	-0.002 (0.014)
	fde	-0.102 (0.071)	-0.050 (0.038)	-0.053 (0.053)	0.026* (0.014)

注：括号内为标准误，***、**、*分别表示在1%、5%、10%的水平下显著。

由表6.6可知，从产业结构整体升级的结果来看，人口老龄化对产业结构高级化的直接溢出效应显著为正，但间接溢出效应不显著，说明人口老龄化只会对当地的产业结构高级化产生显著的推动作用；而人口老龄化对产业结构合理化的直接溢出效应和间接溢出效应均显著为正，说明人口老龄化不仅会推动当地的产业结构合理化，而且还会对邻近区域的产业结构合理化产生显著的正向空间溢出效应。从直接效应来看，人口老龄化对产业结构整体升级的影响与第四章所得出的结论是一致的。人口老龄化之所以会对产业结构合理化产生显著的正向空间溢出效应，其原因主要在于，随着人口老龄化程度的不断加剧，劳动力的流动速度将逐渐减缓，尤其是受过高等教育的劳动力群体由中西部地区流向东部地区的速度将趋于下降，这就使得中西部地区人力资源大量流失的情况能够得到改善，推动当地的产业结构合理化进程，最终导致人口老龄化对产业结构合理化产生显著的正向空间溢出效应。从产业结构内部升级的结果来看，人口老龄化对制造业结构升级的直接溢出效应和间接溢出效应均显著为正，说明人口老龄化不仅会推动当地的制造业结构升级，还会推动邻近区域的制造业结构升级，这与楚永生等人（2017）得出的结论是一致的[①]；人口老龄化对服务业结构升级的直接溢出效应不显著，但人口老龄化对服务业结构升级的间接溢出效应显著为负。因此，人口老龄化既会对制造业结构升级产生显著的正向空间溢出效应，也会对服务业结构升级产生显著的负向空间溢出效应，即人口老龄化对制造业结构升级和服务业结构升级的空间溢出效应并不一致。其原因在于，一方面，在改革开放浪潮的推动下，大量的农业剩余劳动人口从农业转移到非农产业，极大地推动了中国制造业的发展进程，随着中国进入人口老龄化社会，不仅经济较发达地区出现了劳动力短期的情况，经济欠发达地区也将逐渐出现劳动力短缺的现象，人口老龄化速度的不断加剧提升了制造业的劳动力成本，进而推动制造业由劳动密集型向资本和技术密集型转型升级；另一方面，老年人口规模的急剧增加推动了老年食品、老年医疗和老年娱乐等生活性服务业的大力发展，但与此同时也对金融业和房地产业等生产性服务业的发展产生了一定的负面影响，得益于互联网技术和物流贸易的快速发展以及产业之间空间集聚现象的增强，人口老龄化对服务业产生的这些影响并不仅仅局限于当地，还会波及邻近区域。从总体来看，将空间溢出效应进行分解后得出的结果与表6.4的结果基本上是一致的。此外，从控制变量的结果来看，基础设施水平对制造业结构升级的间接溢出效应显著为正，说明基础设施水平的提高

---

① 楚永生，于贞，王云云．人口老龄化"倒逼"产业结构升级的动态效应——基于中国30个省级制造业面板数据的空间计量分析［J］．产经评论，2017，8（6）：22-33．

有利于推动邻近区域的制造业结构转型升级。城镇化率对产业结构高级化的间接溢出效应显著为负，但对产业结构合理化的直接溢出效应显著为正，说明城镇化率虽然会推动当地的产业结构合理化，但同时也会阻碍邻近区域的产业结构高级化。外商直接投资对产业结构合理化的直接溢出效应显著为正，间接溢出效应显著为负，说明外商直接投资虽然有利于推动当地的产业结构合理化，但会对邻近区域的产业结构合理化产生显著的消极影响。人均固定资本存量对产业结构高级化、产业结构合理化和服务业结构升级的直接溢出效应均显著为负，说明人均固定资本存量的提高不仅不利于当地的产业结构高级化和产业结构合理化，还不利于服务业结构升级；人均固定资本存量对产业结构合理化的间接效应显著为正，说明人均固定资本存量的提高有利于推动邻近区域的产业结构合理化。财政分权对服务业结构升级的直接溢出效应显著为正，说明财政分权有利于推动当地的服务业结构升级。

表6.7 空间动态杜宾模型的长期溢出效应估计结果

溢出效应	变量	模型A9 SH	模型A13 SR	模型A17 IU	模型A20 SU
直接效应	poe	11.762* (7.029)	0.916*** (0.270)	3.908 (34.278)	-0.259 (0.895)
	bas	0.107 (0.106)	-0.001 (0.004)	-0.004 (1.174)	-0.004 (0.013)
	urb	-0.198 (3.644)	0.902*** (0.101)	-2.264 (18.782)	0.048 (0.435)
	lnfdi	-0.098 (0.123)	0.011*** (0.003)	-0.035 (0.168)	0.001 (0.014)
	lncab	-0.565 (0.578)	-0.105*** (0.014)	0.027 (1.290)	-0.070 (0.050)
	fde	-0.493 (0.360)	-0.011 (0.013)	-0.091 (0.967)	0.120 (0.165)

续表

溢出效应	变量	模型 A9 SH	模型 A13 SR	模型 A17 IU	模型 A20 SU
间接效应	poe	7.653 (85.776)	1.999** (0.833)	9.006 (34.765)	-1.224 (20.909)
	bas	-0.070 (0.934)	-0.021 (0.015)	0.139 (1.181)	-0.018 (0.313)
	urb	-17.619 (74.272)	0.191 (0.355)	3.936 (18.843)	-0.016 (11.966)
	lnfdi	-0.145 (2.467)	-0.018 (0.012)	-0.034 (0.181)	0.023 (0.352)
	lncab	2.495 (12.639)	0.111** (0.043)	-0.175 (1.305)	-0.009 (1.056)
	fde	-1.105 (3.449)	-0.048 (0.041)	-0.106 (0.989)	-0.011 (4.852)
总效应	poe	19.415 (88.462)	2.915*** (0.835)	12.914 (9.202)	-1.503 (21.609)
	bas	0.037 (0.969)	-0.022 (0.016)	0.136 (0.122)	-0.022 (0.324)
	urb	-17.817 (76.687)	1.093*** (0.348)	1.672 (1.505)	0.032 (12.342)
	lnfdi	-0.243 (2.560)	-0.006 (0.012)	-0.069 (0.063)	0.024 (0.364)
	lncab	1.930 (13.078)	0.006 (0.048)	-0.148 (0.254)	-0.079 (1.094)
	fde	-1.598 (3.587)	-0.059 (0.045)	-0.197 (0.242)	0.108 (5.014)

注：括号内为标准误，***、**、*分别表示在1%、5%、10%的水平下显著。

从表 6.7 的结果来看,对于产业结构的整体升级和产业结构的内部升级,人口老龄化仅会对产业结构整体升级产生显著的长期溢出效应。其中,人口老龄化对产业结构高级化和产业结构合理化的长期直接溢出效应均显著为正,且人口老龄化对产业结构合理化的长期间接溢出效应也显著为正。说明无论在短期内还是在长期内人口老龄化均会显著推动产业结构高级化和产业结构合理化,且在长期内还会对邻近区域的产业结构合理化产生显著的促进作用。从直接溢出效应的系数来看,人口老龄化对产业结构高级化和产业结构合理化的长期影响均大于其短期影响,即人口老龄化对产业结构高级化和产业结构合理化的影响均表现出"长期效果强于短期效果"的时效性。此外,城镇化率和外商直接投资对产业结构合理化的长期直接溢出效应均显著为正,说明在长期内,城镇化率和外商直接投资会推动当地的产业结构合理化。人均固定资本存量对产业结构合理化的长期直接溢出效应显著为负,但对产业结构合理化的长期间接溢出效应显著为正,即人均固定资本存量虽然在长期内会对当地的产业结构合理化产生不利影响,但会显著推动邻近区域的产业结构合理化。

四、人口老龄化对产业结构升级空间溢出效应的区域差异性分析

以上结果表明,对于产业结构的整体升级,人口老龄化仅对产业结构合理化存在显著的正向空间溢出效应;对于产业结构的内部升级,人口老龄化对制造业结构升级和服务业结构升级的空间溢出效应均显著,但影响方向分别为正向和负向。因此,人口老龄化对产业结构整体升级和产业结构内部升级的空间溢出效应是不一致的。由于中国的经济发展极不均衡,区域之间存在较大的差异,有必要进一步研究人口老龄化对产业结构升级空间溢出效应的区域差异性。将全国分为东、中、西三大区域后,空间动态杜宾模型的估计结果分别如表 6.8、表 6.9 和表 6.10 所示①。

---

① 对于产业结构的整体升级和产业结构的内部升级,根据 AIC、BIC 准则筛选出最优模型。限于篇幅,文中未其余空间动态模型的估计结果。

表 6.8 人口老龄化对东部地区产业结构升级的空间动态杜宾模型估计结果

变量	模型 B1 SH 时空滞后	模型 B2 SR 时空滞后	模型 B3 IU 空间滞后	模型 B4 SU 时空滞后
$l.ins$	0.850 * * * (0.042)	0.929 * * * (0.038)		0.945 * * * (0.058)
$wl.ins$	0.548 * * * (0.168)	0.615 * * * (0.206)	-1.734 * * * (0.211)	-0.033 (0.279)
poe	-0.621 (0.787)	0.341 * * * (0.123)	-1.051 * (0.634)	0.353 * * * (0.122)
bas	0.029 * * (0.012)	0.003 * (0.002)	0.018 * * (0.008)	0.001 (0.002)
urb	-0.774 * (0.403)	0.029 (0.071)	1.927 * * * (0.364)	0.250 * * * (0.059)
$lnfdi$	0.019 (0.017)	-0.003 (0.003)	0.014 (0.015)	0.000 (0.003)
$lncap$	-0.003 (0.050)	0.022 * * * (0.008)	-0.122 * * * (0.040)	-0.022 * * * (0.007)
fde	0.017 (0.044)	-0.006 (0.007)	-0.141 * * * (0.035)	0.015 * * (0.007)
$wpoe$	-3.128 (3.148)	2.262 * * * (0.495)	-6.098 * * * (2.340)	2.455 * * * (0.447)
$wbas$	0.015 (0.052)	-0.013 (0.008)	0.079 * * (0.039)	0.004 (0.007)
$wurb$	-3.755 * (2.209)	0.606 * (0.361)	9.198 * * * (1.952)	1.534 * * * (0.304)
$wlnfdi$	0.068 (0.073)	-0.016 (0.012)	0.132 * * (0.062)	-0.012 (0.011)
$wlncap$	0.112 (0.182)	0.026 (0.030)	-0.506 * * * (0.153)	-0.044 * (0.026)

续表

变量	模型 B1 SH 时空滞后	模型 B2 SR 时空滞后	模型 B3 IU 空间滞后	模型 B4 SU 时空滞后
$wfde$	0.251 (0.192)	−0.042 (0.027)	−0.539*** (0.136)	0.038 (0.028)
ρ	0.626*** (0.146)	0.227 (0.166)	0.885*** (0.150)	0.896*** (0.166)
N	209	209	187	198
$\bar{R}^2$	0.912	0.645	0.206	0.138
Log Likelihood	609.79	514.52	903.05	2451.91

注：为使得结果更加简洁，对解释变量部分的产业结构升级系数统一以 ins 替代，括号内为标准误，***、**、*分别表示在1%、5%、10%的水平下显著。

表6.8为人口老龄化对东部地区产业结构升级的空间溢出效应估计结果，从产业结构升级滞后系数的结果来看，产业结构高级化、产业结构合理化和服务业结构升级均存在显著的动态效应；产业结构高级化和产业结构合理化的空间滞后系数显著均为正，说明前一期的产业结构高级化和产业结构合理化会对邻近区域后一期的产业结构高级化和产业结构合理化产生积极影响；制造业结构升级的空间滞后系数显著为负，说明前一期的制造业结构升级会对邻近区域后一期的制造业结构升级产生消极影响。从人口老龄化系数的估计结果来看，人口老龄化对东部地区产业结构合理化和服务业结构升级的影响均显著为正，人口老龄化对东部地区制造业结构升级的影响显著为负，但人口老龄化对东部地区产业结构高级化的影响并不显著。这与第四章所得的结果并不完全一致，这主要是由于本章既考虑了产业结构升级的动态效应，又考虑了人口老龄化对产业结构升级的空间溢出效应。此外，人口老龄化对东部地区制造业结构升级的空间溢出效应显著为负，但对东部地区产业结构合理化和服务业结构升级的空间溢出效应显著为正，即人口老龄化虽然会对东部地区邻近区域的制造业结构升级产

生不利影响，但同时也会显著推动东部地区邻近区域的产业结构合理化和服务业结构升级。其原因在于，一方面，东部地区的产业结构整体升级进程明显快于中西部地区，当前东部地区多数省份的产业结构重心均已从制造业转移到服务业，服务业迎来快速发展的黄金期，由于产业空间集聚现象的存在，人口老龄化对东部地区服务业结构升级产生的推动作用会产生空间扩散效应，同时也会对邻近区域的产业结构合理化产生一定的促进作用；另一方面，东部地区的制造业当前正面临劳动力短缺和成本上升的困境，这虽然会在客观上推动制造业结构升级，但由于当前中国的整体劳动力素质还处于较低水平，而资本和技术密集型制造业对劳动力的受教育程度要求往往较高，且东部地区的制造业规模较为庞大，东部地区劳动力的人力资本结构可能还不足以推动东部地区制造业结构的顺利转型升级。此外，基础设施水平对东部地区制造业结构升级的空间溢出效应显著为正；城镇化率对东部地区产业结构高级化的空间溢出效应显著为负，但对东部地区产业结构合理化以及制造业结构升级和服务业结构升级的空间溢出效应显著为正；外商直接投资对东部地区制造业结构升级的空间溢出效应显著为正；人均固定资本存量对东部地区制造业结构升级和服务业结构升级的空间溢出效应均显著为负；财政分权对东部地区制造业结构升级的空间溢出效应显著为负。

表6.9　人口老龄化对中部地区产业结构升级的空间动态杜宾模型估计结果

变量	模型C1	模型C2	模型C3	模型C4
	SH	*SR*	*IU*	*SU*
	时空滞后	空间滞后	时空滞后	时空滞后
l.ins	0.926＊＊＊ （0.067）		0.830＊＊＊ （0.066）	0.740＊＊＊ （0.061）
wl.ins	-0.669＊＊＊ （0.129）	-0.407＊＊＊ （0.147）	-1.439＊＊＊ （0.182）	-0.031 （0.133）
poe	20.010＊＊＊ （1.257）	3.086＊＊＊ （0.663）	8.401＊＊＊ （0.890）	0.363＊ （0.205）

续表

变量	模型 C1 SH 时空滞后	模型 C2 SR 空间滞后	模型 C3 IU 时空滞后	模型 C4 SU 时空滞后
bas	-0.380*** (0.065)	0.079*** (0.029)	-0.346*** (0.059)	0.009 (0.010)
urb	0.957 (0.644)	0.793*** (0.303)	2.146*** (0.491)	0.038 (0.104)
lnfdi	0.084*** (0.023)	-0.005 (0.010)	-0.023 (0.017)	0.003 (0.004)
lncap	-0.050 (0.121)	-0.116** (0.049)	-0.129 (0.083)	-0.021 (0.017)
fde	0.204 (0.150)	-0.130* (0.067)	0.634*** (0.115)	0.021 (0.024)
wpoe	51.249*** (2.318)	3.247*** (1.143)	21.896*** (1.608)	-0.166 (0.362)
wbas	-0.988*** (0.141)	-0.034 (0.064)	-0.424*** (0.113)	-0.012 (0.022)
wurb	6.605*** (0.712)	0.694* (0.369)	5.899*** (0.585)	0.196 (0.124)
wlnfdi	0.176*** (0.038)	0.020 (0.017)	0.071*** (0.027)	0.004 (0.006)
wlncap	-0.192 (0.180)	0.157* (0.082)	-0.385*** (0.122)	-0.009 (0.026)
wfde	2.405*** (0.336)	-0.371** (0.148)	1.089*** (0.260)	-0.072 (0.058)
ρ	0.144 (0.096)	0.166 (0.101)	0.372*** (0.116)	0.249*** (0.094)
N	152	152	136	144
$\bar{R}^2$	0.207	0.528	0.048	0.754
Log Likelihood	1957.04	745.63	749.87	241.64

注：为使得结果更加简洁，对解释变量部分的产业结构升级系数统一以 ins 替代，括号内为标准误，＊＊＊、＊＊、＊分别表示在1%、5%、10%的水平下显著。

表6.9为人口老龄化对中部地区产业结构升级空间溢出效应的估计结果，产业结构升级滞后项的系数表明，产业结构高级化、制造业结构升级和服务业结构升级均存在显著的动态效应；产业结构高级化、产业结构合理化和制造业结构升级的空间滞后系数均显著为负，说明产业结构高级化、产业结构合理化和制造业结构升级均会对邻近区域的产业结构高级化、产业结构合理化和制造业结构升级产生显著的消极影响。从人口老龄化系数的估计结果来看，人口老龄化对中部地区的产业结构高级化、产业结构合理化、制造业结构升级和服务业结构升级的影响均显著为正。此外，人口老龄化对中部地区的产业结构高级化、产业结构合理化和制造业结构升级的空间溢出效应也显著为正，说明人口老龄化不仅会推动中部地区的产业结构整体升级和产业结构内部升级，同时还会对邻近区域的产业结构整体升级和制造业结构升级产生显著的正向空间溢出效应。其原因在于，虽然中部地区的产业结构升级进程落后于东部地区，但中部地区也具有较为完整的产业结构，第一产业、第二产业和第三产业的绝大多数细分行业在中部地区均有分布。此外，中部地区的地理位置较为特殊，既与东部地区接壤，又与西部地区相邻，起着"承东启西"的重要作用，人口老龄化对中部地区产业结构升级的推动作用还存在极大的上升空间。与东部地区和西部地区相比，人口老龄化对中部地区产业结构升级的空间溢出效应不仅更加显著，而且影响程度也更大，这与刘玉飞和彭冬冬（2106）的研究结果是相同的[①]。此外，从控制变量的溢出效应结果来看，基础设施水平对中部地区的产业结构高级化和制造业结构升级均具有显著的正向空间溢出效应；城镇化率对中部地区的产业结构高级化、产业结构合理化和制造业结构升级的空间溢出效应均显著为正；外商直接投资对中部地区产

---

① 刘玉飞，彭冬冬. 人口老龄化会阻碍产业结构升级吗——基于中国省级面板数据的空间计量研究 [J]. 山西财经大学学报，2016，38（3）：12-21.

业结构高级化和制造业结构升级的空间溢出效应均显著为正；人均固定资本存量对中部地区产业结构合理化的空间溢出效应显著为正，但对制造业结构升级的空间溢出效应显著为负；财政分权对中部地区的产业结构高级化和制造业结构升级均会产生显著为正的空间溢出效应，但对产业结构合理化的空间溢出效应则显著为负。

表6.10　人口老龄化对西部地区产业结构升级的空间动态杜宾模型估计结果

变量	模型 D1 SH 时空滞后	模型 D2 SR 空间滞后	模型 D3 IU 时空滞后	模型 D4 SU 时空滞后
$l.ins$	0.908 * * * (0.043)		0.763 * * * (0.053)	0.677 * * * (0.057)
$wl.ins$	0.148 (0.168)	−0.663 * * * (0.196)	−0.152 (0.168)	0.289 (0.201)
poe	2.716 * * * (0.978)	−0.980 * (0.565)	1.106 * (0.610)	0.152 (0.308)
bas	−0.016 (0.012)	−0.037 * * * (0.006)	0.002 (0.007)	−0.003 (0.003)
urb	−0.564 (0.448)	1.753 * * * (0.239)	−0.705 * * (0.289)	0.061 (0.138)
$\ln fdi$	−0.017 * * (0.008)	0.009 * * (0.004)	−0.003 (0.005)	0.002 (0.003)
$\ln cap$	−0.092 * (0.055)	−0.301 * * * (0.027)	−0.019 (0.035)	−0.000 (0.017)
fde	−0.028 (0.044)	0.001 (0.022)	−0.003 (0.030)	0.049 * * * (0.015)
$wpoe$	3.675 (3.687)	−1.313 (2.071)	2.773 (2.137)	−1.149 (1.113)

续表

变量	模型 D1 SH 时空滞后	模型 D2 SR 空间滞后	模型 D3 IU 时空滞后	模型 D4 SU 时空滞后
wbas	-0.052* (0.029)	-0.060*** (0.014)	0.032* (0.018)	0.004 (0.009)
wurb	-1.002 (1.263)	3.023*** (0.711)	-1.335 (0.869)	-0.253 (0.411)
wlnfdi	-0.027 (0.019)	-0.006 (0.010)	-0.030** (0.012)	0.010* (0.006)
wlncap	0.179 (0.298)	-0.847*** (0.154)	0.093 (0.186)	0.052 (0.091)
wfde	0.053 (0.152)	-0.105 (0.074)	-0.097 (0.093)	-0.024 (0.048)
ρ	0.288** (0.129)	0.184 (0.128)	0.240* (0.123)	0.243* (0.130)
N	228	228	204	216
$\bar{R}^2$	0.815	0.218	0.813	0.220
Log Likelihood	116.43	870.23	125.48	33.38

注：为使得结果更加简洁，对解释变量部分的产业结构升级系数统一以 ins 替代，括号内为标准误，***、**、*分别表示在1%、5%、10%的水平下显著。

表6.10为人口老龄化对西部地区产业结构升级空间溢出效应的估计结果，结果显示，与中部地区类似，西部地区的产业结构高级化、制造业结构升级和服务业结构升级也存在显著的动态效应，即前一期的产业结构升级会显著推动后一期的产业结构升级；但仅有产业结构合理化的空间滞后项系数显著，即西部地区前一期的产业结构合理化会对邻近区域后一期的产业结构合理化产生显著的消极影响。从人口老龄化系数的估计结果来

看，人口老龄化对西部地区的产业结构高级化和制造业结构升级的影响均显著为正，对西部地区产业结构合理化的影响显著为负，这与第四章的结果是一致的；但与第四章不同的是，人口老龄化和对服务业结构升级的影响并不显著。此外，人口老龄化对西部地区产业结构整体升级和产业结构内部升级的空间溢出效应均不显著。其原因在于，一方面，与东部地区和中部地区相比，西部地区的人口老龄化程度最低，其对产业结构升级的影响目前还较弱，虽然青壮年劳动力的大量外流加剧了当地的人口老龄化程度，促进了相关老龄产业的发展，但受人力资本和经济发展水平的限制，西部地区的产业结构难以实现快速升级；另一方面，西部地区地域面积辽阔，各省份的自然资源较为丰富，极大地推动了当地的工业化进程，但其第三产业的发展速度较为缓慢，且很难形成大规模的产业集群，人口老龄化对产业结构升级的空间溢出效应难以凸显。此外，从控制变量溢出效应的估计结果来看，基础设施水平对西部地区产业结构高级化和产业结构合理化的空间溢出效应均显著为负，但对制造业结构升级的空间溢出效应显著为正；城镇化率对西部地区产业结构合理化水平的空间溢出效应显著为正；外商直接投资对西部地区制造业结构升级的空间溢出效应显著为负，但对服务业结构升级的空间溢出效应显著为正；人均固定资本存量仅对西部地区的产业结构合理化存在显著的负向空间溢出效应；与人口老龄化类似，财政分权对西部地区所有产业结构升级系数的空间溢出效应均不显著。为了进一步验证前文的结论，本书还根据表6.5的公式得出了表6.11所示的三大区域的短期空间溢出效应估计结果[1]。

---

[1] 由于多数变量的长期溢出效应均不显著，且本书主要在于研究人口老龄化对产业结构升级的空间溢出效应，限于篇幅，本书仅列出东、中、西三大区域人口老龄化对产业结构升级的短期溢出效应估计结果。

表 6.11 人口老龄化对各地区产业结构升级的短期空间溢出效应估计结果

区域	溢出效应	SH	SR	IU	SU
东部地区	直接效应	-0.335 (0.772)	0.286** (0.127)	-0.983 (0.617)	0.115 (0.130)
	间接效应	-1.732 (2.068)	1.924*** (0.480)	-5.719*** (2.159)	1.403*** (0.269)
	总效应	-2.066 (2.052)	2.210*** (0.520)	-6.702*** (2.400)	1.518*** (0.276)
中部地区	直接效应	17.420*** (2.046)	2.889*** (0.673)	5.592*** (1.300)	0.405** (0.203)
	间接效应	45.626*** (4.018)	2.552** (1.123)	16.818*** (1.733)	-0.211 (0.317)
	总效应	63.047*** (5.573)	5.440*** (1.210)	22.410*** (2.307)	0.194 (0.342)
西部地区	直接效应	2.638*** (1.002)	-0.973* (0.563)	1.050* (0.609)	0.232 (0.307)
	间接效应	2.597 (3.040)	-1.037 (1.928)	2.301 (1.851)	-0.956 (0.947)
	总效应	5.235* (2.854)	-2.011 (1.851)	3.351* (1.794)	-0.724 (0.913)

注：上述各列估计结果分别与表 6.8、表 6.9 和表 6.10 中的模型相对应，括号内为标准误，***、**、*分别表示在1%、5%、10%的水平下显著。

从表 6.11 的估计结果来看，对于东部地区，人口老龄化仅对产业结构合理化具有显著为正的直接溢出效应，且对制造业结构升级的间接溢出效应为负，对产业结构合理化和服务业结构升级的间接溢出效应均显著为正。因此，人口老龄化会显著推动东部地区的产业结构合理化以及东部地区邻近区域的产业结构合理化和服务结构升级，同时也会阻碍东部地区邻近区域的制造业结构升级。对于中部地区，人口老龄化对产业结构高级化、产业结构合理化、制造业结构升级和服务业结构升级的直接溢出效应均显著为正；人口老龄化对产业结构高级化、产业结构合理化和制造业结构升级的间接溢出效应均显著为正。对于西部地区，人口老龄化会对产业结构高级化和制造业结构升级产生显著为正的直接溢出效应，也会对产业结构合理化产生显著为负的直接溢出效应，但人口老龄化对产业结构整体升级和产业结构内部升级的间接溢出效应均不显著。从总体来看，人口老龄化对中部地区产业结构升级的空间溢出效应最为显著，影响程度也最大，人口老龄化对西部地区产业结构升级的空间溢出效应最不显著，这也进一步证实了前文的估计结果。

五、稳健性分析

为了验证前文估计结果的稳健性，以全国省级层面的总体样本为例，将用于衡量人口老龄化程度的核心解释变量老年人口比重替换为老年抚养比，再次使用极大似然法对方程（6.3）进行估计，结果如表6.12所示[①]。

表6.12　替换核心解释变量后人口老龄化对产业结构升级空间溢出效应的估计结果

变量	模型 A21	模型 A22	模型 A23	模型 A24
	SH	SR	IU	SU
	时间滞后	空间滞后	时空滞后	时空滞后
$l.ins$	0.912 * * * (0.023)		0.895 * * * (0.026)	0.780 * * * (0.028)
$wl.ins$		0.168 (0.136)	-0.370 * * * (0.094)	0.201 * (0.116)
rde	0.586 * (0.315)	0.343 * (0.186)	-0.136 (0.200)	-0.046 (0.081)
bas	0.008 (0.008)	-0.001 (0.004)	0.001 (0.004)	-0.001 (0.002)

---

① 限于篇幅，本书仅列出主要的估计结果，未列出分解后的空间溢出效应估计结果。

续表

变量	模型 A21 SH 时间滞后	模型 A22 SR 空间滞后	模型 A23 IU 时空滞后	模型 A24 SU 时空滞后
urb	0.010 (0.211)	0.924*** (0.106)	-0.107 (0.130)	0.020 (0.046)
lnfdi	-0.008 (0.007)	0.012*** (0.003)	-0.004 (0.004)	0.000 (0.002)
lncap	-0.054* (0.029)	-0.108*** (0.014)	0.001 (0.017)	-0.013** (0.006)
fde	-0.041 (0.026)	-0.006 (0.012)	-0.009 (0.015)	0.026*** (0.006)
wrde	0.247 (0.876)	1.382*** (0.457)	0.425 (0.116)	-0.357* (0.205)
wbas	-0.008 (0.024)	-0.016 (0.012)	0.027** (0.013)	-0.000 (0.005)
wurb	-0.963** (0.443)	-0.109 (0.266)	0.427 (0.310)	-0.130 (0.109)
wlnfdi	0.003 (0.020)	-0.016 (0.010)	-0.012 (0.011)	0.002 (0.004)
wlncap	0.132* (0.068)	0.117*** (0.033)	-0.027 (0.041)	0.016 (0.015)
wfde	-0.050 (0.068)	-0.039 (0.033)	-0.022 (0.039)	0.011 (0.015)
ρ	0.005 (0.049)	0.055 (0.088)	0.226*** (0.076)	0.154* (0.088)
N	589	589	527	558
$\bar{R}^2$	0.899	0.482	0.900	0.645
Log Likelihood	498.30	854.18	690.50	1267.78

注：为使得结果更加简洁，对解释变量部分的产业结构升级系数统一以 ins 替代，括号内为标准误，***、**、*分别表示在1%、5%、10%的水平下显著。

由表 6.12 可知，除了产业结构合理化，产业结构高级化、制造业结构升级和服务业结构升级均存在显著的动态效应，即前一期的产业结构升级会对邻近区域后一期的产业结构升级产生显著的推动作用；人口老龄化对产业结构合理化和服务业结构升级还分别存在显著为正和显著为负的空间溢出效应，说明人口老龄化对产业结构升级的动态效应和空间溢出效应均存在。从人口老龄化系数的估计结果来看，老年抚养比对产业结构高级化和产业结构合理化的影响均显著为正，人口老龄化对制造业结构升级和服务业结构升级均会产生负向影响，但并不显著。因此，从总体来看，虽然替换核心解释变量后得出的估计结果与前文并不完全相同，但基本一致，即前文得出的结论是可信的。

第四节 本章小结

考虑到劳动力流动和产业的空间集聚可能造成产业结构升级存在空间相关性，且产业结构升级是一个持续不断的动态过程，本章通过构建空间动态面板模型研究了人口老龄化对产业结构升级的溢出效应。结果表明，产业结构升级不仅存在显著的动态效应，还存在显著的空间溢出效应。具体来看，前一期的产业结构升级会对后一期的产业结构升级产生显著的推动作用，人口老龄化对服务业结构升级存在显著的负向空间溢出效应，但人口老龄化对产业结构合理化和制造业结构升级均存在显著的正向空间溢出效应。此外，人口老龄化对产业结构升级的空间溢出效应还存在显著的区域异质性，人口老龄化对中部地区产业结构升级的空间溢出效应最强，且最为显著，但人口老龄化对西部地区产业结构升级的空间溢出效应并不显著。

第七章 研究结论、政策建议和研究展望

第一节 研究结论

2000年，中国65岁及以上的老年人口占总人口的比重首次达到7%，意味着在21世纪初中国正式进入人口老龄化社会。2018年国民经济与社会发展统计公报显示，中国65岁及以上的老年人口已达到1.67亿，目前已成为全世界老年人口规模最大的国家。在整个21世纪上半叶，中国的老年人口规模将不断扩大，中国的人口老龄化程度将持续加深。改革开放以来，中国经济经历了三十多年的高速增长，当前的经济增长速度已明显放缓，正处于高速度增长向高质量发展转型升级的关键阶段，经济结构能否顺利转型与能否充分利用人口老龄化所带来的发展机遇密切相关。人口老龄化是一个极其复杂的社会问题，其对经济增长和社会发展产生的影响是方方面面的，其既可以通过劳动力供给影响就业结构，也可以通过消费需求影响消费结构。然而，无论是就业结构的改变还是消费结构的改变，最终都将对经济体的产业结构产生重要影响。本书在前人研究的基础上，首先对人口老龄化影响产业结构升级的理论机制进行了梳理，然后基于中国省际层面的面板数据实证研究了人口老龄化对产业结构升级的影响。根据

实证研究的结果，本书主要得出以下结论：

第一，人口老龄化对产业结构升级的影响既有有利的一面，也有不利的一面。从宏观层面的实证结果来看，虽然人口老龄化会推动产业结构高级化、产业结构合理化和制造业结构升级，但同时也会阻碍服务业结构升级。具体来看，人口老龄化主要通过劳动力供给效应、劳动生产率效应、人力资本积累效应、消费支出效应和技术创新效应这五条途径影响产业结构升级，但人口老龄化对产业结构整体升级和产业结构内部升级影响的作用机制存在较大差异。从产业结构整体升级来看，人口老龄化会通过劳动生产率效应和技术创新效应对产业结构高级化产生积极影响，但会通过劳动力供给效应、人力资本积累效应和消费支出效应对产业结构高级化产生消极影响；人口老龄化会通过劳动生产率效应对产业结构合理化产生积极影响，也会通过劳动力供给效应、人力资本积累效应和消费支出效应对产业结构合理化产生消极影响。从产业结构内部升级来看，人口老龄化会通过人力资本积累效应对制造业结构升级产生积极影响，但同时也会通过劳动力供给效应、劳动生产率效应和技术创新效应对制造业结构升级产生消极影响；人口老龄化会通过劳动力供给效应对服务业结构升级产生积极影响，也会通过消费支出效应对服务业结构升级产生消极影响。

第二，人口老龄化对产业结构升级存在显著的门槛效应和空间溢出效应。从门槛效应的实证结果来看，虽然人口老龄化对产业结构合理化和制造业结构升级不存在显著的门槛效应，但人口老龄化对产业结构高级化和服务业结构升级分别存在显著的双重门槛效应和单一门槛效应。无论人均实际 GDP 处于哪个区间，人口老龄化对产业结构高级化的影响均显著为正，人口老龄化服务业结构升级的影响均显著为负；随着人均实际 GDP 的提高，人口老龄化对产业结构高级化的积极影响逐渐减小，人口老龄化对服务业结构升级的消极影响也将逐渐下降。从空间溢出效应的估计结果来看，人口老龄化除了会显著推动当地的产业结构高级化、产业结构合理化和制造业结构升级之外，还会对邻近区域的产业结构合理化和制造业结构升级产生显著的正向空间溢出效应，对邻近区域的服务业结构升级产生显著的负向空间溢出效应，但人口老龄化对邻近区域产业结构高级化的空间溢出效应则并不显著。

第三，人口老龄化对产业结构升级的影响存在显著的区域异质性。基于省级面板数据的研究结果表明，从中介效应的角度来看，人口老龄化对东、中、西三大区域的产业结构升级均存在中介效应，但中介效应的显著性有所差异，人口老龄化仅对东部地区的产业结构高级化和制造业结构升级存在显著的中介效应；人口老龄化对中部地区的产业结构高级化、产业结构合理化和制造业结构升级均存在显著的中介效应；而人口老龄化对西部地区的产业结构高级化、产业结构合理化、制造业结构升级和服务业结构升级均存在显著的中介效应。从门槛效应的角度来看，人口老龄化对各区域产业结构升级的门槛效应也并不一致，人口老龄化仅对东部地区的制造业结构升级存在显著的单一门槛效应；但人口老龄化同时会对中部地区的产业结构高级化、产业结构合理化和服务业结构升级产生显著的单一门槛效应；人口老龄化对西部地区的产业结构合理化和服务业结构升级也存在显著的单一门槛效应。从空间溢出效应的角度来看，人口老龄化会对东部地区的制造业结构升级产生显著的负向空间溢出效应，同时也会对东部地区的产业结构合理化和服务结构升级产生显著的正向空间溢出效应；人口老龄化对中部地区的产业结构高级化、产业结构合理化和制造业结构升级均会产生显著的正向空间溢出效应；但人口老龄化对西部地区产业结构整体升级和产业结构内部升级的空间溢出效应均不显著。

第二节 政策建议

一、国家层面

第一，完善社会保障机制，提高老年群体的消费能力。近年来，随着社会保障制度的改革，我国城乡居民的医疗保险覆盖率得到了很大程度的提高，这对老年群体尤其是农村老年群体是一个很大的实惠。虽然我国已成为世界上老年人口规模最大的国家，但是我国的老龄产业还处于起步阶段，尚未形成完整的产业链，老年群体的消费能力仍较低，老年群体的消费潜力还未被充分挖掘出来，老龄消费需求旺盛与老龄产业发展缓慢之间的矛盾正日益凸显。郑伟等人（2014）的研究表明，到21世纪中期，即使中国能一直保持较高的生育率水平，中国65岁及以上的老年人口比重也将超过20%；而如果中国的生育率一直保持在较低水平，中国65岁及以上的老年人口比重将达到30%左右，届时中国65岁及以上的老年人口规模将超过3亿人[①]。杨中新（2005）指出，老龄产业涉及第一产业、第二产业和第三产业，主要包括农业、加工工业和服务业，农业为老年人提供特需的农副产品，加工工业为老年人提供必需的生活用品，服务业则为老年人提供所需的服务与设施[②]。老龄产业发展对三次产业的影响程度按三、二、一的顺序依次递减，老龄产业对第三产业的影响最大。老年群体的消费潜力一旦被挖掘出来，其必然会对产业结构的转型升级产生巨大的推动作用。因此，完善社会保障机制，提高老年群体的消费能力，是将人口老龄化对经济发展带来的挑战转化为推动产业结构转型升级机遇的一条重要举措。

第二，加快人力资本积累，提高劳动生产率水平。中国的适龄劳动人口数量自2012年开始下降，意味着很长一段时期以来中国依靠人口红利推动经济增长的时代已经彻底结束。得益于20世纪末中国高等教育大规模扩招政策的实施，近十几年来，中国的大学毕业生人数逐年上升，为劳动力市场整体素质的提升奠定了良好的基础。然而，虽然中国劳动力市场的整

[①] 郑伟，林山君，陈凯.中国人口老龄化的特征趋势及对经济增长的潜在影响[J].数量经济技术经济研究，2014，31（8）：3-20，38.

[②] 杨中新.中国人口老龄化与区域产业结构调整研究[M].北京：社会科学文献出版社，2005：268.

体素质得到了较大程度的提高,但中国劳动力市场的整体受教育水平仍然远远低于欧美等发达国家劳动力市场的整体受教育水平,当前中国劳动力市场上受过高等教育的劳动力群体还不足20%,与欧美等发达国家50%左右的水平相比还存在较大的差距。蔡昉(2017)的研究结果表明,根据目前对人力资本的要求,第二产业的劳动密集型岗位要求的受教育年限是9.1年,第二产业的资本密集型岗位要求的受教育年限是10.4年,第二产业的技术密集型岗位要求的受教育年限则更高,但从2011年的数据来看,中国农民工的平均受教育年限只有9.6年[①]。如果未来的产业变化趋势是岗位的资本密集型和技术密集型程度显著提高,那么可以预见,中国劳动力市场当前的受教育水平显然还不足以支撑劳动力由劳动密集型岗位转向资本密集型岗位和技术密集型岗位。因此,在人口老龄化程度日益加剧的背景下,只有加大高等教育投入,提高劳动力市场的整体素质,才能为产业结构升级尤其是制造业结构升级提供足够的智力支撑。

第三,继续放开计划生育政策并制定相应的生育奖励机制,同时逐步延迟退休年龄。为了控制人口过快增长,中国自20世纪80年代开始实行严格的计划生育政策并取得了较好的效果,与此同时却也带来了老年人口规模的急剧扩张以及人口老龄化程度的快速增长。虽然中国自2016年开始实施了"全面二胎"政策,但政策实施的效果与预期相差甚远,且2017年的新生人口与2016年相比不增反降,而2018年的新生人口更是只有1523万,比2017年下降了200万。综合陈卫等人(2013)和计迎春等人(2018)的研究结果来看,中国当前的总和生育率已不足1.5,远低于2.1的更替水平[②][③]。随着中国适龄劳动人口数量在2012年开始下降,若中国

---

① 蔡昉. 读懂中国经济——大国拐点与转型路径[M]. 北京:中信出版社,2017:125-126.
② 陈卫,高爽. 中国生育率转变中的数量和进度效应[J]. 人口研究,2013,37(3):11-28.
③ 计迎春,郑真真. 社会性别和发展视角下的中国低生育率[J]. 中国社会科学,2018(8):143-161.

的总和生育率长期得不到提高，必将对中国今后三四十年内的劳动力供给产生极大的负面影响。本书的研究结果表明，人口老龄化对劳动力供给和劳动生产率均会产生不利影响。因此，一方面，应该进一步放开计划生育政策并制定相应的生育奖励政策以缓解适龄劳动人口下降的速度，减小劳动力供给下降对产业结构整体升级产生的阻碍作用；另一方面，应该逐步延迟退休年龄，尤其是对于一些技术密集型行业的从业人员，这部分人员的劳动生产率往往具有随年龄增长而不断上升的特征，通过逐渐延迟退休年龄可以缓解由人口老龄化导致的劳动生产率下降对产业结构内部升级带来的负面影响。

二、地区层面

第一，充分利用区域间的梯度差异，实施差异化的产业政策。李国平（2016）认为，受资源禀赋、区位条件、开发历史和政策条件等因素的影响，我国各大区域空间结构所处的发展阶段存在较大差异，因此各区域产业结构的升级方向也各不相同[①]。虽然东部地区的人口老龄化程度最为严重，但与中西部地区相比，东部地区对人才的吸引力也最强，集聚了规模最大的高素质人才，可充分利用当地的人力资本集聚红利，引导这些高素质人才向科研、信息和教育等知识型服务业流动，助推产业结构的转型升级。对于中部地区，其人口老龄化程度仅次于东部地区，但与东部和西部地区相比较，中部地区的产业结构高级化程度却处于最低水平，这主要是由于中部地区的人力资源弱于东部地区，而自然资源又不及西部地区。此外，中部地区长期的人口外流对其经济发展产生了较大的负面影响。因此，一方面，中部地区要合理完善现有的人才引进和激励体系，营造良好的发展环境，不仅要留住当地的人才，还要吸引外来的人才，努力缩小与东部地区的人力资本差距，推动产业结构转型升级；另一方面，加大对中

---

① 李国平，等．产业转移与中国区域空间结构优化［M］．北京：科学出版社，2016：20-21．

部地区交通基础设施的投资力度，缩短中部地区与东部地区城市之间的通勤时间，充分利用其地理优势发挥其"承东启西"的纽带作用，促进生产要素的快速流动和资源要素的高效配置。对于西部地区，其人口老龄化程度最低，且自然资源和劳动力资源丰富，劳动力成本较低。因此，西部地区可充分利用"后发优势"的有利条件，以及国家进一步深入推动西部大开发的有利时机，加强同东部和中部地区的产业联动，引进在东部和中部地区已不存在比较优势的劳动密集型产业和初级加工业，同时引入先进的生产经营方式和管理模式，建立健全区际产业联动机制，优化区际产业分工格局，尽快跨越经济发展门槛，实现产业结构的顺利转型。

第二，完善政府宏观调控机制，推动区域经济协调发展，为区域产业转移的顺利进行提供优良的环境和条件。随着中国人口老龄化程度的日益加剧，适龄劳动人口将逐渐减少，劳动力成本也必将随之上升。因此，区域产业分工与产业转移将成为中国实现产业结构升级和区域经济协同发展的重要途径。首先，要坚持统筹兼顾的原则，既要重点支持有良好工业基础、辐射效应大的东部沿海地区的发展，又要对工业基础落后但资源优势明显且发展潜力巨大的中西部地区给予积极扶持，尤其是要在财政政策上给予倾斜。然后，要完善政府对新兴产业尤其是老龄产业的支持体系，政府应通过灵活的税收制度和财政制度，为老龄产业提供税收减免以及研发补贴等优惠政策，大力推动老龄产业的快速发展，满足国内日益增长的老年群体对老龄产业的需求。此外，还要加快建立区域资本市场融资体系，鼓励民间资本投资，形成以银行信贷和资本市场融资为主、财政支出为辅的投融资体系，多渠道增加中西部地区产业发展的资金来源。最后，要加大中西部地区的对外开放力度，创新高层次人才引进、使用和激励的保障机制，消除户籍和行业垄断等不利因素，依靠市场对人力资源进行优化配置，推动人才自由合理流动。

第三，积极推动区域产业分工体系化，各地区应根据本区域的资源禀赋和比较优势选择适合本地区可持续发展的主导产业。在东部地区面临能源、土地和环境承载能力等要素资源日益稀缺和劳动力成本持续上升，劳动密集型和科技含量低的资本密集型制造业失去比较优势的情况下，东部地区可充分利用其人力资本集聚优势，把产业重心放在积极发展高科技和战略性新兴产业上，从而保持其产业发展和市场竞争的优势地位。作为劳动力、土地和能源等资源丰富的中西部地区应该抓住这个机遇，在环境承载力许可的情况下积极承接从东部地区转移出来的中低端产业。在东部地区劳动密集型和技术含量较低的资本密集型产业向外转移的过程中，中西部地区要针对自身的资源禀赋优势特征和面临的劳动力就业压力较大的现实，实事求是地定位和选择主导产业和优势产业。也就是说，现阶段的中西部地区应该把那些具有资源禀赋优势且符合环境保护要求的劳动密集型和技术含量相对较低的资本密集型产业作为重点引进和发展的主导产业。蔡昉（2009）认为，中国作为一个经济大国，其产业升级呈现明显的"雁阵模式"[①]。通过实现产业在东、中、西三大区域的重新布局，即沿海地区的产业升级、转移与中西部地区的产业承接，可以在中西部地区回归其劳动力丰富的比较优势的同时，保持劳动密集型产业在中国的延续。

三、产业层面

第一，加大科技投入力度，增强自主创新能力。在样本期间中国的三方专利申请数量虽然有大幅度的增长，但这主要得益于大型垄断性企业的技术进步。中国的中小型企业数量众多，接纳了社会上绝大多数的就业人口，几乎遍布在工业、农业和服务业等各个领域的行业部门。然而，由于中小型企业的研发基础薄弱，且存在融资难等发展困境，难以进行高风险的科技研发，致使其发展受到很大程度的限制。创新是一个国家经济增长和民族兴旺发达的源泉和动力，也是一个国家经济结构顺利实现转型升级的技术基础。当前，中国的 R&D 经费支出占 GDP 的比重仅为 2% 左右，与

---

① 蔡昉，王德文，曲玥. 中国产业升级的大国雁阵模型分析 [J]. 经济研究，2009，44（9）：4-14.

欧美等发达国家相比还存在很大的差距，且多数的 R&D 补贴主要给予了大型垄断性企业，这就使得大型企业与中小型小微企业之间的研发能力差距进一步加大。因此，加大对中小型企业的资金扶持力度，解决其在研发过程中的资金困境，完善相关的专利保护制度，是推动中国经济由高速度增长向高质量发展转型升级的有力举措。

第二，继续推动工业去产能，大力发展战略性新兴产业。过去几十年来，中国经济的高速增长是以自然资源的极大消耗和低效利用为代价所换来的，走的是粗放型的发展道路，在此期间，中国的工业企业迅速壮大，为中国经济的高速发展做出了突出贡献。然而，近十几年来，随着环境污染问题的加重以及部分行业如钢铁和煤炭等行业产能过剩问题的出现，部分企业的生存状况已日益维艰甚至濒临倒闭。韩国高等人（2011）的研究结果表明，当前中国的造纸及纸制品业、化学纤维制造业、非金属矿物制品业等多个工业行业均出现了产能过剩现象，且经济增长方式不合理、由利益驱动导致的投资潮涌现象以及地方政府对微观主体的干预不当是造成工业行业产能过剩的主要原因[①]。对于工业行业的产能过剩现象，国家也多次出台了相关的产业政策推动工业去产能，这不仅将有利于提高工业企业的生产效率，还将释放更多的劳动力到文化、教育和科技服务等第三产业上，有利于推动产业结构的整体升级。对于产能已经严重过剩的产业，应该主动寻求转型升级，在削减自身产能的同时，充分利用国家对战略性新兴产业的扶持政策，集中资源用于大力发展节能环保、新兴信息产业、生物产业、新能源汽车、高端装备制造业和新材料等战略性新兴产业。

第三，充分考虑中国的人口老龄化进程和经济发展程度，各产业可根据自身特点和规律选择不同的产业发展道路。虽然人口老龄化会推动产业结构的整体升级；但是对于产业结构的内部升级，人口老龄化的作用有利有弊。因此，充分利用人口老龄化为产业结构升级带来的发展机遇，并尽

---

① 韩国高，高铁梅，王立国，等．中国制造业产能过剩的测度、波动及成因研究［J］．经济研究，2011（12）：18-31．

量避免人口老龄化对产业结构升级带来的负面影响,是推动产业结构转型升级的关键所在。产业结构的整体升级固然重要,产业结构的内部升级也不容忽视。对于第一产业,随着年轻人口大量外流以及老年人口日益增多,从事第一产业的劳动力必然会急剧减少,为了推动农业现代化进程和农业结构升级,可以从国家层面加大对农业机械的补贴力度,同时地方政府可以免费为有意愿学习现代农业技术的年轻人提供技术指导。对于第二产业,劳动力成本的上升会推动劳动密集型制造业向资本和技术密集型制造业转型升级。然而,中国现有的劳动力受教育整体水平还难以支撑劳动力由劳动密集型制造业向资本密集型制造业和技术密集型制造业顺利转型升级。因此,一方面,可以加强校企合作,融合双方的优势资源,充分利用高校这个优势平台,培养更多现代制造业企业大量急需的高素质人才,既可以缓解当今的大学生就业难问题,又可以推动制造业结构的转型升级;另一方面,企业可以不定期地为员工提供免费的职业培训,为员工提供更多的接受继续教育的机会,使员工树立终身学习的理念,使他们能够随时了解本领域的新技术和新技能。对于第三产业,随着中国开始进入工业化后期,中国第三产业的就业比重和产值比重都将继续上升,当前中国的生活性服务业占比还处于较高水平,生产性服务业的发展还存在巨大的上升空间,为了推动服务业结构升级,国家应该集中优势资源重点打造一批以知识密集、资本和技术密集、高附加值和高集聚性为主要特征,以现代金融业、现代信息服务业和现代文化产业等为主要内容的高端服务业,使这些高端服务业为服务业结构的转型升级起到主导和引领作用。

第三节 研究展望

虽然本书关于人口老龄化对产业结构升级影响的研究已考虑得较为全面,但仍存在一定的不足之处有待完善:

第一，本书仅从省级层面研究了人口老龄化对产业结构升级的影响，限于数据的可得性，未能从更微观的角度对该问题进行研究。对于本书的核心解释变量老年人口比重，仅能找到省级层面的连续性面板数据。中国地域辽阔，即使是同一个省份，市与市或县与县之间也存在极大的差距，与省级层面的数据相比，对市级层面或县级层面的连续性面板数据进行分析将更有意义。

第二，由于中国的人口老龄化问题日益严峻，老龄产业在第三产业中所占的比重将越来越大，关于人口老龄化对老龄产业发展影响方面的研究具有重大意义，但目前尚无法找到关于老龄产业方面的详细数据。2015年中国的第三产业增加值占比首次超过50%，随着中国第三产业产值占比的持续上升，第三产业中的老龄产业在人口老龄化日益加剧的背景下必然会出现井喷式的增长。中国的老龄产业正处于发展初期，尚未有国家权威机构对其进行正式的统计，这是阻碍本书进一步深入研究人口老龄化对老龄产业影响的主要因素。

第三，以往的研究大多关注的是人口老龄化对三次产业之间整体结构升级的影响，鲜有学者对产业结构的内部升级问题进行研究，本书虽然对此进行了探索，但并未对第一产业结构内部的升级问题进行研究。从现有的统计数据及文献中，仅能从《中国工业经济统计年鉴》和《中国第三产业统计年鉴》中找到相应的指标构造制造业内部和服务业内部的产业结构升级指数，对于第一产业，目前尚未找到合适的指标构造其产业结构升级指数。按照三次产业的分类标准，若能对第一产业、第二产业和第三产业分别构造产业结构内部的升级指数，将使得本书的研究更加完整。

附 录

附录 A 国民经济行业分类和代码表

产业划分	行业大类	细分行业
第一产业	A 农、林、牧、渔业	01 农业
		02 林业
		03 畜牧业
		04 渔业
		05 农、林、牧、渔专业及辅助性活动
第二产业	B 采矿业	06 煤炭开采和洗选业
		07 石油和天然气开采业
		08 黑色金属矿采选业
		09 有色金属矿采选业
		10 非金属矿采选业
		11 开采专业及辅助性活动
		12 其他采矿业
	C 制造业	13 农副食品加工业
		14 食品制造业
		15 酒、饮料和精制茶制造业
		16 烟草制品业
		17 纺织业
		18 纺织服装、服饰业
		19 皮革、毛皮、羽毛及其制品和制鞋业

续表

产业划分	行业大类	细分行业
		20 木材加工和木、竹、藤、棕、草制品业
		21 家具制造业
		22 造纸和纸制品业
		23 印刷和记录媒介复制业
		24 文教、工美、体育和娱乐用品制造业
		25 石油、煤炭及其他燃料加工业
		26 化学原料和化学制品制造业
		27 医药制造业
		28 化学纤维制造业
		29 橡胶和塑料制品业
		30 非金属矿物制品业
		31 黑色金属冶炼和压延加工业
		32 有色金属冶炼和压延加工业
		33 金属制品业
		34 通用设备制造业
		35 专用设备制造业
		36 汽车制造业
		37 铁路、船舶、航空航天和其他运输设备制造业
		38 电气机械和器材制造业
		39 计算机、通信和其他电子设备制造业
		40 仪器仪表制造业
		41 其他制造业
		42 废弃资源综合利用业
		43 金属制品、机械和设备修理业

续表

产业划分	行业大类	细分行业
第三产业	D 电力、热力、燃气及水生产和供应业	44 电力、热力生产和供应业
		45 燃气生产和供应业
		46 水的生产和供应业
	E 建筑业	47 房屋建筑业
		48 土木工程建筑业
		49 建筑安装业
		50 建筑装饰、装修和其他建筑业
	F 批发和零售业	51 批发业
		52 零售业
	G 交通运输、仓储和邮政业	53 铁路运输业
		54 道路运输业
		55 水上运输业
		56 航空运输业
		57 管道运输业
		58 多式联运和运输代理业
		59 装卸搬运和仓储业
		60 邮政业
	H 住宿和餐饮业	61 住宿业
		62 餐饮业
	I 信息传输、软件和信息技术服务业	63 电信、广播电视和卫星传输服务
		64 互联网和相关服务
		65 软件和信息技术服务业
	J 金融业	66 货币金融服务
		67 资本市场服务
		68 保险业
		69 其他金融业
	K 房地产业	70 房地产业

续表

产业划分	行业大类	细分行业
	L 租赁和商务服务业	71 租赁业
		72 商务服务业
	M 科学研究和技术服务业	73 研究和试验发展
		74 专业技术服务业
		75 科技推广和应用服务业
	N 水利、环境和公共设施管理业	76 水利管理业
		77 生态保护和环境治理业
		78 公共设施管理业
		79 土地管理业
	O 居民服务、修理和其他服务业	80 居民服务业
		81 机动车、电子产品和日用产品修理业
		82 其他服务业
	P 教育	83 教育
	Q 卫生和社会工作	84 卫生
		85 社会工作
	R 文化、体育和娱乐业	86 新闻和出版业
		87 广播、电视、电影和录音制作业
		88 文化艺术业
		89 体育
		90 娱乐业
	S 公共管理、社会保障和社会组织	91 中国共产党机关
		92 国家机构
		93 人民政协、民主党派
		94 社会保障
		95 群众团体、社会团体和其他成员组织
		96 基层群众自治组织及其他组织
	T 国际组织	97 国际组织

注：表格整理自《中华人民共和国国家标准（GB/T 4574-2017）》。

参考文献

[1] AN T X, FAN Y J, ZHANG H. An Analysis of the Model of China's Industrial Restructuring and Upgrading-borrowing Ideas from the Experience of Japan [J]. Energy Procedia, 2011 (5): 1461-1466.

[2] ANG J B, MADSEN J B. Imitation Versus Innovation in an Aging Society: International Evidence since 1870 [J]. Journal of Population Economics, 2015, 28 (2): 299-327.

[3] ANSELIN L. Spatial Econometrics: Methods and Models [M]. The Netherlands: Kluwer Academic Press, 1988.

[4] AXEL B S, LUDWIG A, WINTER J. Aging, Pension Reform, and Capital Flows: A Multi-country Simulation Model [J]. Sonder Forschungs Bereigh, 2001 (1): 1-26.

[5] BARON M, KENNY D. The Moderator-mediator Variable Distinction in Social Psychological Research: Conceptual, Strategic and Statistical Consideration [J]. Journal of Personality and Social Psychology, 1986, 51 (6): 1173-1182.

[6] BAUMGARTNER J, HOFER H, KANIOVSKI S, et al. Employment and Growth in an Aging Society: A Simulation Study for Austria [J]. Empirica, 2006, 33 (1): 19-33.

[7] BROWING C, SINGLEMAN J. The Emergence of a Service Society [M]. Springfield, 1975.

[8] CATALANOL M, PEZZOLLA E. The Effects of Education and Aging in an OLG Model: Long-run Growth in France, Germany and Italy [J]. Empirica, 2016, 43 (4): 757-800.

[9] CHEN X D, HUANG B H, LI S S. Population Aging and Inequality: Evidence from China [J]. The World Economy, 2018, 41 (8): 1976-2000.

[10] CHENERY H, ROBINSON S, SYRQUIN M. Industrialization and Growth: A Comparative Study [M]. Oxford: Oxford University Press, 1986.

[11] CHOI K H, SHIN S. Population Aging, Economic Growth, and the Social Transmission of Human Capital: An Analysis with an Overlapping Generations Model [J]. Economic Modelling, 2015, 50 (C): 138-147.

[12] CLARK C. The Conditions of Economic Progress [M]. Lodon: Macmillan, 1940.

[13] DOSTIE B. Wages, Productivity and Aging [J]. De Economist, 2011, 159 (2): 139-158.

[14] DUARTE M, RESTUCCIA D. The Structural Transformation and Aggregate Productivity in Portugal [J]. Portuguese Economic Journal, 2007, 6 (1): 23-46.

[15] EHRENHARD M, KIJL B, NIEUWENHUIS L. Market Adoption Barriers of Multi-stakeholder Technology: Smart Homes for the Aging Population [J]. Technological Forecasting and Social Change, 2014, 89 (11): 306-315.

[16] ELHORST J P. Spatial Econometrics from Cross-sectional Data to Spatial Panel [M]. Heidelberg: Springer, 2014.

[17] EWA O F. Labor Force Aging: Its Impact on Employment Level and Structure—The Evidences from Japan and Austrian [J]. A Paper Presented at the Austrian Population Association, 12th Biennial Conference, Canberra, 2004 (12): 15-17.

[18] FERTIG M, SCHMIDT C M, SINNING M G. The Impact of Demographic Change on Human Capital Accumulation [J]. Labor Economics, 2009, 16 (6): 659-668.

[19] HANSEN B E. Threshold Effects in Non-dynamic Panels: Estimation, Testing, and Inference [J]. Journal of Econometrics, 1999, 93 (2): 345-368.

[20] HASHIMOTO K I, TABATA K. Population Aging, Health Care and Growth [J]. Journal of Population Economics, 2010, 23 (2): 571-593.

[21] HOCK H, David N W. On the Dynamics of the Age Structure, Dependency, and Consumption [J]. Journal of Population Economics, 2012, 25 (3): 1019-1043.

[22] HVIDING K, MERETTE M. Macroeconomic Effects of Pension Reforms in the

Context of Aging Populations: Overlapping Generations Model Simulations for Seven OECD Countries [J]. OECD Economics Department Working Papers, 1998.

[23] IRMEN A. Population Aging and the Direction of Technical Change [J]. CESIFO Working Paper, No. 2888, 2009 (12): 1-25.

[24] JIANG Y H, CHANG F. Influence of Aging Trend on Consumption Rate of Rural Residents-empirical Analysis Based on Provincial Panel Data [J]. Asian Agricultural Research, 2018, 10 (4): 1-7.

[25] KANG J K. Changes in the Korean Industry Structure Due to It's Population Aging (in Korean) [J]. Working Papers, Economic Research Institute, Bank of Korea, 2017 (28): 1-49.

[26] KUZNETS S. National Income and Industrial Structure [J]. Econometria, 1949 (17): 205-241.

[27] KUZNETS S. Quantitative Aspects of the Economic Growth of Nations: II. Industrial Distribution of Product and Labor Force [J]. Economic Development and Cultural Change, 1957, 5 (7): 1-111.

[28] LEWIS W A. Economic Development with Unlimited Supplies of Labor [J]. The Manchester School of Economic and Social Studies, 1954, 22 (2): 139-191.

[29] LI H Z, He J Z, LIU Q Y, FRAUMENI B M, ZHENG X. Regional Distribution and Dynamics of Human Capital in China 1985-2014: Education, Urbanization, and Aging of the Population [J]. NBER Working Paper Series, 2016, No. 22906: 1-54.

[30] LOVASZ A, RIGO M. Vintage Effects, Aging and Productivity [J]. Labour Economics, 2013 (22): 47-60.

[31] MAHLBERG B, FREUND I, PRSKAWETZ A. Aging, Productivity and Wages in Austria: Sector Level Evidence [J]. Empirica, 2013, 40 (4): 561-184.

[32] MAO R, XU J W. Population Aging, Consumption Budget Allocation and Sectoral Growth [J]. China Economic Review, 2014 (30): 44-65.

[33] MEYER J. Workforce Age and Technology Adoption in Small and Medium-sized Service Firms [J]. Small Business Economics, 2011, 37 (3): 305-324.

[34] MICHNEVIC K. The Effects of Aging on Household Consumption in Central and

Eastern Europe [J]. Economy & Business, 2016 (10): 273-287.

[35] MOMOTA A. Population Aging and Sectoral Employment Shares [J]. Economics Letters, 2012, 115 (3): 527-530.

[36] NABIL A, MAXIME F, SIMON H. Inter-temporal and Inter-industry Effects of Population Aging: A General Equilibrium Assessment for Canada [J]. LABOUR, CEIS, 2009, 23 (4): 609-651.

[37] RAISER M, SCHAFFER M E, Johannes Schuchhardt. Benchmarking Structural Change in Transition. CERT Discussion Paper, 2003.

[38] RANIS G, John C. H. F. A Theory of Economic Development [J]. The American Economic Review, 1961, 51 (4): 553-565.

[39] RONALD L, ANDREW M. Some Macroeconomic Aspects of Global Population Aging [J]. Demography, 2010, 47 (1): 151-172.

[40] ROSTOW W W. The Process of Economic Growth [M]. Oxford: Clarendon Press, 1953.

[41] SILIVERSTOVS B, KHOLDILIN K A, THIESSEN U. Does Aging Influence Structural Change? Evidence from Panel Data [J]. Economic Systems, 2011, 35 (2): 244-260.

[42] STOVER B. The Power of Elderly Consumers-How Demographic Change Affects the Economy Through Private Household Demand in Germany [C]. EcoMod Conderence, 2013, No. 5147: 1-12.

[43] SWIECKI T. Determinants of Structural Change [J]. Review of Economic Dynamics, 2017 (24): 95-131.

[44] THIEBEN U. Aging and Structural Change [J]. German Institute for Economic Research, 2007 (11): 1-20.

[45] WEI TY, ZHU Q, GLOMSROD S. Aging Impact on the Economy and Emissions in China: A Global Computable General Equilibrium Analysis [J]. Energies, 2018 (11): 1-13.

[46] YUAN B, ZHAN J T, CHEN C. Evolution of a Development Model for Fruit Industry against Background of an Aging Population: Intensive or Extensive Adjustment? [J]. Sustainability, 2017, 10 (1): 1-12.

[47] YU Y H, ZHANG L, ZHENG F H. Strategic Interaction and the Determinants of Public Health Expenditures in China: A Spatial Panel Perspective [J]. Annals of Regional Science, 2013, 50 (1): 203-221.

[48] ZHOU H, HE J, LIU L L. The Relation between Age Structure of Population and Resident Consumption based on Endogenous Growth Theory [J]. Asian Agricultural Research, 2016, 8 (9): 36-40.

[49] 蔡昉, 王德文, 曲玥. 中国产业升级的大国雁阵模型分析 [J]. 经济研究, 2009, 44 (9): 4-14.

[50] 蔡昉. 从人口红利到改革红利 [M]. 北京: 社会科学文献出版社, 2014.

[51] 蔡昉. 读懂中国经济——大国拐点与转型路径 [M]. 北京: 中信出版社, 2017.

[52] 蔡海亚, 徐盈之. 贸易开放是否影响了中国产业结构升级? [J]. 数量经济技术经济研究, 2017, 34 (10): 3-22.

[53] 陈敦贤. 中国人口老龄化与产业结构调整 [J]. 中南财经政法大学学报, 2002 (3): 60-63, 113.

[54] 陈强. 高级计量经济学及Stata应用 [M]. 第二版. 北京: 高等教育出版社, 2014.

[55] 陈卫, 高爽. 中国生育率转变中的数量和进度效应 [J]. 人口研究, 2013, 37 (3): 11-28.

[56] 陈卫民, 施美程. 人口老龄化促进服务业发展的需求效应 [J]. 人口研究, 2014, 38 (5): 3-16.

[57] 陈莹莹. 人口老龄化影响产业结构调整的统计研究 [D]. 杭州: 浙江工商大学, 2017.

[58] 迟福林. 转型抉择2020: 中国经济转型升级的趋势与挑战 [M]. 北京: 中国经济出版社, 2015.

[59] 楚永生, 于贞, 王云云. 人口老龄化"倒逼"产业结构升级的动态效应——基于中国30个省级制造业面板数据的空间计量分析 [J]. 产经评论, 2017, 8 (6): 22-33.

[60] 邓伟根. 产业经济学研究 [M]. 北京: 经济管理出版社, 2001.

[61] 丁瑶.人口老龄化下江苏省产业结构调整研究[D].镇江：江苏大学，2016.

[62] 杜俊涛.老龄化对产业结构升级影响的空间计量分析[D].安徽财经大学硕士学位论文，2017.

[63] 杜鹏.中国人口老龄化过程研究[M].北京：中国人民大学出版社，1994.

[64] 段成荣，杨舸，张斐，等.改革开放以来我国流动人口变动的九大趋势[J].人口研究，2008，32（6）：30-43.

[65] 傅勇，张宴.中国式分权与财政支出结构偏向：为增长而竞争的代价[J].管理世界，2007（3）：4-12.

[66] 干春晖，郑若谷，余典范.中国产业结构变迁对经济增长和波动的影响[J].经济研究，2011，46（5）：4-16，31.

[67] 郭克莎.中国：改革中的经济增长与结构变动[M].上海：上海三联书店，上海人民出版社，1996.

[68] 郭克莎.外商直接投资对中国产业结构的影响研究[J].管理世界，2000（2）：34-45.

[69] 郭克莎.中国工业化的进程，问题与出路[J].中国社会科学，2000（3）：60-71.

[70] 郭瑜.人口老龄化对中国劳动力供给的影响[J].经济理论与经济管理，2013（11）：49-58.

[71] 韩国高，高铁梅，王立国，等.中国制造业产能过剩的测度、波动及成因研究[J].经济研究，2011（12）：18-31.

[72] 韩锵.人口老龄化对山西省产业结构影响研究[D].山西财经大学硕士学位论文，2017.

[73] 韩永辉，黄亮雄，王贤彬.产业政策推动地方产业结构升级了吗？——基于发展型地方政府的理论解释与实证检验[J].经济研究，2017（8）：33-48.

[74] 黄山.人口老龄化对产业结构优化的门限效应研究——基于1998—2012年中国29个省市面板数据的分析[D].重庆：重庆大学，2016.

[75] 王颖.区域工业化理论与实证研究[D].长春：吉林大学，2005：11.

[76] 霍利斯·钱纳里，莫伊斯·赛尔昆.发展的格局：1950—1970[M].李小青，等译.北京：中国财政经济出版社，1989.

[77] 计迎春, 郑真真. 社会性别和发展视角下的中国低生育率 [J]. 中国社会科学, 2018 (8): 143-161.

[78] 李春生. 城镇化对产业结构升级的作用机制与实证分析 [J]. 经济问题探索, 2018 (1): 47-54.

[79] 李国平, 等. 产业转移与中国区域空间结构优化 [M]. 北京: 科学出版社, 2016: 20-21.

[80] 李华. 人口老龄化对中国服务业发展的影响研究——基于供给和需求的分析视角 [J]. 上海经济研究, 2015 (5): 95-101.

[81] 李建伟. 中国经济增长四十年回顾与展望 [J]. 管理世界, 2018 (10): 11-23.

[82] 李竞能. 西方人口学说 [M]. 太原: 山西人民出版社, 1992.

[83] 李兰冰. 区域产业结构优化升级研究 [M]. 北京: 经济科学出版社, 2015.

[84] 李杏, 章孺, LUKE C M W. 人口老龄化对产业结构的影响——基于SYS-GMM的分析 [J]. 河海大学学报（哲学社会科学版）, 2017, 19 (1): 29-36.

[85] 梁艳梅. 中国流动人口生存与发展状况研究 [M]. 北京: 经济管理出版社, 2018.

[86] 林擎国, 王伟. 人口老龄化对我国产业结构调整与优化的影响 [J]. 学术研究, 2001 (2): 48-52.

[87] 刘柏霞, 张红宇. 辽宁人口老龄化对产业结构转型的影响 [J]. 沈阳大学学报, 2009, 21 (6): 96-99.

[88] 刘耘沁. 内蒙古人口老龄化对产业结构的影响研究 [D]. 内蒙古大学硕士学位论文, 2017.

[89] 刘伟, 张辉, 黄泽华. 中国产业结构高度与工业化进程和地区差异的考察 [J]. 经济学动态, 2008 (11): 4-8.

[90] 刘伟, 蔡志洲, 郭以馨. 现阶段中国经济增长与就业的关系研究 [J]. 经济科学, 2015 (4): 5-17.

[91] 刘伟, 张辉, 黄昊. 改革开放以来中国产业结构转型与经济增长 [M]. 北京: 中国计划出版社, 2017.

[92] 刘文, 张琪. 人口老龄化对人力资本投资的倒"U"影响效应——理论机制与中日韩比较研究 [J]. 中国人口·资源与环境, 2017, 27 (11): 39-51.

[93] 刘玉飞, 彭冬冬. 人口老龄化会阻碍产业结构升级吗——基于中国省级面板数据的空间计量研究 [J]. 山西财经大学学报, 2016, 38 (3): 12-21.

[94] 刘志彪. 产业升级的发展效应及其动因分析 [J]. 南京师大学报 (社会科学版), 2000 (2): 3-10.

[95] 刘志彪. 以城市化推动产业转型升级——兼论"土地财政"在转型时期的历史作用 [J]. 学术月刊, 2010 (10): 65-70.

[96] 逯进, 刘璐, 郭志仪. 中国人口老龄化对产业结构的影响机制——基于协同效应和中介效应的实证分析 [J]. 中国人口科学, 2018 (3): 15-25.

[97] 鲁志国, 黄赤峰. 人口老龄化与产业结构调整 [J]. 中国经济问题, 2003 (3): 59-62.

[98] 马歇尔著, 朱志泰译. 经济学原理 (上下卷) [M]. 北京: 商务印书馆, 1964.

[99] 马子红, 胡洪斌, 郑丽楠. 人口老龄化与产业结构升级——基于2012—2015年省级面板数据的分析 [J]. 广西社会科学, 2017 (10): 120-125.

[100] 马晓河等. 中国产业结构变动与产业政策演变 [M]. 北京: 中国计划出版社, 2009.

[101] 毛慧. 人口老龄化对河南产业结构的影响及对策分析 [D]. 北京林业大学硕士学位论文, 2013.

[102] 聂高辉, 黄明清. 人口老龄化对产业结构升级的动态效应与区域差异——基于省际动态面板数据模型的实证分析 [J]. 科学决策, 2015 (11): 1-17.

[103] 仉堪熊, 何小洲. 人口老龄化背景下的经济对策与产业选择 [J]. 中国人口·资源与环境, 2007, 17 (1): 124-129.

[104] 潘彬, 金雯雯. 货币政策对民间借贷利率的作用机制与实施效果 [J]. 经济研究, 2017 (8): 78-93.

[105] 齐传钧. 人口老龄化对经济增长的影响分析 [J]. 中国人口科学, 2010 (S1): 54-65.

[106] 祈峰. 我国人口老龄化的经济效应分析 [J]. 经济问题探索, 2010 (1): 18-22.

[107] 沈利生, 乔红芳. 重估中国的资本存量: 1952—2012 [J]. 吉林大学社会科学学报, 2015, 55 (4): 122-134.

[108] 史本叶. 我国人口结构变化对经济转型的影响 [J]. 人口学刊, 2016, 38 (4): 17-24.

[109] 施美程, 陈卫民. 中国人口老龄化对服务业发展的影响 [J]. 广东社会科学, 2017 (2): 5-12.

[110] 宋佳丽. 人口老龄化对产业结构的影响——基于上海市的实证研究 [D]. 上海社会科学院硕士学位论文, 2016.

[111] 苏东水. 产业经济学 [M]. 北京: 高等教育出版社, 2006.

[112] 索维. 人口通论（中译本）[M]. 北京: 商务印书馆, 1982.

[113] 唐荣, 顾乃华. 人口老龄化将降低服务业生产效率吗？——基于1993—2014年我国省际人均GDP的门限模型 [J]. 现代经济探讨, 2017 (9): 58-67.

[114] 陶长琪. 空间计量经济学的前言理论及应用（第二版）[M]. 北京: 科学出版社, 2017.

[115] 陶长琪, 彭永樟. 经济集聚下技术创新强度对产业结构升级的空间效应分析 [J]. 产业经济研究, 2017 (3): 91-103.

[116] 王爱华. 新时期人口老龄化对经济转型的影响路径分析 [J]. 经济学家, 2012 (12): 98-100.

[117] 王多云. 人口老龄化对劳动供给、人力资本与产出影响预测 [J]. 人口与经济, 2014 (3): 69-75.

[118] 王国平. 产业升级论 [M]. 上海: 上海人民出版社, 2015.

[119] 汪伟, 刘玉飞, 彭冬冬. 人口老龄化的产业结构升级效应研究 [J]. 中国工业经济, 2015 (11): 47-61.

[120] 魏福成, 邹薇, 马文涛, 刘勇. 税收、价格操控与产业升级的障碍——兼论中国式财政分权的代价 [J]. 经济学（季刊）, 2013, 12 (4): 1491-1512.

[121] 威廉·配第著, 马妍译. 政治算术 [M]. 北京: 商务印书馆, 1978.

[122] 温忠麟, 张雷, 侯杰泰, 等. 中介效应检验程序及其应用 [J]. 心理学报, 2004, 36 (5): 614-620.

[123] 吴飞飞, 唐保庆. 人口老龄化对中国服务业发展的影响研究 [J]. 中国人口科学, 2018 (2): 103-115.

[124] 吴福象, 沈浩平. 新型城镇化、基础设施空间溢出与地区产业结构转型升

级——基于长三角城市群16个核心城市的实证分析 [J]. 财经科学, 2013 (7): 89-98.

[125] 肖鹏. 人口老龄化对制造业产业结构升级的影响 [D]. 安徽财经大学硕士学位论文, 2017.

[126] 谢安. 中国人口老龄化的现状、变化趋势及特点 [J]. 统计研究, 2004 (8): 50-53.

[127] 徐德云. 产业结构升级形态决定、测度的一个理论解释及验证 [J]. 财政研究, 2008 (1): 46-49.

[128] 亚当·斯密. 国富论 [M]. 郭大力, 王亚南, 译. 北京: 商务印书馆, 2015.

[129] 杨光辉. 中国人口老龄化与产业结构调整的统计研究 [D]. 厦门: 厦门大学, 2006.

[130] 阳立高, 龚世豪, 韩峰. 劳动力供给变化对制造业结构优化的影响研究 [J]. 财经研究, 2017, 43 (2): 122-134.

[131] 阳立高, 龚世豪, 王铂, 等. 人力资本、技术进步与制造业结构升级 [J]. 中国软科学, 2018 (1): 138-148.

[132] 李松森, 王堃. 中国产业结构调整与财政政策选择 [M]. 大连: 东北财经大学出版社, 2014.

[133] 杨晓奇. 基于人口老龄化视角下的产业结构调整 [J]. 老龄科学研究, 2013, 1 (5): 30-36.

[134] 杨宇, 刘毅, 齐元静. 基于不同尺度的中国经济发展阶段判断 [J]. 经济问题探索, 2012 (12): 1-6.

[135] 杨中新. 中国人口老龄化与区域产业结构调整研究 [M]. 北京: 社会科学文献出版社, 2005.

[136] 姚东旻, 李三希, 林思思. 老龄化会影响科技创新吗——基于年龄结构与创新能力的文献分析 [J]. 管理评论, 2015, 27 (8): 56-67.

[137] 姚东旻, 宁静, 韦诗言. 老龄化如何影响科技创新 [J]. 世界经济, 2017, 40 (4): 105-128.

[138] 于潇, 孙猛. 中国人口老龄化对消费的影响研究 [J]. 吉林大学社会科学学报, 2012 (1): 141-147.

[139] 张斌,李军.人口老龄化对产业结构影响效应的数理分析[J].老龄科学研究,2013,1(6):3-13.

[140] 张从发,王华莹,邓有成.人口年龄结构变化对产业结构调整的影响——以湖北省为例[J].中南财经政法大学学报,2013(6):131-137.

[141] 张翠菊,张宗益.中国省域产业结构升级影响因素的空间计量分析[J].统计研究,2015,32(10):32-37.

[142] 张国强,温军,汤向俊.中国人力资本、人力资本结构与产业结构升级[J].中国人口·资源与环境,2011,21(10):138-146.

[143] 张忠根,何凌霄,南永清.年龄结构变迁、消费结构优化与产业结构升级——基于中国省级面板数据的经验证据[J].浙江大学学报(人文社会科学版),2016,46(3):81-94.

[144] 赵春燕.人口老龄化对区域产业结构升级的影响——基于面板门槛回归模型的研究[J].人口研究,2018,42(5):78-89.

[145] 赵凯,吴莞妹,王理想.政企R&D投入、财政分权与技术进步——基于空间动态面板杜宾模型[J].研究与发展管理,2017,29(5):137-146.

[146] 郑伟,林山君,陈凯.中国人口老龄化的特征趋势及对经济增长的潜在影响[J].数量经济技术经济研究,2014(8):3-21.

[147] 钟若愚.人口老龄化影响产业结构调整的传导机制研究:综述及借鉴[J].中国人口科学,2005(1):169-174.

[148] 周祝平,刘海斌.人口老龄化对劳动力参与率的影响[J].人口研究,2016,40(3):58-70.

[149] 朱勤,魏涛远.中国人口老龄化与城镇化对未来居民消费的影响分析[J].人口研究,2016,40(6):62-75.

[150] 朱勤.城镇化对中国城乡人口老龄化影响的量化分析[J].中国人口科学,2014(5):24-36.

[151] 卓乘风,邓峰.人口老龄化、区域创新与产业结构升级[J].人口与经济,2018(1):48-60.

[152] 左奇.人口老龄化背景下我国产业结构优化调整研究——基于劳动力人口供给减少的角度[J].西部金融,2016(12):31-33,57.

后 记

2020年底，无意间看到光明日报出版社面向高校教师征集学术专著、课题成果、博士论文等书稿的《光明社科文库》征稿函，此时距离我完成博士毕业论文已一年半有余，由于此前也一直有想要出版博士毕业论文的想法，只是入职高校后一直忙于教学和科研，还尚未来得及联系出版社，于是抱着试一试的心态向光明日报出版社发送了《光明社科文库》申报表。令人欣慰的是，在2021年4月收到了光明日报出版社的入选通知，于是该博士毕业论文能够得以出版。回首二十余载的求学生涯，内心百感交集，五味杂陈！既有学生时代留下的美好回忆，也有撰写博士毕业论文期间留下的煎熬经历，但如今在脑海中浮现最多的还是对恩师、家人和朋友的感激之情。

首先，要感谢我的博士指导老师赵昕东教授。赵老师学术渊博、治学严谨。不仅在学习上为学生答疑解惑，而且也在生活上为学生排忧解难。本论文从论文选题、结构安排以及论文修改的整个过程都得到了赵老师的悉心指导，这篇毕业论文既是我三年博士求学生涯的成果，也是赵老师精心教导的结晶。赵老师严谨的治学风格和豁达的生活态度使我受益匪浅，在读博期间能够遇到这样一位恩师，是我莫大的荣幸。在此，谨向赵老师致以最衷心的感谢！

其次，要感谢经济与金融学院的沈利生教授、李拉亚教授、郭克莎教授、胡日东教授、许培源教授、苏桂芳教授和尹晓波教授。他们在我开题答辩、中期答辩和预答辩过程中提出的修改意见为我毕业论文的完成和完善提供了很大帮助。感谢学院的辅导员李小璇老师，李老师为人和善、工作认真，通知并协助我完成了大部分学生事务，使我得以腾出更多的时间完成毕业论文。感谢同门的王烨、李翔、蒋姣、李若楠、李书宇、刘高贵和康琛宇，与你们在一起相处的时光虽然短暂，但将一直铭记于心，在我毕业论文写作期间，多次托你们帮忙，在此一并表示感谢。

然后，要感谢我的家人。感谢我的妻子黄邦美，每当我遇到困难和挫折时，总是一直默默鼓励和支持着我，给予我无微不至的关爱，在我们的孩子即将出生之际，此书的出版恰逢其时，是献给你们最好的礼物。感谢我的爷爷、父母和妹妹，自小就出生于并不富裕的农村家庭，生于农村长于农村的我对农民生活的艰苦深有体会，也就迫切希望通过刻苦学习改变自己的命运。本该本科毕业就踏入社会，为家庭减轻负担，但爷爷、父母和妹妹对我一如既往的支持和理解让我得以有勇气继续深造。在华侨大学硕博连读五年，离家千里，他们是我顺利完成博士毕业论文的坚强后盾，希望你们永远幸福安康！

最后，感谢光明日报出版社的《光明社科文库》资助出版计划、光明日报出版社的编辑们，是你们的辛苦付出才让本书得以顺利出版。

刘成坤
2021 年 6 月于江西南昌